本书受到华中科技大学社会学文库资助

华中科技大学社会学文库

青年学者系列

中国社会保障
国际合作研究

RESEARCH ON
THE INTERNATIONAL
COOPERATION OF
CHINA'S SOCIAL SECURITY

谢勇才　著

社会科学文献出版社

SOCIAL SCIENCES ACADEMIC PRESS (CHINA)

华中科技大学社会学文库总序

在中国恢复重建社会学学科的历程中，华中科技大学是最早参与的高校之一，也是当年的理工科高校中唯一参与恢复重建社会学的高校。如今，华中科技大学（原为华中工学院，曾更名为华中理工大学，现为华中科技大学）社会学学科已逐步走向成熟，走在中国高校社会学院系发展的前列。

30多年前，能在一个理工科的高校建立社会学学科，源于教育学家、华中工学院老院长朱九思先生的远见卓识。

20世纪八九十年代是华中科技大学社会学学科的初建时期。1980年，在费孝通先生的领导下，中国社会学研究会在北京举办第一届社会学讲习班，朱九思院长决定选派余荣珮、刘洪安等10位同志去北京参加讲习班学习，并接见这10位同志，明确学校将建立社会学学科，勉励大家在讲习班好好学习，回来后担起建立社会学学科的重任。这是华中科技大学恢复、重建社会学的开端。这一年，在老前辈社会学者刘绪贻先生、艾玮生先生的指导和领导下，在朱九思院长的大力支持下，湖北省社会学会成立。余荣珮带领华中工学院的教师参与了湖北省社会学会的筹备工作，参加了湖北地区社会学界的许多会议和活动。华中工学院是湖北省社会学会的重要成员单位。

参加北京社会学讲习班的10位同志学习结束之后，朱九思院长听取了他们汇报学习情况，对开展社会学学科建设工作做出了重要指示。1981年，华中工学院成立了社会学研究室，归属当时的马列课部。我大学毕业后分配到华中工学院，1982年元旦之后我去学校报到，被分配到社会学研究室。1983年，在朱九思院长的支持下，在王康先生的筹划下，学校决定在社会学研究室的基础上成立社会学研究所，聘请王康先生为所长、刘中庸任副所长。1985年，华中工学院决定在社会学研究所的基础上成立社会学系，聘请王康先生为系主任、刘中庸任副系主任；并在当年招收第一届社会学专业硕士研究生，同时招收了专科学生。1986年，华中工学院经申报获社会学硕士学位授予权，成为最早拥有社会学学科硕士点的十个高校之一。1988年，华中理工大学获教育部批准招收社会学专业本科生，当年招收了第一届社会学专业本科生。至此，社会学有了基本的人才培养体系，有规模的科学研究也开展起来。1997年，华中理工大学成立了社会调查研究中心；同年，社会学系成为独立的系（即学校二级单位）建制；2016年5月，社会学系更名为社会学院。

在20世纪的20年里，华中科技大学不仅确立了社会学学科的地位，而且为中国社会学学科的恢复、重建做出了重要的贡献。1981年，朱九思先生批准和筹备了两件事：一是在学校举办全国社会学讲习班；二是由学校承办中国社会学会成立大会。

由朱九思先生、王康先生亲自领导和组织，中国社会学研究会、华中工学院、湖北社会学会联合举办的全国社会学高级讲习班在1982年3月15日开学（讲习班至6月15日结束），上课地点是华中工学院西五楼一层的阶梯教室，授课专家有林南先生、刘融先生等6位美籍华裔教授，还有丁克全先生等，学员是来自全国十几个省、区、市的131人。数年间，这些学员中的许多人成为各省、市社科院社会学研究所、高校社会学系的负责人和学术骨干，有些还成为国内外的知名学者。在讲习班结束之后，华中工学院社会学研究室的教师依据授课专家提供的大纲和学员的笔记，整理、印刷了讲习班的全套讲义，共7本、近200万字，并寄至每一位讲习班的学员手中。在社会学恢复、重建的初期，社会学的资料极端匮乏，这套讲义是国内最早印刷的社会学资料之一，更是内容最丰富、印刷量最大的社会学资料。之后，由朱九思院长批准，华中工学院出版社（以书代刊）出版了两期《社会学研究资料》，这也是中国社会学最早的正式出版物之一。

1982 年 4 月，中国社会学会成立暨第一届全国学术年会在华中工学院召开，开幕式在学校西边运动场举行。费孝通先生、雷洁琼先生亲临会议，来自全国的近 200 位学者出席会议，其中主要是中国社会学研究会的老一辈学者、各高校社会学专业负责人、各省社科院负责人、各省社会学会筹备负责人，全国社会学高级讲习班的全体学员列席了会议。会议期间，费孝通先生到高级讲习班为学员授课。

1999 年，华中理工大学承办了中国社会学恢复、重建 20 周年纪念暨 1999 年学术年会，全国各高校社会学系的负责人、各省社科院社会学所的负责人、各省社会学会的负责人大多参加了会议，特别是 20 年前参与社会学恢复、重建的许多前辈参加了会议，到会学者近 200 人。会议期间，周济校长在学校招待所二号楼会见了王康先生，对王康先生应朱九思老院长之邀请来校兼职、数年领导学校社会学学科建设表示感谢。

21 世纪以来，华中科技大学社会学学科进入了更为快速发展的时期。2000 年，增设了社会工作本科专业并招生；2001 年，获社会保障硕士点授予权并招生；2002 年，成立社会保障研究所、人口研究所；2003 年，建立应用心理学二级学科硕士点并招生；2005 年，成立华中科技大学乡村治理研究中心；2006 年，获社会学一级学科硕士点授予权、社会学二级学科博士点授予权、社会保障二级学科博士点授予权；2008 年，社会学学科成为湖北省重点学科；2009 年，获社会工作专业硕士点授予权；2010 年，招收第一届社会工作专业硕士学生；2011 年，获社会学一级学科博士点授予权；2013 年，获民政部批准为国家社会工作专业人才培训基地；2014 年，成立城乡文化研究中心。教师队伍由保持多年的十几人逐渐增加，至今专任教师已有 30 多人。

华中科技大学社会学学科的发展，历经了两三代人的努力奋斗，先后曾经在社会学室、所、系工作的同志近 60 位，老一辈的有刘中庸教授、余荣珮教授，次年长的有张碧辉教授、郭碧坚教授、王平教授，还有李少文、李振文、孟二玲、童铁山、吴中宇、陈恢忠、雷洪、范洪、朱玲怡等，他们是华中科技大学社会学学科的创建者、引路人，是华中科技大学社会学的重大贡献者。我们没有忘记曾在社会学系工作、后调离的一些教师，有徐玮、黎民、王传友、朱新称、刘欣、赵孟营、风笑天、周长城、陈志霞等，他们在社会学系工作期间，都为社会学学科发展做出了贡献。

华中科技大学社会学学科的发展，也有其所培养的学生们的贡献。在 2005 年社会学博士点的申报表中，有一栏要填写 20 项在校学生（第一作者）发表的代表性成果，当年填在此栏的 20 篇已发表论文，不仅全部都是现在的 CSSCI 期刊源的论文，还有 4 篇被《新华文摘》全文转载、7 篇被《人大复印资料》全文转载，更有发表在《中国人口科学》等学界公认的权威期刊上的论文。这个栏目的材料使许多评审专家对我系的学生培养打了满分，为获得博士点授予权做出了直接贡献。

华中科技大学社会学学科发展的 30 多年，受惠、受恩于全国社会学界的鼎力支持和帮助。费孝通先生、雷洁琼先生亲临学校指导、授课；王康先生亲自领导组建社会学所、社会学系，领导学科建设数年；郑杭生先生、陆学艺先生多次到学校讲学、指导学科建设；美籍华人林南教授等一大批国外学者及宋林飞教授、李强教授等，都曾多次来讲学、访问；还有近百位国内外社会学专家曾来讲学、交流。特别是在华中科技大学社会学学科创建的初期、幼年时期、艰难时期，老一辈社会学家、国内外社会学界的同仁给予了我们学科建设的巨大帮助，华中科技大学的社会学后辈永远心存感谢！永远不会忘怀！

华中科技大学社会学学科在 30 多年中形成了优良的传统，这个传统的核心是低调奋进、不懈努力，即为了中国的社会学事业，无论条件、环境如何，无论自己的能力如何，都始终孜孜不倦、勇往直前。在一个理工科高校建立社会学学科，其"先天不足"是可想而知的，正是这种优良传统的支撑，使社会学学科逐步走向成熟、逐步壮大。"华中科技大学社会学文库"，包括目前年龄大些的教师对自己以往研究成果的汇集，但更多是教师们近年的研究成果。这套文库的编辑出版，既是对以往学科建设的回顾和总结，更是目前学科建设的新开端，不仅体现了华中科技大学社会学的优良传统和成就，也预示着学科发挥优良传统将有更大的发展。

雷　洪

2016 年 5 月

序

　　呈现在读者面前的是一部题为《中国社会保障国际合作研究》的社会保障学专著，它全面地研究了中国社会保障国际合作问题，这是我国社会保障学界很少触及却渐显重要的一个领域。

　　作者谢勇才博士选择研究中国社会保障国际合作问题，主要是因为进入 21 世纪以来，伴随着中国加入 WTO 和"走出去"战略的实施，尤其是"一带一路"倡议的推进，中国的跨国劳动者及其家属数量迅速增加，他们所涉及的社会保障权益问题也不断增加，自然会引起政府和社会各界的关注与重视。

　　在经济全球化时代，伴随着科学技术的日新月异、交通与通信技术的不断革新以及人类知识的极大丰富，整个世界日益"扁平化"和"村落化"，国际间的交流与合作日渐频繁，劳动者的跨国流动日趋常态化。然而，各国的政治制度、法律体系和社会政策依然奉行属地原则、自成一体。于是，劳动者在跨国流动过程中必然会遭遇诸多困境，其中一个显著的困境就是社会保障问题。由于跨国劳动者的社会保障溢出了民族国家的界限，加之各国的社会保障制度自成体系，在属地原则或者国籍原则的作用下，跨国劳动者的社会保障面临诸多困境，主要体现在三个方面：一是社会保障双重缴费问题；二是社会保障双重缺失问题；三是社会保障待遇支付障碍问题。这些困境不仅使得跨国劳动者的社会保障权益严重受损，而且会显著弱化跨国企业的国际竞争力，还会影响劳动力资源在全球范围内的优化配置，进而影响全球经济的可持续发展。

　　事实上，跨国劳动者社会保障问题曾经长期困扰欧美国家。为了妥善解决跨国劳动者的社会保障问题，欧美国家进行了积极的探索，并逐步摸索出开展社会保障国际合作这一做法，即国家之间就跨国劳动者的社会保障问题进行平等磋商与友好谈判，签署社会保障双边或者多边协定，建构双方或者多方社会保障制度之间的协调机制，相对公平合理地分担与分享跨国劳动者社会保障的责任与利益，以有效地维护跨国劳动者的社会保障权益。社会保障国际合作肇始于20世纪初的欧洲国家，经过100多年的发展与完善，社会保障国际合作已经由探索时期跨越发展时期步入了成熟时期，逐步由欧洲拓展至大洋洲、北美洲、南美洲、非洲和亚洲，业已成为世界各国政府维护劳动者境外社会保障权益的主要途径。

作者谢勇才博士在本书中并未简单地停留在介绍典型国家社会保障国际合作的实践经验方面，而是在放眼国际的基础上立足于中国实际，从中国改革开放逐渐步入"深水区"和跨国劳动者的社会保障权益保护问题日渐凸显等方面着手来论述中国政府介入社会保障国际合作的必然性与重要性，并对中国社会保障国际合作的发展现状、存在问题、问题成因和完善对策等议题进行了系统全面的研究。

作者谢勇才博士在本书中对其所收集到的大量文献资料进行了严谨认真的分析与探讨，且在做出学术判断和得出研究结论时坚持了审慎求真的态度。譬如，他根据大量的中外文文献与数据资料，指出中国政府在社会保障国际合作领域后知后觉，使得中国社会保障国际合作发展进程缓慢，至今只处于初步发展阶段，不仅严重滞后于欧美发达国家，而且明显滞后于印度、菲律宾等同为全球劳务输出大国的部分发展中国家。

十九大报告着重提出，加强社会保障体系建设，全面建成覆盖全民的社会保障体系。伴随着中国特色社会主义进入新时代，中国社会保障体系建设应当逐步从国内劳动者延伸至跨国劳动者。我国学术界对于劳动者社会保障问题的研究也应当逐步从国内劳动者拓展至跨国劳动者。换言之，未来的劳动者权益保护研究应当从过去的只关注国内劳动者这一个维度转向兼顾国内劳动者和跨国劳动者两个维度，这不仅是学术命题，也是时代召唤。

　　谢勇才博士最初主要研究失独群体社会保障问题，围绕这一主题在核心期刊上发表了一系列文章，后来在博士论文选题期间把兴趣转移到社会保障国际化方面，并把社会保障国际合作作为自己的主攻方向。2016 年 3 月份确定博士论文选题之后，他克服了"另起炉灶"、资料难找、时间紧迫等诸多困难，经过一年多的不懈努力，终于在 2017 年 5 月 20 日顺利通过博士学位论文答辩，一年多后的现在又将修改完善后的学位论文正式付梓。

　　近年来在我国社会保障领域涌现了一批有才华、有潜力的青年学者，谢勇才博士便是其中之一。我对他的新作出版表示祝贺，同时有充分信心和理由相信，他将会在未来的教学与科研路上做出更多更好的成绩。

潘锦棠

2018 年 10 月 1 日于人民大学静园

目　录

第一章　绪论

一　研究缘起

自人类社会诞生伊始，迁移就成为人类应对风险与规避灾难的重要途径之一。随着人类社会生产力的日益提高和人类知识的与日俱增，人类迁移的广度与深度不断拓展，迁移的频率越来越高，迁移的范围愈来愈广。尤其是工业革命以来，科技的发展日新月异，交通和通信日益便捷，有效地"缩短"了世界各地之间的时空距离，大大地加速了人口的跨国迁移，这快速地改变着世界人口的分布格局，"迁移"已经成为当今世界最鲜明的图景之一。或许，在某种程度上，正如卡斯尔斯和米勒在《人口迁移时代：现代世界的人口流动》一书中所言——"我们生活在一个移民的时代"①。2015 年全球移民总数已达 2.32 亿②，且这个数字还在持续增长，预计到 2050 年将增加到 4.15 亿③。事实上，在这2.32 亿全球移民中，海外劳工所占的比例在 50% 以上，倘若再加上他们的家属，将占全球移民总数的 90% 左右④。换言之，海外劳

---

① Castels, S., Miller, M. J. *The Age of Migration*: *International Population Movements in the Modern World* [M]. New York: Guilford Press, 2003.

② International Organization for Migration. *World Migration Report 2015-Migrants and Cities*: *New Partnerships to Manage Mobility* [R]. http://www.iom.int/world-migration-report-2015.

③ Programme UND. Overcoming Barriers: Human Mobility and Development [J]. *Human Development Report*, 2009, 42 (100): 419 – 436.

④ Hirose, K., Nikac, M., and Tamagno, E. *Social Security for Migrant Workers*: *A Rights-based Approach* [M]. International Labour Office, 2011.

工及其家属构成了全球移民的主体。

在经济全球化和区域经济一体化不断推进与深入发展的背景下，国际交流与合作日益频繁，愈来愈多的劳工跨出国门到异国他乡就业和谋生，成为海外劳工，劳工的跨国流动日渐常态化。劳工的跨国流动不仅可以缓解原籍国的就业难问题，而且可以给原籍国带来可观的外汇收入，在一定程度上改善海外劳工及其家属的经济状况，并拉动原籍国的投资和消费，促进原籍国的经济与社会发展，也为东道国提供了充足的劳动力，有效地缓解了其由于人口老龄化等原因带来的劳动力不足问题，促进了东道国国民经济的有效运行与可持续发展。然而，正如每一枚硬币皆有正反两面一样，任何一项社会政策或者行动皆有正面与负面效应，劳工的跨国流动也概莫能外。劳工的跨国流动在给原籍国、东道国以及海外劳工带来诸多益处的同时，也不可避免地带来了一系列的社会问题。其中，一个不容忽视的问题就是海外劳工的社会保障问题。

纵观当今世界各国社会保障制度的改革与发展历程可以发现，各国的社会保障制度是构建在公民权与贡献的双重基础之上的。一方面，当今世界各国的社会保障制度在本国领土范围内自成体系，各国政府以公民权为主要依据向本国国民提供基本的社会保障；另一方面，世界各国的社会保障制度也建立在贡献的基础之上，特别是对于缴费型社会保险制度而言，尤其如此。世界各国社会保障制度的这种双重构建基础给海外劳工的社会保障带来了诸多困境。虽然海外劳工在东道国就业期间，很可能向东道国的社会保障制度缴纳了法定费用，但是由于海外劳工不属于该国公民，东道国没有责任也没有义务为他们提供社会保障待遇，同时海外劳工在异国他乡就业与谋生期间往往割裂了与原籍国社会保障制度的联系，无法继续向原籍国的社会保障制度做出缴费贡献，也就难以获得原籍国基于贡献而享有的养老和医疗保险等福利待遇。故而，当海外劳工在异国他乡工作多年退休或者回归原籍国后，他们很有可能会陷入缺乏社会保障的困境。此外，对于许多外派劳工而言，则很可能会遭遇社会保障双重覆盖与双重缴费问题，必须基于同一份薪资待遇同时向原籍国和东道国缴纳社会保障税（费），这不仅会给外派劳工及其雇主造成巨大的缴费负担，而且会严重削弱跨国企业的国际竞争力，迫切需要引起关注与重视。

　　海外劳工的社会保障问题曾经长期困扰相关国家，不仅阻碍了劳动者的自由跨国流动，而且妨碍了区域经济一体化乃至经济全球化的发展进程。20 世纪初以来，欧美发达国家在解决海外劳工社会保障问题上进行了积极的探索和有益的尝试，国家之间通过开展社会保障国际合作、签署社会保障国际协定、构建双方或者多方社会保障制度的衔接机制，有效地维护了大多数海外劳工的社会保障权益。到目前为止，经过一百多年的努力，世界各国通过协商与谈判等方式签署了 3656 项社会保障国际协定，其中90% 以上是发达国家之间签署的① （见表 1 - 1）。于是，欧盟通过社会保障协调法令以及与其他国家签署社会保障国际协定等措施，使得高达 80% 的欧盟海外劳工享有便携性的社会保障权益②，北美国家通过与其他国家签署社会保障双边协定等方式，使得多达68% 的北美海外劳工的社会保障权益得到了有效保护③。然而，从全球范围来看，目前只有 20% 左右海外劳工的社会保障权益得到了有效保护④，换言之，绝大多数海外劳工的社会保障权益仍然遭受着不同程度的损害。

　　改革开放以来，伴随着我国加入世界贸易组织（WTO），尤其是"走出去"战略和"一带一路"倡议的不断推进与深入实施，

① Sabates-Wheeler R, Koettl J. Social Protection for Migrants: The Challenges of Delivery in the Context of Changing Migration Flows [J]. *International Social Security Review*, 2010, 63 (3 - 4): 115 - 144.

② Taha N., Messkoub M., Siegmann K. A. How Portable is Social Security for Migrant Workers? [J]. *ISS Working Paper Series/General Series*, 2013, 573: 1 - 37.

③ Avato J., Koettl J., Sabates-Wheeler R. Social Security Regimes, Global Estimates, and Good Practices: The Status of Social Protection for International Migrants [J]. *World Development*, 2010, 38 (4): 455 - 466.

④ Holzmann R., Koettl J., Chernetsky T. *Portability Regimes of Pension and Health Care Benefits for International Migrants: An Analysis of Issues and Good Practices* [M]. Geneva, Switzerland: Global Commission on International Migration, 2005.

表 1-1　一些发达国家已签署的社会保障双边协定数量

单位：项

国家	社会保障双边协定数量	国家	社会保障双边协定数量
法 国	386	西班牙	140
德 国	226	卢森堡	136
加拿大	180	瑞 士	124
比利时	167	意大利	112
荷 兰	165	美 国	97
英 国	157	葡萄牙	95
奥地利	146	瑞 典	66

注：由于每一项社会保障双边协定都有两个缔约国，因此每一项社会保障双边协定要被计算两次（尽管这两个缔约国可能分布在不同的大洲）。

数据来源：Harrison 2004，ILO 2005a，United Nations 2003，World Bank 2004 and authors' calculations。

带动了越来越多的劳动者走出国门去异国他乡就业和谋生，海外劳工的数量与日俱增。商务部发布的对外劳务合作数据显示，2015 年我国对外劳务合作共派出各类劳务人员 53 万人，其中承包工程项下派出 25.3 万人，劳务合作项下派出 27.7 万人，年末在外各类劳务人员 102.7 万人[1]。截至 2015 年 12 月底，我国对外劳务合作业务累计派出各类人员 802 万人[2]。同时，我国已经成为全球第四大移民输出国，截至 2013 年 12 月底，我国的海外移民存量已接近 1000 万（934.3 万）人，在 23 年间剧增了 128.6%[3]。我国海外劳工数量的日渐增多，尽管可以带来缓解国内就业压力和增加外汇收入等诸多益处，但是与其他国家的海外劳工一样，由于跨越了民族国家的疆域，他们的社会保障也会面临诸多难题。而且，伴随着我国海外劳工规模的日趋扩大，其面临的社会保障问

---

[1]　数据来源：商务部发布的《2015 年我国对外劳务合作业务简明统计》。

[2]　文月：《2015 年中国对外劳务合作发展述评》，《国际工程与劳务》2016 年第 3 期。

[3]　王辉耀、刘国福：《国际人才蓝皮书：中国国际移民报告（2014）》，北京：社会科学文献出版社，2015：18。

题日益凸显。

其实，对于海外劳工的社会保障问题，中国政府在很早之前就有所关注。1951 年，我国社会保障领域的第一部行政法规《中华人民共和国劳动保险条例》第 4 条就明确规定："凡在实行劳动保险各企业内工作的工人与职员（包括学徒）不分民族、年龄、性别和国籍，均适用本条例，但被剥夺政治权利者除外。"[①] 1999 年，国务院颁布的《社会保险费征缴暂行条例》进一步明确了基本养老保险的参保范围不以国籍为限。不过，在很长一段时间内，由于我国的海外劳工数量不多，加之来华就业的外籍劳工数量较少，海外劳工社会保障问题一直没有引起中国政府的重视。世纪之交，尤其是中国加入世界贸易组织（WTO）之后，中国的海外劳工数量和来华就业的外籍劳工数量皆有显著增长，海外劳工社会保障问题开始引起中国政府的关注与重视。于是，自 20 世纪 90 年代末以来，中国政府开始寻求与一些经贸往来密切的国家开展社会保障双边谈判，2001 年 7 月 12 日和 2003 年 2 月 28 日，中国政府分别与德国政府和韩国政府签署了《中华人民共和国与德意志联邦共和国社会保险协定》和《中华人民共和国与大韩民国互免养老保险缴费临时措施协议》，正式拉开了中国社会保障国际合作的序幕，具有里程碑式的重要意义，标志着中国社会保障国际合作开始步入制度化、规范化和法制化阶段。2012 年 10 月 29 日，中韩两国政府正式签署《中华人民共和国政府和大韩民国政府社会保险协定》和《中华人民共和国政府和大韩民国政府社会保险协定议定书》，随后中国分别与丹麦、芬兰、加拿大、瑞士、荷兰、法国、西班牙以及卢森堡等国签署了社会保障双边协定。

显然，自从世纪之交尤其是 2012 年以来，中国政府对海外劳工社会保障权益保护问题逐步重视，社会保障国际合作的发展步伐明显加快。然而，无论是与欧美发达国家相比，还是与一些同为海外劳工输出大国的发展中国家（如印度和土耳其）相比，抑

[①] 中华人民共和国政务院：《中华人民共和国劳动保险条例》，北京：人民出版社，1953。

或是与数以百万计海外劳工日益增长的社会保障权益保护需求相比，中国在社会保障国际合作领域的发展都明显滞后。当前，我国的海外劳工遍布全球 180 多个国家（地区），但是我国只与德国、韩国、丹麦、芬兰、瑞士、加拿大、荷兰、法国、西班牙和卢森堡 10 国签署了社会保障双边协定，而且这些国家并非我国对外劳务合作业务分布的主要国家（地区）①，再加上还存在现有社会保障双边协定的执行效果不佳等问题②，导致我国数以百万计的海外劳工能够从社会保障双边协定中受益的人数非常有限。与此相反，欧美发达国家通过建立社会保障国际合作机制等措施，使得大多数海外劳工的社会保障权益得到了有效保护。同时，截至 2016 年 3 月，印度已经与德国、韩国和魁北克等 19 个国家（地区）签署了社会保障双边协定③，有效地保护了相当一部分海外劳工的社会保障权益。此外，土耳其通过与其他国家签署社会保障双边协定等措施，使得多达 68% 的海外劳工获得了便携性的社会保障权益④。

从上述分析可知，国家之间开展社会保障国际合作，通过谈判签署社会保障国际协定可以有效地解决海外劳工的社会保障问题，欧美发达国家在社会保障国际合作领域积累了许多成功经验，一些发展中国家在社会保障国际合作领域的表现也可圈可点。同时，尽管中国在社会保障国际合作领域取得了一定的进展，值得肯定与赞许，但是仍然存在诸多不足。那么，社会保障国际合作是什么？欧美发达国家和一些发展中国家在社会保障国际合作领

---

① 2015 年底，我国对外劳务合作业务分布前十的国家（地区）是：中国澳门、阿尔及利亚、日本、中国香港、新加坡、沙特阿拉伯、安哥拉、巴拿马、哈萨克斯坦和马来西亚。

② 王延中、魏岸岸：《国际双边合作与我国社会保障国际化》，《经济管理》2010 年第 1 期。

③ 数据来源：印度海外事业部网站（https：//india. gov. in/official-website-ministry-overseas-indian-affairs）。

④ Sabates-Wheeler R. , Koettl J. Social Protection for Migrants: The Challenges of Delivery in the Context of Changing Migration Flows [J]. *International Social Security Review*, 2010, 63（3）: 115 – 144.

域积累了哪些有益经验？中国社会保障国际合作存在哪些主要问题？中国社会保障国际合作问题产生的主要原因有哪些？如何在学习与借鉴典型国家有益经验的基础上完善中国社会保障国际合作？本书将主要围绕这些问题进行探讨，以期在丰富学术界现有研究的基础上，为推动我国社会保障国际合作的发展与完善提供参考。

二　研究意义

随着全球经济一体化进程的逐步加快，劳动力的跨国流动越来越常态化，海外劳工的规模日趋扩大。海外劳工不仅有效地缓解了东道国由于人口老龄化等因素导致的劳动力短缺问题，为东道国经济与社会的可持续发展做出了重要贡献，而且给原籍国带来了相当可观的外汇收入，还在一定程度上缓解了原籍国国内严峻的就业问题。然而，由于海外劳工逾越了民族国家的界限，给东道国的法律法规、社会政策、文化规范以及就业市场等带来了一定的冲击，不可避免地会产生一些问题。其中，海外劳工的社会保障溢出了国界，面临诸多问题，其社会保障权益必然会受到不同程度的损害。社会保障制度作为保障收入安全、缓解贫困与不平等以及促进社会融合的重要制度，不仅关乎海外劳工的养老、医疗、工伤、失业以及遗属等诸多重大问题，而且关乎一个国家的利益。故而，研究中国社会保障国际合作问题具有重要的理论与现实意义。

其一，有利于促进我国政府和社会各界对于海外劳工社会保障权益保护问题的关注与重视。一直以来，对于劳工社会保障权益保护问题，我国政府和社会各界关注的焦点是国内劳工尤其是农民工的社会保障权益保护问题，很少有人或者组织问津海外劳工的社会保障权益保护问题。在某种程度上可以说，在社会保障权益保护方面，我国海外劳工一直以来都是被忽略或者遗忘的一个群体。因此，对中国社会保障国际合作问题进行探讨，有助于促进我国政府和社会各界对海外劳工社会保障权益保护问题的关注与重视。

其二，有助于推动我国社会保障国际合作的进程，保护海外劳工的社会保障权益。一直以来，我国政府和社会各界的关注点主要集中于国内劳工的社会保障权益保护问题，对于海外劳工的社会保障权益保护问题关注较少，使得我国社会保障国际合作的进程缓慢，无法有效维护大多数海外劳工的社会保障权益。通过研究我国社会保障国际合作问题，学习与借鉴发达国家和一些发展中国家的有益经验，有助于推动我国社会保障国际合作进程，以有效地保护海外劳工的社会保障权益。

其三，有利于提升我国跨国企业的国际竞争力，助推"走出去"战略和"一带一路"倡议的深入实施。倘若我国政府尚未与其他国家开展社会保障国际合作，那么我国的跨国企业和外派员工就要面临社会保障双重覆盖与双重缴费问题，不仅会给跨国企业和外派员工带来较大的缴费压力，严重削弱跨国企业的国际竞争力，而且不利于"走出去"战略和"一带一路"倡议的有效实施。若我国政府与其他国家开展社会保障国际合作，就能在较大程度上避免我国跨国企业和外派员工所面临的社会保障双重覆盖与双重缴费问题，降低跨国企业的人力成本和生产成本，提升跨国企业的利润空间，增强跨国企业的国际竞争力，以保证"走出去"战略和"一带一路"倡议的顺利实施，为我国劳动力境外就业和经济发展拓展更广阔的空间。

其四，有助于减少我国社会保障基金的损失，维护国家利益。倘若我国政府尚未与其他国家开展社会保障国际合作，那么我国海外劳工在国外缴纳的社会保障费用就在很大程度上无偿地贡献给了东道国，而且当海外劳工在海外就业多年回流归国后，我国政府还得负担他们的养老、医疗和社会救助等社会保障问题，这就必然会给我国社会保障基金造成重大损失。然而，在我国政府与其他国家开展社会保障国际合作之后，我国海外劳工的社会保障费用就可以实现互免或者由东道国一次性返还，这可以有效减少我国社会保障基金的损失，从而有利于维持我国社会保障基金的财务平衡，维护国家利益。

三 研究内容

总体而言，本书的研究内容主要有五个方面：一是社会保障国际合作起源、发展以及相关问题；二是典型国家社会保障国际合作的主要经验及其启示；三是我国社会保障国际合作存在的主要问题；四是我国社会保障国际合作问题形成的主要原因；五是完善我国社会保障国际合作的主要建议。具体说来，本书的研究内容可以分为以下九个部分。

第一部分：阐述研究的缘起与意义，提出研究的理论基础，进而明确研究的思路与方法、研究的难点与创新点以及关键概念的界定等。

第二部分：主要是从放眼国际与回归国内的视角，对海外劳工社会保障权益保护方面的相关文献进行梳理与归纳，并站在巨人的肩膀上进行一些评述。

第三部分：主要是从社会保障国际合作的发展历程、社会保障国际合作的发展特点、社会保障国际合作的发展动因以及社会保障国际合作的主要方式四个方面对社会保障国际合作进行概述，对社会保障国际合作的基本概貌进行梳理与归纳，从而为下文的进一步论述提供一个简要的知识背景。

第四部分：主要是对社会保障国际合作的实现条件和社会保障国际合作的重要意义进行归纳与论述，从而为我国与其他国家开展社会保障国际合作提供理论支撑和现实依据。

第五部分：对中国社会保障国际合作的发展历程及其存在的主要问题进行剖析，发现我国社会保障国际合作不仅尚处于初步发展阶段，而且存在发展进程缓慢、合作内容狭窄、合作的方式单一、合作的覆盖面偏低以及现有社会保障双边协定的执行效果不佳等诸多问题，且这些问题伴随着我国劳务输出规模的不断扩大而日趋严重，迫切需要引起重视并妥善解决。

第六部分：对中国社会保障国际合作问题的形成原因进行深入剖析，发现这一问题的出现是多种因素共同起作用的结果，存在着盘根错节的因果链条，具体包括政府重视程度不高、社会保障制度不完善、往来的劳工数量不对称、没有充分利用利益杠杆、海外劳工的社会保障权益保护意识不强、对国际劳工标准的重视程度不够、社会保障国际合作的相关立法滞后以及社会保障国际合作的配套设施不足八个方面。

第七部分：根据各国在社会保障国际合作领域的发展态势和文献可获得性的情况，选择欧盟和美国作为发达国家代表，选择印度和菲律宾作为发展中国家的代表，主要介绍欧盟、美国、印度以及菲律宾等国家（地区）在社会保障国际合作领域的主要实践，总结有益经验，并剖析其对我国社会保障国际合作发展与完善的主要启示。

第八部分：对我国社会保障国际合作的完善问题进行全面系统分析，提出从发挥政府主导作用、完善社会保障制度、充分利用利益杠杆、积极借鉴国际经验、增强海外劳工的社会保障权益保护意识、加快批准相关国际劳工公约、加强社会保障国际合作立法工作以及完善社会保障国际合作的配套设施八个方面来完善我国社会保障国际合作，以有效地维护我国海外劳工的社会保障权益，增强我国跨国企业的国际竞争力，进而维护国家利益。

第九部分：综合以上各个部分的分析，对本书的主要研究结论进行归纳与总结，并就社会保障国际合作问题的未来研究提出展望。

四　理论基础

海外劳工社会保障权益保护问题是在全球化背景下，由劳动者的跨国流动所引发的新情况、新问题和新矛盾，对其进行研究与探讨需要一定的理论支撑，否则将会严重损害学术研究的科学性、严谨性以及规范性。在综合考量研究主题与研究内容之后，笔者从众多理论中选取全球化理论、社会保障权理论和公平正义理论作为本书的理论基础，并对这些理论进行相对系统的梳理与归纳，以为本书的撰写奠定坚实的理论基础。

（一）全球化理论

全球化是一个很早就出现的概念，20世纪60年代法国学者和美国学者在一些学术文献中就已经提出或者描述了模糊的全球化概念。随后，通过许多西方学者对全球性问题的探讨与论述，全球化的概念逐步清晰。1985年，美国学者泰奥多尔·莱维特（Theodre Levitt）在《论市场的全球化》一文中首次提出"全球化（globalization）"一词，用以形容此前20年间全球经济发生的巨大变化，即资本、商品、服务以及技术等在全球范围内的迅速扩散，使得世界各国之间的经济联系愈加密切①。此后，随着全球化进程的不断拓展和日益深化，全球化及相关问题逐渐成为一个世界性学术热点，引起了西方学术界乃至全球各界的共同关注。于是，"全球化"一词开始从学术界逐步进入日常生活，从许多学术文献中难觅踪影的生僻之词逐步成为许多人信手拈来的口头禅，以至于在英国知名全球化理论学者戴维·赫尔德（David Held）看来，"全球化现在有沦落为我们时代的陈词滥调的风险"②。

在此过程中，许多西方学者从不同的视角对"全球化"这一概念进行了界定。譬如，美国经济学家泰奥多尔·莱维特认为全球化是世界各国的经济开放程度和相互依赖程度不断增强以及经济一体化的过程③；英国知名社会学家安东尼·吉登斯（Anthony Giddens）指出，全球化系指社会关系在全球范围内的强化，此种关系是以这样一种方式将彼此之间远隔百里乃至千里的地域连接起来，换言之，此地所发生的事情很有可能是由相距甚远的异地事件所引发的，反之亦然④；西方左翼学者格雷戈里·阿尔博

① Kantrow A. M. *Sunrise-sunset*：*Challenging the Myth of Industrial Obsolescence* ［M］. Harvard Business Review Executive Book，1985：53 – 68.

② David Held，et al. *Global Transformations*：*Politics，Economics and Culture* ［M］. Cambridge：Polity Press，1999.

③ 阎孟伟、朱丽君：《全球化的实质和进程与马克思的全球化理论》，《南开学报》（哲学社会科学版）2007年第1期。

④ 安东尼·吉登斯：《现代性的后果》，田禾译，南京：译林出版社，2000：56—57。

（Gregory Albo）明确指出，全球化不但应当被视为一种经济规则，而且是一种社会关系体系，它根植于社会权力所特有的资本主义形式之中，并且这种特有权力掌握在民族国家和私人资本手中，从基本上讲，全球化意味着市场作为一种经济监管者的日益普遍①。此外，还有学者从信息通信角度、危及人类共同命运的全球性问题角度、体制角度、制度角度、文明和文化角度以及观念形态角度等诸多角度来对全球化进行定义②。换言之，对于"全球化"究竟是什么，西方学者们并没有做出统一的界定，由于经济学家、历史学家、社会学家、政治学家、管理学家以及未来学家们的关注点存在一定的甚至是较大的差异，他们对全球化的定义也存在不同程度的差异。不过，从西方学者对于全球化的定义莫衷一是、众说纷纭可以看出，全球化应该是多维的，而不是单维的，且无论西方学者们对于全球化的界定存在多大程度上的差异，全球化进程的不断加快都是一个不以人们的意志为转移的客观事实。

在全球化理论方面，许多西方学者承认全球化思想或者说全球化理论的首倡者当属卡尔·马克思（Karl Marx）和弗里德里希·恩格斯（Friedrich Engels），因为马克思和恩格斯在《共产党宣言》中明确指出："资产阶级由于开拓了世界市场，使一切国家的生产和消费都成为世界性的了。"③ 这是对全球化的精辟且深刻的论述，只是马克思和恩格斯当时使用的是"世界性"一词而已。此后，尤其是 20 世纪 80 年代以来，许多西方学者纷纷从自己的知识结构和认知水平提出或者构建全球化理论。譬如，安德烈·弗兰克（Andre Frank）的依附理论、伊曼纽尔·沃勒斯坦（Immanuel Wallerstein）的世界体系理论、赫伯特·麦克卢汉（Herbert Mcl-

---

① G. Albo. The world Economy, Market Imperatives and Alternatives [J]. *Monthly Review*, 1996, 48 (7): 6 – 22.

② 杨雪冬：《西方全球化理论：概念、热点和使命》，《国外社会科学》1997 年第 3 期。

③ 马克思、恩格斯：《马克思恩格斯选集》（第 1 卷），北京：人民出版社，1972：255。

uhan）的地球村理论、罗兰·罗伯森（Roland Robertson）的文化系统理论、尤尔根·哈贝马斯（Jürgen Habermas）的主权终结理论、安东尼·吉登斯（Anthony Giddens）的激进现代性的全球化理论、乌尔里希·贝克（Ulrich Beck）的自反性现代化理论、爱德华·赛义德（Edward Said）的"东方主义"全球观、佛雷德里克·詹姆逊（Fredric Jameson）的左派全球化理论、塞缪尔·亨廷顿（Samuel P. Huntington）的文明冲突论、弗朗西斯·福山（Francis Fukuyama）的历史终结论、费尔南·布罗代尔（Fernand Braudel）的时段理论、斯塔夫里阿诺斯（L. S. Stavrianous）的全球历史观、特奥托尼奥·桑托斯（Theotonio Santos）的新依附理论以及戴维·史密斯（David Smith）的全球化教育思想①，等等。由此可见，在西方学术界，全球化理论流派众多、异彩纷呈。

　　针对西方全球化理论流派众多、难以把握的情况，为了让学术界和社会各界更好地理解全球化问题，英国知名全球化理论专家、伦敦政治经济学院政治学教授戴维·赫尔德（David Held）根据学者们对于全球化的定义、全球化是否代表一种新情况、全球化是否对政治施加了限制以及全球化是否与政府权力的复兴、消亡或者变革有关等问题的不同回答，将现有的西方全球化理论粗略地划分为三大类：极端全球主义者、怀疑论者以及变革论者②。极端全球主义者，如福山和奥梅（Ohmae）等对全球化进行了热情的欢呼和由衷的赞叹，他们认为经济全球化带来了新的历史时期，在这个历史时期里市场将成为解决和决定一切问题的唯一力量，各个民族国家将日益服从于全球市场的约束。与此相反，保罗·赫斯特（Paul Hirst）、格雷尔姆·汤普森（Grahame Thompson）以及琳达·维斯（Linda Weiss）等怀疑论者则对全球化进行了无情的批评与强烈的抵制，他们明确指出全球化在本质上就是一个被夸大的神话，极端全球主义者在有意地夸大全球化事实和误导民众，所谓的全球化实际

---

① 程光泉主编《全球化理论谱系》，长沙：湖南人民出版社，2002：89—598。

② 戴维·赫尔德：《全球大变革——三种全球化理论的分析与比较》，《马克思主义与现实》2000年第1期。

上只是国际化而已。此外，变革论者主要来自社会学领域，典型代表有英国的安东尼·吉登斯（Anthony Giddens）、美国的罗兰·罗伯森（Roland Robertson）以及德国的乌尔里希·贝克（Ulrich Beck）等人，他们对全球化表示谨慎的乐观，并在肯定全球化存在的前提下，指出全球化是世界各国不断变革的过程，是多维的且是由多种动因引发的，它正在重塑着现代社会和世界秩序，使得全球各国之间的联系变得日益紧密。赫尔德对于西方学术界全球化理论的分类具有重要的学术意义与理论价值，为研究者和民众了解与熟悉当今世界学者们对于全球化的论争指明了方向，并提供了一个重要的理论分析框架。当然，这只是一种宽泛性的分类，并非精确的分类，不可避免地会存在诸多缺陷与不足。

当西方学者对全球化及相关问题的探讨进行得如火如荼之际，我国学者也开始关注和重视全球化问题。20 世纪 90 年代初，首先在西方学术界兴起的全球化理论和思潮开始传入我国，并对我国学术界产生了深远的影响。1993 年，中央编译局当代研究所邀请美国著名中国问题专家阿里夫·德里克（Arif Dirlik）介绍西方学术界的世界体系与全球资本主义理论，德里克教授的演讲稿随后以《世界体系分析和全球资本主义——对现代化理论的一种检讨》为标题发表在《战略与管理》杂志的创刊号上[1]，立刻在我国学术界引起了强烈反响，这被认为是第一次用中文系统地介绍西方的全球化理论[2]。我国一些视角敏锐的学者对此高度关注并迅速做出反应，他们一方面陆续介绍西方的全球化思潮和理论，并明确指出中国学者对全球化问题进行研究的必要性与重要性。于是，逐步涌现出李慎之、蔡拓和俞可平等在国内较早提倡研究全球化及相关问题的知名学者。此后，我国越来越多的学者开始加入全球化及相关问题的研究之中，我国学者对于全球化及相关问题的研究也经历了从引进和介绍西方全球化理论阶段发展到全球化理论

---

[1] 阿里夫·德里克：《世界体系分析和全球资本主义——对现代化理论的一种检讨》，《战略与管理》1993 年第 1 期。

[2] 俞可平：《全球化与政治发展》，北京：社会科学文献出版社，2003：183。

的"中国化"阶段①，并取得了较大的成就。

由上述分析可知，全球化概念和理论自诞生伊始就伴随着学术界的激烈争论②，无论是在刚刚兴起的 20 世纪末，还是得到了进一步发展的 21 世纪，中外学术界关于全球化的争论非但没有一丝一毫的消停，反而随着全球化后果的日益显现而越发激烈。不过，无论学者们对于全球化秉持何种态度，都无法否认全球化是客观存在的，是不能以人的意志为转移的，并已经深深地影响人们的日常生活和世界各个领域，它是人类在生产力日渐提高、科学技术日新月异以及认知水平日益增强的情况下，不断超越民族国家的法律和疆域等制度性和非制度性壁垒，实现跨国性乃至世界性的普遍交往过程，它使得世界各国在经济、政治、文化以及其他方面相互联系、相互制约和相互依赖。

毫无疑问，全球化不仅给世界各国的政治、经济、文化以及其他领域带来了巨大的机遇，而且带来了无可规避的诸多挑战③。社会保障作为减少民众生活风险、增进民众福祉的一项重要的社会安全制度，亦概莫能外。换言之，全球化不仅给各国的社会保障制度带来了机遇，更带来了巨大的挑战。其中，一个重要的挑战就是海外劳工的社会保障问题。伴随着全球化进程的不断加快，越来越多的劳动者走出国门，到异国他乡就业和谋生，由于他们的社会保障溢出了国界，在社会保障属地原则或者国籍原则抑或是贡献原则的作用下，许多海外劳工的社会保障面临诸多问题，例如社会保障双重覆盖与双重缴费问题、社会保障的双重缺失问题以及社会保障待遇的支付障碍等，不仅损害了海外劳工的社会保障权益，而且会大为削弱跨国企业的国际竞争力，迫切需要海外劳工的东道国和原籍国积极参与社会保障的全球化治理，妥善

---

① 吴怀友：《国内全球化理论研究的进程、特点与存在的问题》，《中南大学学报》（社会科学版）2005 年第 4 期。
② 王洛林主编《全球化与中国：理论与发展趋势》，北京：经济管理出版社，2010，第 19—40 页。
③ 韩克庆：《经济全球化与中国社会保障制度的构建》，《广东社会科学》2005 年第 2 期。

解决海外劳工的社会保障问题。

（二） 社会保障权理论

现代社会保障制度是在政府的主导下建立的，为本国国民因疾病、年老、工伤、失业以及其他不可抗拒的因素造成生活困难时提供一定的收入支持，以保证其生存与发展的一种社会安全制度。正如有些学者所指出的，现代社会保障制度是人类在 20 世纪所创建的最重要的制度文明之一，是人类社会的伟大发明①。有学者在梳理和归纳人类社会创设社会保障权的理论依据时提出四点理由：一是人类生存与发展的需要；二是社会威胁和自然威胁造成人类的生存条件脆弱；三是权利和资源具有稀缺性；四是理性与道德对于人类需要的实现而言将会是一个漫长的过程②。正是基于这些理由，社会保障被越来越多的国家和政府所接受，并逐步成为公民的一项基本权利和基本人权。然而，现代社会保障制度不是从来就有的，也不是自发形成的，更不是一蹴而就的，社会保障权亦是如此。易言之，社会保障权作为公民基本人权的最终确立是人类社会经过激烈争论和多轮博弈后的结果，是一个曲折而又漫长的历史过程。

社会保障权正当性的确立经历了长期的激烈争论与多轮博弈。一直以来，有一部分西方学者强烈反对将社会保障确定为国民的基本权利，而仅仅承认其是一种特权。英国知名政治学者莫里斯·克莱斯顿（Maurice Cranston）明确指出包括社会保障权在内的经济、社会以及文化权利属于理想和美德的范畴，是一种个人想要而又无法立刻实现的东西，不具备普及性或者普惠性，可能只涉及特定的人群③。质言之，包括社会保障权在内的经济、社会以及文化权利至多只是一种道德权利，而非政府必须强力保障的

---

① 郑秉文、和春雷：《社会保障分析导论》，北京：法律出版社，2001：1。
② 刘海年主编《〈经济、社会和文化权利公约〉研究》（中国挪威经社文权利国际公约研讨会文集），北京：中国法制出版社，2000：62。
③ Maurice Cranston. *Human Rights, Real and Supposed* [M]. Indiana University Press, 1967：51 - 52.

法律权利。新自由主义经济学派的主要代表人物冯·哈耶克（Von Hayek）更是尖锐地指出，强制性的收入转移唯有按照特别需要的程度来被证明才是正当的，是故，它们依然是一种怜悯与施舍措施，而非权利①。即社会保障作为一种特权，它仅仅是政府和社会给予公民的一种恩惠，政府和社会有权决定是否给予、何时给予以及如何给予。新自由主义经济学派的另一位代表人物米尔顿·弗里德曼（Milton Friedman）也对社会保障进行了强烈抨击，他明确指出："社会保险方案是维持现状的暴政开始发生魔力的那些东西之一。"② 虽然民众已经接受社会保险成为既定事实且不再怀疑其必要性，但是它大规模地侵犯了公民的个人生活，因此不具备正当的存在理由。此外，还有一些学者从社会保障的不可诉性等角度来否认社会保障的权利属性。当然，更多的学者承认社会保障权的正当性。譬如，美国学者查尔斯·赖希（Charles A. Reich）将社会保障权引入美国宪法所捍卫的财产权范畴，认为社会保障利益是一种"新财产权"③，为社会保障权受到美国法律的强力保障提供了理论依据。英国知名社会学家马歇尔（T. H. Marshall）明确提出完整的公民权应该包括民事权利、政治权利和社会权利三种，社会保障权是社会权利的一种，福利国家是扩大公民权范围的一种重要手段④。同时，还有一些学者从解读罗尔斯正义理论⑤或者道德权利的逻辑推理⑥等角度来论证社会保障权的正当性。在学者们激烈争论的过程中，赞成派逐渐处于上风，并最终促成越来越的国家承认和接受社会保障权是公民的一项基本权利和基本人权。

---

① 哈耶克：《自由秩序原理》（下），邓正来译，北京：生活·读书·新知三联书店，1997：54。

② 弗里德曼：《资本主义与自由》，张瑞玉译，北京：商务印书馆，1986：175。

③ Charles A. Reich. The New Property [J]. *The Yale Law Journal*, 1964, 73 (5): 733 – 787. 何于彬：《论福利权作为一种新财产权——传统财产权理论的重构》，《闽南师范大学学报》（哲学社会科学版）2015 年第 1 期。

④ T. H. Marshall. *Sociology at the Cross-roads* [M]. London: Heinemann, 1963.

⑤ Michelman F. I. In Pursuit of Constitutional Welfare Rights: One View of Rawls' Theory of Justice [J]. *University of Pennsylvania Law Review*, 1973, 121 (5): 962 –1019.

⑥ Wellman C. P. *Welfare Rights* [M]. John Wiley & Sons, 1982.

社会保障权由统治者的恩惠逐步演变为公民的一项基本权利。在农耕社会时期，人们的生老病死等社会保障问题主要由家庭和宗族内部解决，当然也存在零星的宗教慈善事业在救济贫困者，政府则往往只有在发生大规模的饥荒或者其他天灾时才会进行赈灾和济贫。然而，进入工业社会之后，传统的大家庭逐步走向解体，越来越多失去土地的农民流入城市成为产业工人，尽管社会财富在急剧地增加，但是产业工人的生存条件和生存能力极其恶劣与脆弱，时刻面临着失业、伤残和职业病等新风险与新问题。对此，传统的家庭保障和慈善救济顾此失彼、疲于应付。为了改善自身的工作条件和经济状况，在工人政党的领导下，产业工人运动此起彼伏，严重威胁到资产阶级政府的统治，再加之人们对于贫困的观念和态度也发生了转变——主要由个人品行低劣造成贫困到主要由非可抗拒的社会原因造成贫困[1]，使得资产阶级政府和民众都希望采取制度化的措施来应对日益加深的社会问题与危机。于是，德国俾斯麦政府于 1883 ~ 1889 年先后颁布了《疾病保险法》、《工伤保险法》和《残疾与老年保险法》三部社会保险法律，创世纪地将之前属于统治者的恩惠与施舍的社会救济确立为公民法定的社会保险权利。此时，由于社会保险主要覆盖的是产业工人，覆盖面有限，仅有一部分民众享有社会保障权。此后，经过美国 1935 年颁布的《社会保险法案》、英国 1942 年出台的《社会保险及相关服务的报告》以及之后福利国家的建设，社会保障制度的覆盖面空前提高，基本上覆盖了西方发达国家的大多数国民，再加上苏联和社会主义阵营国家纷纷建立了国家保险型社会保障制度，从而使得社会保障权逐步成为一项普遍性的权利，是一项人人都享有的基本权利和基本人权。

社会保障权由国内基本人权逐步延伸为国际基本人权。随着经济全球化进程的不断加快，各国之间的交流与合作日益紧密，一方面全球各国之间在社会保障领域相互影响、相互借鉴、相互促进；另一方面，国家之间的社会保障国际合作日益增多，并逐

---

① 李运华：《社会保障权原论》，《江西社会科学》2006 年第 5 期。

步使得社会保障权延伸为一项国际基本人权。社会保障权作为国际基本人权的确认，主要是借助于联合国颁布的国际人权公约、欧洲和美洲制定的区域人权公约以及国际劳工组织制定的国际劳工公约来实现的①。譬如，联合国于 1948 年颁布的《世界人权宣言》第 22 条着重提出，"所有公民，作为社会成员之一，都享有社会保障权"②；联合国于 1966 年出台的《经济、社会及文化权利国际公约》第 9 条明确规定，"本公约缔约各国承认人人有权享社会保障，包括社会保险"③。又如，国际劳工组织于 1952 年制定的第 102 号公约——《社会保障最低标准公约》对疾病津贴、失业津贴、老年津贴、生育津贴、工伤补偿、医疗护理、残疾津贴、遗属津贴以及家庭津贴等项目的最低标准都做出了明文规定，对世界各国社会保障制度的发展产生了深远的影响。再如，国际劳工组织于 1962 年制定的第 118 号公约——《外国人和本国人同等待遇公约》第 3 条重点规定，应当给予在本国领土上外籍国民与本国国民同等的社会保障待遇④。此外，《维护社会保障权利公约》、《欧洲基本权利宪章》以及《美洲人权宣言》都对社会保障权做出了类似的规定。于是，社会保障权逐步发展为一项全球公认的基本人权。

当社会保障权逐步扩展为国际基本人权之际，尤其是在我国被批准和加入《经济、社会、文化权利国际公约》之后，社会保障权问题逐步成为我国社会保障学界尤其是法学界的研究热点。从目前的情况来看，学者们对于社会保障权的研究主要有两种路径：一种是将社会保障权归入劳动权范畴，认为社会保障权是劳

---

① 李运华：《论社会保障权之宪法保障——以社会保障权宪法规范的完善为中心》，《江苏社会科学》2011 年第 6 期；钟会兵：《社会保障权的概念分析》，《武汉科技大学学报》（社会科学版）2009 年第 4 期。

② 《〈世界人权宣言〉全文》，联合国中文网站，2017 年 3 月 25 日。

③ Economic SCUCO, Rights C. International Covenant on Economic, Social and Cultural Rights [J]. *Human Rights Quarterly*, 1987, 9 (2)：274 - 284.

④ C118-Equality of Treatment (Social Security) Convention, 1962 (No. 118) [EB/OL]. http://www.ilo.org/dyn/normlex/en/f? p = NORMLEXPUB：12100：：：NO：12100：P12100 _ILO_ CODE：C118：NO.

动权集合中的一种子权利①；二是将社会保障权界定为物质帮助权，也有少部分学者提出社会保障权是生存权或者权利与权力的竞合②。多数学者认为，社会保障权是指法律法规所赋予的人们在遭遇生存和生活风险时能够从国家与社会获得物质救助的权利。社会保障权是一个权利集合或者权利束，不仅包括社会救助权和社会保险权，而且包括社会福利权和社会优抚权等。随着国家对于社会法和社会权的不断关注与重视，第一种研究路径逐步被第二种研究路径所取代，但是大多数学者依然停留在口头提倡的描述性阶段，鲜有学者能够从法律哲学或者政治哲学的视角和层次来论述社会保障权的合理性问题，也很少有学者能够基于我国的基本国情对社会保障权问题进行深入探讨。换言之，在社会保障权问题的研究上，国内学者们应当付出更多的心思和努力。

由上述分析可知，经过长时间的讨价还价和激烈博弈，社会保障权不仅实现了由统治者的恩惠与施舍转变为公民基本权利的发展，而且实现了由国内基本人权逐步延伸为国际基本人权的发展。正如英国学者米尔恩（A. J. M. Milne）所指出："人权概念就是这样一种观念——存在某些无论被承认与否都存在于一切时空，并属于全人类的权利。"③ 质言之，基本人权应当不分国籍、种族、肤色、性别、身份以及宗教信仰等差异，只要是人类就应当享有的权利。事实上，社会保障项目主要是围绕保障基本人权来设计的，社会救助和社会保险等项目保障的是人类最基本的生存权，而社会福利项目保障的则是人类的发展权，甚至可以说享有社会

① 杨燕绥：《劳动与社会保障立法国际比较研究》，北京：中国劳动社会保障出版社，2001：118；冯彦君：《劳动权论略》，《社会科学战线》2003 年第 1 期。

② 王家福、刘海年主编《中国人权百科全书》，北京：中国大百科全书出版社，1998：527；谢鹏程：《公民的基本权利》，北京：中国社会科学出版社，1999：126；董保华：《社会法原论》，北京：中国政法大学出版社，2001：308；郭曰君、吕铁贞：《论社会保障权》，《青海社会科学》2007 年第 1 期；郭曰君：《论社会保障权的价值》，《中国社会科学院研究生院学报》2008 年第 3 期；肖巍：《社会保障权及其实现要领》，《上海师范大学学报》（哲学社会科学版）2012 年第 1 期。

③ A. J. M. 米尔恩：《人的权利与人的多样性——人权哲学》，夏勇等译，北京：中国大百科全书出版社，1995：2。

保障权是人权体系的底线伦理。

显然，当劳动者跨出国门去异国他乡就业和谋生成为海外劳工时，他们也应当享有基本的人权——社会保障权，即他们应当被纳入东道国社会保障制度体系，享有与东道国国民几乎一致的社会保障待遇。因为，无论是从道义角度来讲，还是从社会保障权的演变历史而言，东道国和原籍国都有责任保证海外劳工享有基本的社会保护。进而言之，东道国和原籍国应当致力于通过各种方式来解决海外劳工遭遇的社会保障问题，以有效地保护海外劳工的社会保障权。

（三）公平正义理论

公平正义是绝大多数人的内心呼唤与理性追求，它犹如北极之星和茫茫大海之灯塔，自始至终以其永恒的光芒点燃和照亮人类探索理想社会的前进与发展之路。自人类诞生伊始，公平正义就成为人类在筚路蓝缕的历史长河中始终不渝的价值追求和孜孜以求的社会理想。可以说，公平正义是一个无处不有和无时不在的问题，对于公平正义的探索与追求贯穿人类的历史进程。公平正义问题对于人类社会的发展而言至关重要。正如我国明朝政治家吕坤在《呻吟语》中明确提出"'公正'二字是撑持世界底，没了这二字，便塌了天"[1]。又如英国道德哲学家、经济学家亚当·斯密在《道德情操论》一书中坦言："正义是撑起整座社会建筑的主要栋梁，如果它被移走了，则人类社会这个伟大的结构，这个无法测量的庞大结构，这个似乎是（如果允许我这么说）自然女神心里头一直特别宠爱挂念，想要在这世界里建造与维持的结构，一定会在顷刻之间土崩瓦解、化为灰烬。"[2] 然而，"公平正义"究竟是什么，自始至终是一个难以达成共识的问题，一直以来都是仁者见仁，智者见智。在公平正义理论上，无论是西方学者，还是中国学者都经历了旷日持久的激烈争论，甚至可以说是

---

① 吕坤：《呻吟语》，叶玉泉注译，武汉：崇文书局，2007。
② 亚当·斯密：《道德情操论》，谢宗林译，中央编译出版社，2008：104。

众说纷纭、莫衷一是。

西方学术界和理论界对于公平正义理论问题进行了数千年的激烈争论。早在古希腊时期，柏拉图认为公平等同于正义，他进一步提出正义系指一切正当的人、行为和事物之间的绝对公平①。柏拉图的学生亚里士多德则在《雅典政制》一书中提出公平就是不偏不倚②，换言之，就是一视同仁，同种情况同样对待。启蒙运动时期，狄德罗认为，所谓的公平从根本上讲就是在法律面前人人平等③。随后，卢梭、孟德斯鸠和伏尔泰等都对公平正义问题发表了各自的看法，共同点在于都强调法律对于实现公平正义的重要性。功利主义学派的重要代表人物约翰·穆勒则提出，实现"最大多数人的最大幸福"就是公平正义④。同时，黑格尔、康德以及马克思等哲学家、思想家也从哲理上对公平正义问题发表了自己的独到见解。此后，在当代西方学术界，逐步形成了以罗尔斯的分配正义论、诺齐克的持有正义论以及德沃金的权利正义论为杰出代表的三大正义理论，对西方乃至人类政治哲学的发展产生了深远影响。

约翰·罗尔斯（John Rawls）在其代表作《正义论》的开篇就强调"正义是社会制度的首要价值"，并在虚构了人类社会的"原初状态"和"无知之幕"之后，提出社会分配应当坚持两个不同的正义原则：一是平等自由原则——任何人对于其他人所拥有的最广泛的基本自由体系类似的自由体系都应当有一种平等的权利；二是差别原则与机会公平原则，即经济与社会的不平等只有既有利于最不利者的最大利益，又能够使各种职位和职业在机会均等的前提下向所有人开放才是公平正义的⑤。总体而言，罗尔斯主要

---

① 刘士民：《柏拉图与亚里士多德之法律思想的比较》，台北：汉林出版社，1995：458。
② 洋龙：《平等与公平、正义、公正之比较》，《文史哲》2004 年第 4 期。
③ 黄秀华：《公平理论研究的历史、现状及当代价值》，《广西社会科学》2008 年第 6 期。
④ 约翰·穆勒：《功利主义》，叶建新译，北京：九州出版社，2007。
⑤ 约翰·罗尔斯：《正义论》（修订版），何怀宏等译，北京：中国社会科学出版社，2009。

关注那些被遗忘的弱势群体的权利。与罗尔斯分配正义论不同，罗伯特·诺齐克（Robert Nozick）奉行的是"持有正义论"，他提出了"持有正义的完整链条"主要由三个命题构成：一是获得的正义；二是转让的正义；三是矫正的正义①。质言之，倘若一个人根据获取正义原则和转让正义原则，抑或是根据矫正不正义的原则……对其所持有的是有权利的，那么他的持有就毫无疑问是正义的，亦是不可侵犯的，同时，倘若任何人的持有皆是正义的，那么这种总体分配也毫无疑问是正义的。易言之，罗伯特·诺齐克主要关注的是权利持有者当下的生存状态。与约翰·罗尔斯和罗伯特·诺齐克不同，在罗纳德·德沃金（Ronald Dworkin）的权利正义论中，平等是核心概念且具有至高无上的价值，他认为尽管自由与平等可以共存，但是平等是比自由更为关键、更为核心且更为根本的概念，平等优先于自由②。德沃金进一步提出权利可以分为两种，一是机会和资源等能够平等分配的权利，二是作为平等的人受到对待的权利，且后者要优先于前者③。实际上，第一种权利是一种形式平等，而第二种权利是一种实质平等，于是，德沃金也认为应当对一些弱势群体给予更多的尊重与关爱。

　　显然，公平正义问题在我国学术界也经历了长期的争论。在我国古代时期，公平可能最初发生于人们在相互交往过程之中对于权利平等的渴望与追求。早在礼崩乐坏、社会动荡不安的春秋战国时期，诸子百家就纷纷对公平正义问题发表看法，形成了许多独到的见解。譬如，儒家的主要代表人物孔子奉行的是平均主义公平观，他在《论语·季氏》中震耳发聩地提出："丘也闻有国有家者，不患寡而患不均，不患贫而患不安。盖均无贫，和无寡，安无倾。"④

---

① 罗伯特·诺齐克：《无政府、国家与乌托邦》，何怀宏等译，北京：中国社会科学出版社，1991。

② 罗纳德·德沃金：《认真对待权利》，信春鹰、吴玉章译，北京：生活·读书·新知三联书店，2008：139—362。

③ 罗纳德·德沃金：《认真对待权利》，信春鹰、吴玉章译，北京：生活·读书·新知三联书店，2008：65—363。

④ 孔丘：《论语》，学之译注，西安：陕西师范大学出版社，2010。

又如，墨家的集大成者墨子提出兼爱、非攻和交相利的公平正义观。再如，道家的主要代表人物老子则在《道德经》中提出"天之道，其犹张弓欤？高者抑之，下者举之。有余者损之，不足者补之"①，表达了以"自然"为原则的公平观，而作为法家的主要代表人物之一的管子则在《管子·形势解》中着重指出，"天公平而无私，故美恶莫不覆；地公平而无私，故小大莫不载"②，表达了公正而不偏袒的公平观。此后的历朝历代都有思想家或者政治家提出自己的公平观或者正义观。清朝末期，太平天国起义军在1853 年颁布的建国纲领《天朝田亩制度》中提出建立"有田同耕，有饭同食，有衣同穿，有钱同使"的理想社会，毫无疑问，这是一种乌托邦。此外，孙中山先生所倡导的革命纲领"三民主义"也着重提出要"平均地权"，即实现耕者有其田，在很大程度上而言，此时孙中山先生奉行的是平均主义公平观。在中华人民共和国成立之后，尤其是改革开放以来，无论是在现实生活中，还是理论研究中，公平正义问题都是不可回避的重大问题，我国学术界对于这一问题依然争论不休。近年来的典型事件是中国人民大学段忠桥教授与吉林大学姚大志教授之间的分配正义之争，两位学者就"怎样的分配才是正义的"、"分配正义的原则是什么"以及"其他群体是否认同"等问题进行了激烈的交锋和多年的论战③，对于推动公平正义问题的研究起到了重要作用。不过，也有学者指出两位学者的论争主要局限于纯粹的理论分析，在很大程度上并未立足于我国的基本国情，从而使得其现实意义大打折扣④。

---

① 王弼：《老子道德经注》，楼宇烈校，北京：中华书局，2011。

② 周可真：《自然即公平：老子公平思想新论》，《江海学刊》2014 年第 6 期。

③ 姚大志：《分配正义：从弱势群体的观点看》，《哲学研究》2011 年第 3 期；段忠桥：《关于分配正义的三个问题——与姚大志教授商榷》，《中国人民大学学报》2012 年第 1 期；姚大志：《再论分配正义——答段忠桥教授》，《哲学研究》2012 年第 5 期；段忠桥：《也谈分配正义、平等和应得——答姚大志教授》，《吉林大学社会科学学报》2013 年第 4 期；姚大志：《三论分配正义——答段忠桥教授》，《吉林大学社会科学学报》2013 年第 4 期；段忠桥：《何为分配正义？——与姚大志教授商榷》，《哲学研究》2014 年第 7 期。

④ 王立：《也论分配正义——兼评姚大志教授和段忠桥教授关于正义之争》，《哲学研究》2014 年第 10 期。

由上述分析可知，人类社会中并不存在也无法存在适用于一切空间、时间、地点与环境的公平正义观。正如有学者指出，公平在本质上而言是一种价值判断，是人们根据某种价值观对于人际利益分配的主观评价①，它因时而异、因地而异、因人而异。换言之，在不同的时空范围内、在不同的利益群体与收入阶层之间、在不同的种族与国家之间，往往存在着不尽相同的公平正义观。不过，在绝对性中也存在相对性，公平正义也有一定的客观性，即在同一时空、同一民族以及同一群体中，常常存在着为大多数人所认可的公平正义观。在很大程度上，公平正义就是在处理任何事物的过程中不偏袒任意一方，不厚此薄彼，处理得合情合理。

于是，根据公平正义理论，对于海外劳工的社会保障问题而言，倘若海外劳工与东道国劳工从事同样的工作，却无权参加东道国的社会保障，或者倘若海外劳工和东道国劳工一样按时足额向东道国缴纳社会保障费（税）多年，却无法获得社会保障待遇领取资格，抑或是海外劳工和东道国劳工一样按时足额地向东道国缴纳社会保障税（费）多年，获得了社会保障待遇领取资格，但是当海外劳工离开东道国时，其社会保障待遇将要被削减甚至取消，那么，这些做法都是有违公平正义的。

五 研究思路与方法

（一）研究思路

在学位论文的撰写过程中，笔者从中国社会保障国际合作的现状出发，采用理论知识与具体案例相结合的方法，在梳理和熟知社会保障国际合作相关知识的前提下，分析与探讨中国社会保障国际合作存在的主要问题，剖析和探究中国社会保障国际合作问题形成的主要原因，并在学习与借鉴欧盟、美国、印度以及菲律宾等典型国家（地区）有益经验的基础上，立足于中国的政治、

---

① 潘锦棠、张燕：《社会保障中的平等公平效率》，《国家行政学院学报》2015 年第 6 期。

经济、文化以及历史等基本国情，尝试提出完善中国社会保障国际合作的对策建议，从而完成本书的撰写工作。本书的研究思路如图 1 - 1 所示。

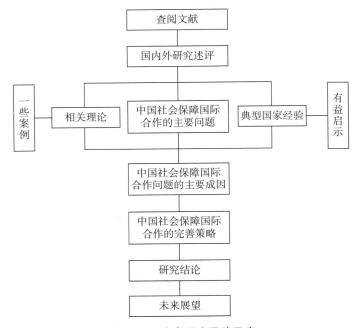

图 1 - 1　本书研究思路示意

（二）　研究方法

一是文献分析法。文献资料的搜集、梳理与归纳是研究过程中至关重要的环节，尤其是在涉及国际经验的研究时更是如此。因为受到时间和经济成本等因素的制约，研究者往往无法亲身前往每一个研究对象国去搜集资料，所以文献分析就成为一种比较理想的替代方法。在本书的撰写中，笔者阅读和整理了大量的中英文文献资料。由于与社会保障国际合作相关的中文文献较少，所以笔者将主要参阅英文文献。在这一过程当中，就会存在两个不可回避的重要问题，即文献的合适性与可获得性问题。文献资料的合适性，即哪些资料可以纳入研究范围，作为本书研究的参考资料，这里主要涉及的是研究主题和关键概念的界定问题。笔者将在严格依照研究主题和科学界定关键概念的基础上，选取合适的文献资料。具体说来，主要包括：我国与典型国家及地区（欧盟、美国、印度和菲律宾等）海外劳工输出和输入的统计数据、政策文件以及法律法规；与海外劳工社会保障权益保护相关的国际法律法规和各国法律法规；海外劳工权益保护和海外劳工社会保障方面的书籍；已发表的海外劳工社会保障权益保护和海外劳工社会保障方面的学术论文、会议论文；我国和典型国家及地区关于海外劳工权益保护方面的研究报告等。

在文献资料的可获得性问题上，笔者主要是通过利用我国的图书馆资源（文本资料和电子资源）和请求在国外访学的朋友帮忙两种方式进行文献资料的搜集与整理。具体说来：一是主要依托我国的图书馆、互联网（谷歌学术和百度学术等）以及相关的资料中心进行文献资料的搜集工作，在一年里，笔者充分利用中国人民大学图书馆和国家图书馆以及其他首都高校图书馆的文献资料进行相关文献的搜集，获得了相当数量的文献资料；二是对于无法从国内图书馆和互联网获得的文献资料，笔者通过寻求在国外访学的朋友帮助的方式，也获得了部分文献资料。通过对这些文献的梳理和归纳，厘清问题的研究现状与历史发展脉络。

二是比较分析法。在社会政策研究中，比较分析法是一种非常重要的研究方法。根据希金斯（Higgins）的观点，社会政策的比较分析具有促进问题区分、拓展研究视野以及识别不同影响因素等诸多优点[①]。在社会政策的制定或者项目实施过程中，倘若本国或者地区缺乏相关的实践经验，那么学习与借鉴其他典型国家或者地区的经验就显得尤为重要。而且，这种经验的学习与借鉴并不仅仅是对典型国家或者地区相关社会政策实施过程的描述，更是深入剖析这些国家或者地区相关社会政策实施背后的经济社会背景、决定性因素以及有益经验等，这就必然需要运用比较分析法。本书的撰写就属于这种情况，由于我国在社会保障国际合

---

① Higgins, J. *Social Policy: A Comparative Analysis* [M]. London: Prentice-Hall, 1981.

作领域发展相对滞后，迫切需要学习与借鉴典型国家的有益经验。于是，笔者将在简略介绍社会保障国际合作的发展历程、动因、主要方式及其重要意义的基础上，对典型国家或地区（欧盟、美国、印度和菲律宾）社会保障国际合作的主要实践与成功经验进行对比分析，厘清各国社会保障国际合作的主要措施、实现条件以及经验教训等，并将我国社会保障国际合作的现状、成就和问题与各典型国家进行对比剖析，吸收各国的有益经验与深刻教训，进而探索解决我国社会保障国际合作问题的有效途径。

六 研究难点与创新点

（一）研究的难点

无论是撰写一篇8000字左右的学术文章，还是撰写一篇5万字左右的硕士学位论文，抑或是撰写一篇10万字左右的博士学位论文，都会存在一些研究难点。一般说来，倘若研究主题比较成熟，国内相关文献很多，甚至可以说是汗牛充栋、浩如烟海，那么在文献资料搜集方面就不会存在困难，研究的难点在于如何从海量的文献中发现新问题和新视角。不过，要是研究主题比较新颖，国内相关文献较少，只是零星分布、寥寥无几，那么研究难点就主要在于如何搜集文献资料。显然，本研究属于后者。换言之，本研究的难点主要在于文献资料搜集困难。对于国内学术界而言，社会保障国际合作是一个比较新颖的主题，或者说是一个相对冷门的话题，很少有学者问津，与之直接相关的期刊论文、学位论文、会议论文以及书籍都比较少，而且相关的数据资料也不多，根本无法满足博士学位论文的撰写要求。因此，就必须另辟蹊径，主要参阅英文文献，从英文文献中吸取有用的养料，从外国政府网站或者相关国际组织网站中寻找相关数据，这就要比搜集中文文献资料耗费更多的时间和心血，而且还不一定能够找到合适的文献资料。此外，由于政府网络监管的原因，有一部分国外政府网站无法访问，譬如美国社会保障署网站和菲律宾社会福利与发展部网站等，这些网站是搜集典型国家社会保障国际合作资料与数据的重要网站，它们无法访问将使笔者要找到相关的文献资料难上加难，从而给本研究带来了较大的困难。

（二） 研究的创新点

一般说来，创新点主要包括理论新、主题新、内容新、方法新、观点新、视角新以及材料新等几个方面。从本书来看，其创新点主要包括主题新、分析材料新和研究内容比较全面三个方面。

一是研究主题比较新颖。在研究主题上，尽管当前有一些中文文献涉及了中国海外劳工权益保护这一主题，但是这些文献研究的主要是我国海外劳工的一般人权和劳动权利保护问题，很少涉及我国社会保障国际合作问题，即使有所涉及也只是蜻蜓点水般地一带而过，并未进行具体或者深入的探讨。本书将对我国社会保障国际合作问题进行深入探讨，尤其是重点研究我国社会保障国际合作存在的主要问题、主要成因以及完善对策，以期丰富现有的研究。

二是分析材料相对新颖。在分析材料方面，虽然已有的为数不多的中文文献在剖析海外劳工社会保障权益保护问题时，运用了一些典型国家的劳工数据和社会保障国际协定材料以及我国的相关数据与材料作为分析论据，但是这些文献大多数是 2010 年之前刊出的，它们所使用的分析材料也是 2010 年之前的。2010 年以来，无论是发达国家还是发展中国家的社会保障国际合作都有所发展，有些发展中国家的社会保障国际合作甚至在此期间获得了巨大的发展，譬如中国和印度，它们为学者们研究社会保障国际合作问题提供了诸多宝贵的新材料。于是，本书不仅对社会保障国际合作领域的最新材料和以往的材料进行了梳理与归纳，并运用这些材料对中国社会保障国际合作问题进行了探讨，以增强研究结论的学术性与可信度。

三是研究内容相对全面。在研究内容上，从现有的一些相关中文文献来看，无论是对于海外劳工社会保障权益保护的国际经验介绍，还是关于中国海外劳工权益保护方面的研究，都只是对单个国家的海外劳工社会保障权益保护经验和我国海外劳工权益保护的某个方面进行分析，基本上没有文献对典型国家（地区）海外劳工社会保障权益保护经验和我国海外劳工社会保障权益保护问题进行全面探讨。为此，本书在简要介绍社会保障国际合作的发展历程、主要特点、主要方式以及重要意义的基础上，综合分析典型国家（地区）社会保障国际合作的主要实践和经验启示，并全面探讨我国社会保障国际合作的发展现状、存在的主要问题以及主要成因，并在借鉴国际经验的基础上提出相应的解决策略。

七　关键概念的界定

著名社会学家默顿（Merton）曾指出："事实上，概念在很大程度上决定着研究资料的选取或者舍弃，换言之，无论'资料'的语义学含义如何，资料都不是被给予的而是在概念的协助下获得的。"① 故而，有必要对本研究所涉及的关键概念进行科学界定。

（一）海外劳工

海外劳工在不同的国家（地区）或者国际组织具有不同的称谓，甚至很有可能在同一个国家或者地区，其称谓也不尽相同。一般说来，原籍国政府在规范文件中称海外劳工为"在外劳务人员"或者"外派劳务人员"抑或是"出国务工人员"，东道国政府在规范文件中则称之为"外籍劳工"或者"外籍劳动者"抑或是"客居工人"，而国际组织在一些规范文件中称之为"移民劳工"或者"移民工人"抑或是"国际劳工移民"。由此可见，原籍国或者东道国是从"国家本位"的视角和立场来看待海外劳工群体的，而国际组织则是从"人类迁移"的视角和立场来看待海外劳工群体的。事实上，即使是在国际法中，海外劳工也是一个

---

① Merton, R. K. *Social Theory and Social Structure* [M]. New York and London: The Free Press, 1968.

没有被普遍接受或者通用的法律概念①。不同的国际组织或者学者对其给出的定义存在一定程度的差异。

1990 年 12 月 8 日，联合国大会通过的《保护所有移民劳工及其家庭成员权利国际公约》第 2 条第 1 款对"海外劳工"这一概念进行了界定："并非该国国民，却将要或者正要抑或是已经在该国从事有报酬活动的人员。"并在公约第 2 条第 2 款对特殊类型的海外劳工进行了界定，主要包括边境工人、季节性劳动者、海员、岸外装置上工作的劳工、流动工人、特定项目雇佣移民以及自谋职业工人②。国际劳工组织 1949 年修订的《移民就业公约》（第 97 号）第 11 条第 1 款规定，"在本公约范围内，'移民工人'一词系指为自己谋取一项职业为目的，从一个国家迁移到另一个国家的人员，其中包括作为移民工人被正常接受的任何人员"，并在第 11 条第 2 款将"边境工人"、"入境短期从事一种自由职业和艺术职业的人员"以及"海员"排除在本公约的适用范围之外③。此外，国际劳工组织 1975 年出台的《移民劳工公约（补充条款）》（第 143 号公约）第 11 条第 1 款规定，"为了本公约这部分内容之目的，移民劳工是指为了给自己谋取一项职业，从一国迁徙或者已经迁徙到另一国的人员，其中包括经常被视为移民劳工的任何人员"，并在第 11 条第 2 款规定"边境工人"、"入境短期从事一种自由职业和艺术职业的人员"、"海员"以及"出于培训或者上学而迁徙的人员"等不适用于本公约④。

从国内学术界来看，有学者提出，海外劳工系指"通过国内海

① Pizarro G. R. *Migrant Workers*: *Report of the Special Rapporteur*: *Addendum-Mission to the Philippines* [R]. Un Commission on Human Rights, 2002.

② United Nations General Assembly. *International Convention on the Protection of the Rights of All Migrant Workers and Members of Their Families* [R]. New York: United Nations, 1990.

③ ILO. C097-Migration for Employment Convention (Revised), 1949 (No. 97) [EB/OL]. http: //www. ilo. org/dyn/normlex/en/f? p = NORMLEXPUB: 12100::: NO: 12100: P12100_ILO_CODE: C097: NO.

④ ILO. C143-Migrant Workers (Supplementary Provisions) Convention, 1975 (No. 143) [EB/OL]. http: //www. ilo. org/dyn/normlex/en/f? p = NORMLEXPUB: 12100: :: NO: 12100: P12100_ILO_CODE: C143: NO.

外劳务派遣单位在国外受雇劳动并取得报酬的人员"①，也有学者认为，海外劳工是指"一国派出的技术人员、工人或其他劳务人员，前往另一国，为需要劳务的业主提供各种不同的技术服务、工程建设服务或其他专业服务，并由此创收外汇的交易活动"②，也有学者提出，海外劳工是指"在海外以提供劳动服务的形式满足雇主要求从而获得报酬的劳动力所有者"③，还有学者提到，海外劳工是指"各国企业为海外在建工程派出的公司员工、通过国内合法劳务中介公司到海外务工的各国劳工以及以各种名义出国打工的各国公民"④。

纵观国际组织和国内学者对于"海外劳工"的界定可以发现，尽管各方的观点存在一定的分歧，但是他们对于"海外劳工"的定义基本上包含以下三个要素：一是工作国度的更换或者转移，即劳动者从一个国家迁移到另一个国家就业；二是迁徙以赚取收入为目的；三是通过付出劳动服务来获得收入（见表1-2）。有鉴于此，本书将"海外劳工"界定为：通过公司派遣或者劳务中介派遣抑或是其他途径从一个国家迁移到另外一个国家，为海外雇主提供劳动服务或者自我雇佣，进而获得劳动报酬的劳动者。

表 1 - 2　各方给出的"海外劳工"定义中包含的共同要素情况

	工作国度的更换	以赚取收入为目的	通过劳动获得收入
联合国	√	√	√
国际劳工组织（No. 97）	√	√	×
国际劳工组织（No. 143）	√	√	×
常凯	√	√	√

---

① 常凯：《论海外派遣劳动者保护立法》，《中国劳动关系学院学报》2011年第1期。

② 吕国泉等：《中国海外劳务移民的发展变迁与管理保护——以移民工人维权和争议处理为中心的分析》，《华侨华人历史研究》2014年第1期。

③ 花勇：《"一带一路"建设中海外劳工权益的法律保护》，《江淮论坛》2016年第4期。

④ 廖小健：《中外劳务合作与海外中国劳工的权益保护——以在日中国研修生为例》，《亚太经济》2009年第4期。

	工作国度的更换	以赚取收入为目的	通过劳动获得收入
吕国泉等	√	√	√
花勇	√	√	√
廖小建	√	√	√

注：（1）表中联合国、国际劳工组织和常凯等表示这些组织或者学者对"海外劳工"所给出的界定，即上文所提到的定义；（2）"√"表示国际组织或者学者对"海外劳工"的界定中包括了这一要素，"×"则表示未包括。

（二）社会保障权益

界定"社会保障权益"的关键在于界定"社会保障"一词。现代社会保障制度滥觞于 19 世纪末的欧洲，1883～1889 年德意志政府先后颁布了《疾病保险法》、《意外事故保险法》和《老年和残废保险法》，标志着现代社会保障制度的诞生。然而，直到半个世纪之后，"社会保障"（Social Security）一词才首次出现在美国 1935 年颁布的《社会保障法案》之中，1941 年美国和英国签署的《罗斯福丘吉尔联合宣言》（亦称《大西洋宪章》）也使用了"社会保障"一词，1944 年国际劳工组织在第 26 界国际劳工大会上发表的《费城宣言》也强调要"扩大社会保障措施"，于是"社会保障"一词开始逐步被世界各国政府和学者所接受。

尽管现代社会保障制度经过 130 多年的发展与改革，已经在世界各地生根发芽且茁壮成长，但是世界各国对"社会保障"的定义是不尽相同的①，即使是同一国家的学者的观点也存在差

---

① 例如，英国认为社会保障是一种公共福利计划，旨在保护个人及其家庭免除因失业、年老、疾病或死亡而在收入上所受到的损失，并通过公益服务（如免费医疗）和家庭生活补助，以提高其福利；德国认为社会保障是为因生病、残疾、老年等原因而失去劳动能力或遭受意外而不能参与市场竞争者及其家人提供的基本生活保障，其目的是通过保障使之重新获得参与竞争的机会；法国认为社会保障是使在竞争中失败的人不致遭受无法预料之灾，为那些由于失去劳动能力或遭受意外困难而不能参加竞争的人在生活上提供保障；美国认为社会保障是安全网，对生老病死、伤残孤寡、衣食住行、工作学习等方面提供安全性保护。

异①。换言之，要对"社会保障"一词进行科学界定是比较困难的。不过，笔者在翻阅国内学者编撰的社会保障教材时发现，很多教材都会提及国际劳工组织在《社会保障最低标准公约》和《社会保障导论》中给"社会保障"做出的界定。国际劳工组织在1952年通过的《社会保障最低标准公约》（第102号）中界定："社会保障包括医疗照顾、疾病津贴、失业津贴、老龄津贴、工伤津贴、家庭津贴、生育津贴、残障津贴和遗属津贴九项内容。"②随后，国际劳工组织社会保障司在其编著的《社会保障导论》一书中界定："社会保障是指政府和社会通过一系列的公共措施对其成员提供保护，以防止他们由于老年、疾病、工伤、生育、残疾以及死亡所引发的收入中断或者锐减而造成的贫困，并对其提供医疗照顾和家庭津贴。"③

鉴于国际劳工组织是诠释社会保障概念最具影响力的国际组织，其界定的社会保障概念也被众多国内社会保障学者所接受，本书拟借鉴国际劳工组织界定的社会保障概念对"社会保障权益"一词进行界定。本书将"社会保障权益"界定为：政府和社会通过一系列的公共措施与服务对社会成员提供保护，以防止他们由于老年、疾病、生育、工伤、残障以及死亡等事故所引发的收入中断或者锐减而造成的贫困，以有效地维护其社会保障合法权益。具体说来，社会成员的社会保障权益主要包括医疗照顾、疾病津贴、失业津贴、老龄津贴、工伤津贴、家庭津贴、生育津贴、残障津贴以及遗属津贴等九项内容。

---

① 笔者在翻阅国内社会保障学者如侯文若、孙光德、郭士征、邓大松、潘锦棠、赵曼、郑秉文、董克用、郑功成、丁建定、李珍、王延中、童星、林闽钢、林义、陈良谨、穆怀中、杨燕绥、杨翠迎、吕学静和钟仁耀等编著的社会保障教材时，发现他们对于"社会保障"一词的界定也存在一定的差异。

② ILO. C102-Social Security（Minimum Standards）Convention, 1952（No. 102）［EB/OL］. http：//www. ilo. org/dyn/normlex/en/f? p = NORMLEXPUB：12100：0：：NO：：P12100_ILO_CODE：C102.

③ 国际劳工组织社会保障司编著《社会保障导论》，北京：劳动人事出版社，1989。

（三）社会保障国际协定

社会保障国际协定有着众多不尽相同的称谓，例如"社会保障互免协议"、"社会保障国际协议"、"社会保障国际条约"、"社会保障综合协定"以及"社会保障议定书"，等等。在英国，社会保障国际协定被称为"互惠协定"，而在美国，社会保障国际协定被称为"累计协议"。由此可见，或者说至少在一定程度上可以看出，各国对于社会保障国际协定的侧重点是有所差异的，英国侧重的可能是通过签署社会保障国际协定能够给缔约方都带来实惠，而美国侧重的可能是通过签署社会保障国际协定能够使曾经在两个以上国家就业的海外劳工的参保时间实现累计计算，以达到相关国家社会保障待遇的领取条件。事实上，大多数社会保障国际协定主要处理的是海外劳工及其家属的社会保障问题①。

社会保障国际协定是世界各国政府在社会保障领域进行合作的主要方式之一。一般说来，社会保障国际协定具有两大关键要素：一是平等，社会保障国际协定的缔约方——海外劳工的原籍国和东道国相互尊重对方主权，就海外劳工社会保障权益问题进行公平谈判，禁止一切形式的歧视；二是互惠，社会保障国际协定的签署能够给缔约双方或者多方都带来实惠，而不是厚此薄彼、损人利己，一方的利益建立在损害另一方利益的基础之上，换言之，社会保障国际协定的签署必须使得海外劳工的原籍国和东道国能够共享和分担其所带来的效益与责任，这是社会保障国际协定能够缔结且良性发展的基础。

于是，本书对"社会保障国际协定"做出以下界定：社会保障国际协定系指海外劳工的原籍国政府与东道国政府在尊重双方主权与社会保障制度的基础上，以互惠原则为基础，通过友好协商或者公平谈判的方式，为了有效解决海外劳工社会保障问题所

---

① William M. Yoffee. *International Social Security Agreements: Totalization, Equality of Treatment, and other Measures to Protect International Migrant Workers* [M]. U. S. Government printing office, Washington, 1974: 20.

签署的法律文件，以实现共同商定的目标——保证海外劳工尽可能地享有便携性的社会保障权益。一般说来，社会保障国际协定主要可以分为社会保障双边协定和社会保障多边协定两类。

（四）社会保障国际合作

对于"社会保障国际合作"，亦有学者称之为"社会保障权益国际协调"或者"社会保障跨国合作"抑或是"社会保障跨国协调"，尽管这些称谓不尽相同，存在一定的差异，但是学者们所要表达的含义是相差无几的，其所要解决的主要问题皆为原籍国和东道国之间存在的海外劳工及其家属的社会保障问题，解决的主要方式是"协调"，这并不是要构建一个统一的社会保障制度来取代缔约国原有的社会保障制度，而是在友好协商且尊重各国原有社会保障制度以及基本国情的基础上，通过缔结社会保障国际协定，设立共同的标准和规则来协调缔约国的社会保障制度。

事实上，欧盟、国际劳工组织和少数学者曾经对与"社会保障国际合作"相关的概念进行过界定。如欧盟认为，"社会保障协调"是指在尊重各成员国政府主导本国社会保障制度和各国具体国情的基础上，由欧盟出台社会保障协调方面的法律法规，设立共同的规定与原则来确保跨国劳动者的社会保障权益不受损害[1]，加拿大学者格伦（Glenn）提出社会保障协调是指设立一个原则，将共同标准纳入贸易伙伴的社会计划之中[2]。国际劳工组织则认为，社会保障国际合作/协调是指设立一种机制使得不同国家的社会保障制度能够共同努力实现相互认可的目标，在相互尊重对方社会保障制度规则的前提下，有效维护海外劳工及其家属的社会保障权益。[3]。

---

① Sloan B. Proposal for a Council Regulation (EC) on Coordination of Social Security Systems. COM (98) 779 final, 21 December 1998.

② Drover, Glenn. *Free Trade and Social Policy* [M]. Ottawa: Candian Council on Social Development, 1988.

③ Hirose, Nikac, Tamagno. Social Security for Migrant Workers: A Rights-Based Approach [J]. International Labour Organization, 2011.

　　于是，通过借鉴欧盟、国际劳工组织和少数学者的相关概念定义，可以将"社会保障国际合作"界定为：海外劳工的东道国和原籍国在相互尊重对方主权和互惠互利的基础上，通过协商与谈判的方式签署社会保障国际协定，构建国家之间社会保障制度的协调或者衔接机制，公平合理地分摊和分享海外劳工社会保障的责任与利益，以有效地维护海外劳工的社会保障权益。

第二章　研究综述与评析

一　国内研究综述

从劳动力的流动性来看，一国的劳动力主要可以分为国内流动和跨国流动两种，即国内劳工和海外劳工。对于任何一个国家而言，国内劳工的数量和影响力都要远远超出海外劳工，国内劳工受到的关注程度也要远远高于海外劳工。显然，我国也概莫能外。一直以来，对于劳动者的社会保障权益保护问题，国内学术界关注的重点和焦点是国内劳动者尤其是农民工的社会保障权益保护问题，涌现了一大批卓有成效的研究成果，而对于从对外劳务合作、对外承包工程、跨国企业投资与并购以及劳动者的自然流动中衍生出来的海外劳工的社会保障权益保护问题或者社会保障国际合作问题，只有少数学者问津，相关研究成果寥若晨星。就研究资料而言，当前尚未有专门的全景式研究我国社会保障国际合作问题的著作面世，仅在期刊论文和硕博学位论文中零星出现若干有关跨国劳动者社会保障权益保护方面的研究，既不系统和全面，也缺乏可证性。就研究内容来说，对社会保障国际合作问题进行综合研究的学者甚少，多数学者集中于对这一问题的某个方面进行分门别类研究。从现有相关文献来看，学者们对于社会保障国际合作的研究主要集中在两个方面：一是社会保障国际合作问题研究；二是海外劳工权益保护问题研究。

（一）社会保障国际合作问题研究

长期以来，尽管社会保障国际合作关乎规模日益扩大的海外劳工及其家属的切身利益和跨国企业的国际竞争力，但是它在国内学术界是一个相对冷门的话题，大多数学者有意或者无意地忽视了这一问题，只有极少数研究者关注并探究了这一日益重要的领域。从目前可得的文献资料来看，最早对社会保障国际合作问题进行探讨的文献是郭士征发表在《国际经济合作》1994 年第 11 期上的《社会保障的国际合作与立法基准》一文。在随后的二十多年里，陆续有少量学者对这一问题进行研究。概而言之，对于社会保障国际合作问题，学者们主要关注了社会保障国际合作的基本问题、中国的社会保障国际合作问题以及欧盟的社会保障国际合作问题三个方面。

1. 社会保障国际合作的基本问题

对于一个新兴或者陌生的研究领域，学者们的探讨往往是从关注这一领域的基本问题开始。毋庸置疑，学者们对于社会保障国际合作问题的研究亦是如此。具体说来，学者们对于社会保障国际合作基本问题的研究主要包括四个方面。

一是社会保障国际合作的定义问题。早期的研究者们认为，社会保障国际合作主要是指世界各国在社会保障领域中的相互影响、相互借鉴和相互促进，以促进全球社会保障事业的共同发展[1]。不过，这一定义存在范围宏大、包罗万象和难以把握之缺陷，不利于后续研究的开展。于是，有学者开始对其进行反思，主张应当缩小范围和精确定义，并提出社会保障国际合作一般是指海外劳工的输入国和输出国在平等互利和友好谈判的基础上，缔结社会保障国际协定，以充分保护双方国家海外劳工的社会保障权益[2]。换言之，社会保障国际合作是解决海外劳工社会保障问题的重要途径。

---

[1]　郭士征：《社会保障的国际合作与立法基准》，《国际经济合作》1994 年第 11 期；种及灵：《论社会保障的国际合作》，《法学》2000 年第 9 期。

[2]　王延中：《社会保障国际合作值得关注》，《中国社会科学院院报》2000 年 7 月 31 日；黄晓勇主编《公共政策与社会保障案例分析》，北京：社会科学文献出版社，2009：258—307。

二是社会保障国际合作的发展历程。大多数学者主张社会保障国际合作的发展历程可以划分为三个阶段，即萌芽期、发展期和成熟期①。不过，由于学者们对于社会保障国际合作的定义存在不同程度的差异，使得他们在社会保障国际合作发展历程的具体时间划分上存在较大的差异。遵循宏大定义的学者认为社会保障国际合作的萌芽期起始于19世纪，以英国政府于1832年颁布的《新济贫法》为标志②，而遵循精确定义的研究者则认为社会保障国际合作应当发源于20世纪初，以1904年法国和意大利签署社会保障双边条约为标志③，这就必然会导致他们在社会保障国际合作发展历程的划分上存在巨大的差异。不过，令人遗憾的是，学者们并没有明确给出把社会保障国际合作划分为三个阶段的理由或者依据，使得这一观点缺乏足够的说服力。

三是社会保障国际合作的主要途径问题。在这一问题上，学者们的观点存在较大的分歧，有一些学者提出社会保障国际合作具有多样化的途径，具体说来，主要包括国际立法、跨国问题的协调解决和国际援助三种④。然而，更多学者主张的是社会保障国际合作的主要途径相对单一，即国家之间签署社会保障国际协定——社会保障双边协定或者社会保障多边协定⑤。

四是国际劳工组织的地位问题。在这一问题上，绝大多数学者都承认国际劳工组织在社会保障国际合作领域中发挥着重要作

① 种及灵：《论社会保障的国际合作》，《法学》2000年第9期；闫丽仙：《跨国劳动力流动和社会保障国际合作问题探索》，对外经济贸易大学硕士学位论文，2009。

② 李运华、殷玉如：《中国社会保障国际协调与合作发展研究探讨》，《广西经济管理干部学院学报》2015年第3期。

③ 王延中、魏岸岸：《国际双边合作与我国社会保障国际化》，《经济管理》2010年第1期。

④ 种明钊：《社会保障法律制度研究》，北京：法律出版社，2000：472—477。

⑤ 周慧文：《国际间社会保障协定及在我国的运用》，载《探索与创新——浙江省劳动保障理论研究论文精选》（第三辑），2003：192—198；向运华、章洁：《跨国移民的社会保障问题及国际合作》，载《社会保障问题研究——和谐社会构建与社会保障国际论坛论文集》，2007：626—632；赵巍巍：《国际社会保障协定的建立和发展》，《中国社会保障》2014年第6期。

用，国际劳工组织通过制定国际劳工公约和建议书等方式进行国际劳工立法以及向发展中国家提供技术援助等措施，不仅有效地消除了国家之间签署社会保障国际协定的许多法律或者制度性障碍与壁垒，而且为社会保障国际合作提供了绝佳的活动舞台①。

2. 中国的社会保障国际合作问题

随着我国海外劳工数量的不断增多，海外劳工社会保障权益损害事件也日渐增多，不仅严重损害了海外劳工的社会保障权益，而且会显著削弱我国跨国企业的国际竞争力，还会损害我国的经济与社会利益，于是一些具有敏锐视角和社会责任感的学者开始呼吁政府和社会各界关注我国的社会保障国际合作问题，维护海外劳工的社会保障权益，增强跨国企业的国际竞争力，并明确指出社会保障国际合作具有广阔的发展空间与发展前景②。具体说来，学者们对中国社会保障国际合作问题的研究主要有以下三个方面：一是中国社会保障国际合作的现状。当前，政府的重视程度有限和海外劳工的社会保障权利意识不强等种种原因，导致我国在社会保障国际合作领域发展滞后，处于起步阶段，到目前为止只与德国和韩国等少数几个国家签署了社会保障双边协定，与发达国家存在巨大的差距③。二是中国社会保障国际合作存在的问题。有一些学者研究发现，我国在社会保障国际合作领域中面临诸多困境，主要体现在政府的认识不清晰、社会保障法制规范不健全以及已有的社会保障双边协定存在大量具体问题等几个方面④，不仅无法

① 郭士征：《社会保障的国际合作与立法基准》，《国际经济合作》1994 年第 11 期；翁仁木：《解决跨国劳动力养老保险权可携性问题的国际经验借鉴》，《西北人口》2010 年第 6 期；邓剑：《国际劳工标准中移民劳工的社会保障问题》，《湖南科技学院学报》2012 年第 10 期。

② 王延中：《关注社会保障的国际化》，《中国卫生》2008 年第 12 期。

③ 王延中：《社会保障国际合作值得关注》，《中国社会科学院院报》2008 年 7 月 31 日。

④ 王延中、魏岸岸：《中国亟须重视并加强社会保障国际合作》，《中国党政干部论坛》2008 年第 11 期；魏岸岸：《"涉外"参保将有法可依》，《中国社会保障》2011 年第 8 期；闫丽仙：《跨国劳动力流动和社会保障国际合作问题探索》，对外经济贸易大学硕士学位论文，2009。

有效地保护我国海外劳工的社会保障权益，而且阻碍了我国社会保障国际合作的发展进程。三是加强中国社会保障国际合作的一些对策建议。针对我国社会保障国际合作面临的诸多问题，一些学者建议，可以从提高政府的社会保障国际合作意识、完善社会保障制度的法律法规体系以及完善社会保障双边协定的配套措施等方面加以妥善解决①，以有效地推动我国社会保障国际合作的发展进程，维护我国海外劳工的社会保障权益。

3. 欧盟的社会保障国际合作问题

在社会保障国际合作问题研究中，欧盟的社会保障国际合作问题是学者们关注的重点。具体说来，学者们主要从欧盟开展社会保障国际合作的动因、欧盟社会保障国际合作的主要方式、欧盟社会保障国际合作的主要法律以及欧盟社会保障国际合作的经验启示四个方面进行了探讨。

一是欧盟开展社会保障国际合作的动因。对于这一问题，大多数研究者指出欧盟是为了消除海外劳工在欧盟成员国境内自由流动的羁绊与障碍，实现海外劳工在欧盟境内的自由流动，建立统一的劳动力市场，以形成统一的欧盟大市场，并最终实现欧洲经济的一体化②。由于在一个统一的大市场中，劳动力自由流动的重要条件是劳动者跨国或者跨地区流动后，其原有的社会保障权益能够在新的就业所在地得以承认和接续，或者其得到的社会保障权益不会少于流动之前，即其社会保障权益不会受到损害③。因此，自从《欧洲煤钢共同体条约》（亦称《巴黎条约》）建立欧洲煤钢共同体之后，欧盟（欧共体）就非常注重保护煤炭和钢铁行

---

① 王延中、魏岸岸：《国际双边合作与我国社会保障国际化》，《经济管理》2010年第1期；叶璐：《新外交视域下我国社会保险国际合作的发展路径》，《湖北经济学院学报》2015年第4期。

② 关信平、黄晓燕：《欧盟社会保障一体化：必要性与条件分析》，《欧洲》1999年第4期；关信平、吴伟东：《共同体内劳动力转移就业的社会保障覆盖——欧盟的经验》，《人口与经济》2008年第2期。

③ 陈立泰、熊厚：《欧盟社会保障政策对就业的抑制效应及其对中国的启示》，《甘肃社会科学》2007年第1期。

业工人的自由流动权利和社会保障权益①，并随后由《建立欧洲经济共同体条约》、《单一欧洲法令》和《欧洲联盟条约》等基础条约进行扩面和强化。

二是欧盟社会保障国际合作的主要方式。对于欧盟开展社会保障国际合作的主要方式问题，学者们基本上达成了共识，那就是欧盟采取了协调而非趋同的方式②，因为包括社会保障在内的社会政策领域是欧盟一直缺乏权能的领域③，它无法像在经济政策领域那样出台统一的规定，各成员国将社会政策视为国家主权的重要组成部分，社会政策的内容和改革只能由各国政府来决定和实行，欧盟基本上无权干涉，而且各成员国之间尤其是新老成员国之间的社会保障制度和经济社会发展水平存在一定的甚至是较大差异，还有一些成员国的社会政策一直处于改革状态之中，也给欧盟社会保障政策的一体化造成了障碍与羁绊④。因此，欧盟在社会保障国际合作方式上只能采取协调的方式，主要是根据各成员国的国情制定共同遵守的一般原则和规定，以避免或者减小各国社会保障制度的差异给海外劳工自由流动和社会保障权益带来消极影响⑤。

---

① 黄桂洪：《欧盟自由流动工人社会保障法律制度研究》，广东外语外贸大学硕士学位论文，2007；任斌：《欧盟流动劳动力的福利政策及经验借鉴》，华东政法大学硕士学位论文，2012。

② 郭欣：《欧盟成员国社会保障协调问题研究——重点基于可行性和有效性的分析》，复旦大学硕士学位论文，2008；郭秀云：《借鉴欧盟流动劳动力社保与福利体系设计的经验》，《中国人力资源开发》2009年第10期；朱贵昌：《开放协调机制——欧盟应对成员国多样性的新治理模式》，《国际论坛》2010年第3期。

③ 石晨霞：《欧盟社会政策在欧洲一体化发展中的地位和作用》，《理论月刊》2013年第10期；王立伟：《社会政策与欧洲一体化》，山东大学博士学位论文，2010。

④ 郭秀云：《利益博弈与政策协调——基于欧盟社保政策适应性的研究》，《学习与实践》2010年第9期；丁纯、范雅婷：《欧盟老成员国向新成员国开放劳动力市场浅析》，《世界经济研究》2007年第9期。

⑤ 王晓东：《从"社会保障对接条例"到开放性协调治理——欧盟养老保险区域一体化经验及启示》，《现代经济探讨》2013年第12期。

三是欧盟社会保障国际合作的主要法律。关于欧盟社会保障国际合作的主要法律问题，大多数学者认为主要是欧盟社会保障法令①，主要包括 1971 年通过的《欧共体 1408/71 号条例》和1972 年出台的《欧共体 574/72 号实施条例》以及 2004 年颁布的《欧盟 883/2004 号条例》和 2009 年制定的《欧盟 987/2009 号实施条例》，其中最为重要的是《欧共体 1408/71 号条例》和《欧共体 574/72 号实施条例》，因为它们规定了欧盟社会保障国际合作的主要原则和覆盖范围（包括人员与社会保障给付类型）等核心概念与关键问题②，自 1971 年一直到 2010 年被《欧盟 883/2004 号条例》和《欧盟 987/2009 号实施条例》取代的 30 余年里，它们都是欧盟社会保障国际合作的主要法律，而且其主要内容与基本原则也被后者所继承和沿袭③。此外，也有一些学者关注了欧盟社会保障国际合作立法的特点④，认为欧盟社会保障国际合作立法呈现确立流动人员的待遇原则、制定解决法律冲突的规则、通过软法促使各成员国社会保障立法趋同以及发挥专门管理和顾问机构在立法中的作用等显著特点，为欧盟社会保障国际合作的顺利开展提供了强有力的法律保障。

四是欧盟社会保障国际合作的经验启示。关于欧盟社会保障国际合作的经验启示问题，很多学者认为我国流动人口尤其是农民工社会保障问题与欧盟海外劳工社会保障问题存在诸多相似之处，在农民工社会保障权益保护问题上我国可以借鉴欧盟的有益经验。具体说来，一是可以学习与借鉴欧盟解决海外劳工养老保

① 董克用、王丹：《欧盟社会保障制度国家间协调机制及启示》，《经济社会体制比较》2008 年第 4 期；郭佶胤：《欧盟流动劳动者社保权益协调机制》，华东理工大学硕士学位论文，2015。
② 郭秀云：《劳动力转移就业与社会保障多边合作机制研究——借鉴欧盟政策设计及其启示》，《现代经济探讨》2010 年第 3 期。
③ 李靖堃：《从经济自由到社会公正——欧盟对自由流动劳动者社会保障的法律协调》，《欧洲研究》2012 年第 1 期。
④ 刘世元：《欧盟关于人员自由流动的立法特点及其启示》，《国际经贸探索》2006 年第 6 期；刘世元、黄桂洪：《欧共体流动人员社会保障立法的特点及启示》，《当代法学》2008 年第 5 期。

险权益转移接续的国际经验①，例如参保时间累计计算和按比例支付等做法，为我国政府解决数以亿计农民工的养老保险转移接续问题提供参考与借鉴；二是欧盟有效解决海外劳工医疗保险权益转移接续的国际经验②，譬如开放协调机制、分段记录以及累计计算等，可以为我国政府解决数以亿计农民工的医疗保险转移接续问题提供参考与借鉴，进而构建适合我国基本国情的跨地区流动人口社会保障制度体系。

此外，也有少量学者关注了其他国家的社会保障国际合作问题。譬如，有学者介绍了印度在社会保障国际合作领域的一些实践经验与成功做法，认为我国应当学习与借鉴印度的成功经验③；也有学者研究了东盟的社会保障国际合作问题，发现由于各成员国的社会保障制度存在较大差异和东盟组织涣散等原因，导致东盟至今在社会保障国际合作问题上无所作为④；还有学者关注了中国与东盟的社会保障国际合作问题，认为我国应当重视和加强与东盟的社会保障协作⑤。

（二）海外劳工权益保护问题研究

伴随着改革开放的不断深入，尤其是"走出去"战略和"一

---

① 张伟兵、徐丽敏：《农民工养老保险关系转移机制探索——基于欧盟经验的分析和思考》，《长白学刊》2009 年第 1 期；罗静、匡敏：《国内外养老保险关系转移接续经验借鉴》，《社会保障研究》2011 年第 4 期；黄崇超：《欧盟国家养老保险关系转移接续协调机制及其启示》，《合作经济与科技》2012 年第 16 期；周卉：《国外社会养老保险关系转移接续政策借鉴——以欧盟和美国为例》，《地方财政研究》2014 年第 11 期。

② 秦立建、王学文：《农民工基本医疗保险的异地转接：欧盟经验与中国借鉴》，《学术月刊》2015 年第 11 期；张文：《欧盟〈患者跨境医疗权利指令〉研究》，安徽大学硕士学位论文，2015。

③ 吴伟东：《印度社会保障国际合作的实践及其启示》，《中国行政管理》2012 年第 7 期。

④ 吴伟东、吴杏思：《劳动力跨国就业与东盟的社会保障一体化》，《东南亚纵横》2015 年第 7 期。

⑤ 李俊：《中国——东盟社会保障协作问题研究》，《区域金融研究》2011 年第 10 期；董建、王峰坤：《中国与东盟国家社会保障双边合作问题研究》，《大众科技》2014 年第 4 期。

带一路"倡议全面实施以来，我国的对外投资、承包工程以及对外劳务合作稳步增长，由此带动的海外劳工数量逐年攀升，其遭遇的纠纷与风险不断增多，使得海外劳工权益保护问题也随之凸显。在海外劳工权益保护问题研究中，中国的海外劳工权益保护问题是学者们关注的焦点和重点。具体说来，学者们主要关注了中国海外劳工权益受损的现状、中国海外劳工权益受损的原因以及完善中国海外劳工权益保护的建议三个方面。

1. 中国海外劳工权益受损的现状

当前大多数学者对于我国海外劳工权益受损问题已经有所共识，只是学者们探讨的视角存在差异。不过，无论学者们对于这一问题的研究是基于劳务派遣视角[①]，还是出于法律保护的视角[②]，或者借助"一带一路"视角[③]，抑或是鉴于海外劳工维权和劳动争议处理的视角[④]，都殊途同归地指出我国海外劳工的权益保护现状不容乐观，许多海外劳工的合法权益受到了不同程度的损害，甚至有学者坦言我国海外劳工的权益受损现状令人担忧。从受损的表现形式来看，我国海外劳工权益受损主要体现在以下四个方面[⑤]：一是海外就业的真实情况被刻意隐瞒，或者说海外劳工签订合同的知情权被侵害，无法得知雇主所安排的工作的真实情况；二是海外劳工在所签订的劳动合同中约定的各项权益无法得到有效保障，或者说海外劳工的最低工资待遇、休息休假以及劳动环

---

① 常凯：《论海外派遣劳动者保护立法》，《中国劳动关系学院学报》2011 年第 1 期。

② 花勇：《"一带一路"建设中海外劳工权益的法律保护》，《江淮论坛》2016 年第 4 期；孙国平：《我国海外劳工法律保护之检视》，《时代法学》2013 年第 2 期。

③ 章雅荻：《"一带一路"倡议与中国海外劳工保护》，《国际展望》2016 年第 3 期。

④ 吕国泉等：《中国海外劳务移民的发展变迁与管理保护——以移民工人维权和争议处理为中心的分析》，《华人华侨历史研究》2014 年第 1 期。

⑤ 赵志朋：《中国在韩劳务输出人员的合法权益保障问题研究》，东北财经大学硕士学位论文，2014；周伟萍、李秀敏：《韩国引进外籍劳工政策与中韩劳务合作——以中国延边朝鲜族自治州对韩劳务输出为例》，《社会科学战线》2014 年第 10 期；王辉：《我国海外劳工权益保护探究》，《嘉应学院学报》2015 年第 4 期；乔慧娟：《论我国外派劳务人员权益保护机制的构建》，《特区经济》2016 年第 2 期。

境保护等权益受到侵害；三是海外劳工的人身权利受到许多限制，包括人身自由和人格尊严等权利受到损害；四是海外劳工的社会权利受到损害，海外劳工在东道国地位低下，国民待遇缺失，无法享有社会保障和福利等公共服务。概而言之，我国许多海外劳工的合同约定权益和非合同约定权益都受到了不同程度的损害[1]，迫切需要引起高度关注与重视。

2. 中国海外劳工权益受损的原因

在简要介绍我国海外劳工权益受损的现状之后，学者们纷纷对我国海外劳工权益受损的主要原因进行了探讨，提出了许多真知灼见，这也是学者们研究的重点问题之一。在我国海外劳工权益受损的主要原因这一问题上，尽管学者们的研究观点存在一定程度的差异，但是基本上都承认在这一问题的背后存在着盘根错节的因果链条，不仅有政府方面的因素[2]——海外劳工权益保护的法律法规不健全、政府追求劳务输出的经济效益而轻视劳工权益保护规制以及对外劳务合作的监督管理机制不完善；而且有对外劳务合作企业方面的因素[3]——经营理念存在偏差、对外劳务合作中的各项合同签订不规范以及不重视对海外劳工进行岗前教育与培训；还有海外劳工自身方面的因素[4]——海外劳工的文化程度偏低、海外劳工的自我保护意识和自我保护能力偏弱。此外，还有学者指出我国海外劳工权益受损的原因除国内层面的因素外，还有国际层面的因素[5]，譬如海外劳工保护的国际性法律法规不健

---

① 倪秀菊：《论我国对外劳务合作中劳务人员权益的法律保护》，山东大学硕士学位论文，2015。

② 乔慧娟、田晓云：《论我国外派劳务人员工伤损害赔偿的法律困境及解决》，《中国劳动关系学院学报》2014 年第 1 期。

③ 倪秀菊：《论我国对外劳务合作中劳务人员权益的法律保护》，山东大学硕士学位论文，2015。

④ 陶斌智：《中国海外劳工权利法律保护研究》，华中师范大学博士学位论文，2015。

⑤ 王蓉：《我国海外劳工权益保护的法律问题研究》，重庆大学硕士学位论文，2013。

全、领事保护存在诸多缺陷以及海外劳工权益保护的国际合作不够，等等。

3. 完善中国海外劳工权益保护的建议

在重点探讨我国海外劳工权益受损的主要原因之后，许多学者对如何完善我国海外劳工权益保护问题进行了研究，提出应当构建全方位、多主体参与的海外劳工权益保护机制。具体说来，可以从以下三个方面着手：一是从政府方面来看[1]，许多学者认为政府应当加强对海外劳工权益保护的重视程度，完善海外劳工权益保护方面的法律法规，还需要设置合理的对外劳务合作监督管理体制，充分发挥政府在海外劳工权益保护中的主导作用；二是从对外劳务合作企业方面来说[2]，学者们认为对外劳务合作企业应当改变经营理念，遵守国家对外劳务合作方面的法律法规，加强对海外劳工的岗前教育与培训；三是从海外劳工方面而言[3]，学者们指出海外劳工应当遵守我国和东道国的相关法律法规，并努力增强权益保护意识和权益受损时的求助意识，提高自我保护能力。此外，还有学者指出应当积极借鉴海外劳工权益保护的国际经验，加强海外劳工权益保护的国际合作，譬如加强与国际劳工组织的合作、利用区域性合作组织开展劳工保护合作以及学习与借鉴菲律宾等国的海外劳工权益保护经验，等等[4]。总而言之，政府应当利用一切合法手段，团结一切可以团结的力量来维护我国海外劳工的合法权益。

---

[1] 王辉：《我国海外劳工权益立法保护与国际协调机制研究》，《江苏社会科学》2016 年第 3 期。

[2] 陈校、张寒：《海外中国劳工群体利益表达的困境、冲突与解决——以罗马尼亚中国工人劳务纠纷为例》，《东南亚研究》2014 年第 3 期。

[3] 廖小建：《中外劳务合作与海外中国劳工的权益保护——以在日中国研修生为例》，《亚太经济》2009 年第 4 期；吴峰：《我国海外劳工权利保护机制构建》，《开放导报》2014 年第 3 期。

[4] 李涛：《试论近三十年来菲律宾的侨务政策及其作用》，《东南亚纵横》2012 年第 6 期；戴三军：《菲律宾海外劳工权益保护制度及对我国的启示》，湖南师范大学硕士学位论文，2014；温金燕：《对菲律宾政府保护外派劳务人员权益的研究及借鉴》，暨南大学硕士学位论文，2015。

二 国外研究综述

自从 20 世纪初法国和意大利签署保护海外劳工社会保障权益的双边协定以来，尤其是 1919 年国际劳工组织成立以来，社会保障国际合作问题逐步得到了国际社会的广泛关注，国外学术界也对社会保障国际合作问题进行了系统全面的研究与探讨，并涌现了一批卓有成效的研究成果。从现有文献来看，学者们主要是从海外劳工社会保障权益保护的困境、海外劳工社会保障权益保护困境的成因、社会保障国际合作的路径以及社会保障国际合作的经验介绍等方面对社会保障国际合作问题进行了研究。

（一）海外劳工社会保障权益保护的困境

根据《保护所有移民劳工及其家庭成员权利国际公约》，"海外劳工"是指"并非该国国民，却将要或者已经在该国从事有报酬活动的人员，其中包括边境工人、季节性劳动者、船员、岸外装置上工作的劳工、流动工人、特定项目雇佣移民以及自谋职业工人"[1]。由于海外劳工逾越了民族国家的界限，甚至是在不同大洲的多个国家之间来回流动，其社会保障权益保护面临着诸多困境。一是社会保障的双重覆盖问题[2]，导致社会保险费用的双重缴纳，当海外劳工跨国就业时，他不仅要基于同一份薪酬待遇在原籍国缴纳法定社会保险费，而且按照东道国的社会保险法规定，他还要在东道国缴纳相应的社会保险费，这不仅给海外劳工及其雇主造成了巨大的经济负担，而且会削弱跨国企业的国际竞争

---

① Anonymous. International Convention on the Protection of the Rights of All Migrant Workers and Members of Their Families [J]. *Refugee Survey Quarterly*, 2005, 24 (4): 93 – 98.

② Vander Mei A. P. India-EU Migration: The Social Security Rights of Indian Nationals Moving to and within the European Union [J]. Maastricht Faculty of Law Working Paper, 2013 (2014 – 1).

力。二是社会保障的双重缺失问题①，由于各国的社会保障参保资格存在一定的甚至是较大的差距，海外劳工在异国他乡就业和谋生时，可能既不能被东道国的社会保障制度所覆盖，也不能为原籍国的社会保障制度所保护，处于社会保障"真空"状态。三是社会保障的便携性损失问题②，即使海外劳工在一个国家就业和缴费多年，获得了该国社会保障待遇的最低领取资格，但是当海外劳工决定返回原籍国时，根据东道国社会保障法律的有关规定，他往往会失去或者只能获得部分社会保障权益，或者海外劳工的缴费年限尚未达到东道国社会保障制度的法定最低缴费年限，而此时他由于某些原因必须返回原籍国，那么他之前的社会保障缴费将有去无回，这就必然会给海外劳工及其原籍国带来了巨大的损失。

（二） 海外劳工社会保障权益保护困境的成因

学者们研究发现，海外劳工社会保障权益保护困境的成因主要有以下几点。一是社会保障的属地原则③，即一个国家或者地区的社会保障往往只提供给在本国或者地区国土上居住的居民，其他国家居民无权享有，即使是在本国就业的外籍劳工也无权享有。二是社会保障的国籍原则④，即一个国家社会保障制度的享有以国籍为主要依据，社会保障制度只覆盖本国国民，其他国家的国民

---

① Fick B. J. , Flechas ACG. Social Security for Migrant Workers：The EU, ILO and Treaty-based Regimes ［J］. *International Law：Revista Colombiana de Derecho Internacional*, 2007（9）：45 – 86.

② Kulke, Ursula. The Role of Social Security in Protecting Migrant Workers：The ILO Approach ［J］. *ISSA Regional Conference for Asia and the Pacific*, New Delhi, 2006; AC d'Addio, M. C. Cavalleri. Labour Mobility and the Portability of Social Rights in the EU ［J］. *CESifo Economic Studies*, 2014：ifu014.

③ Nickless J. , Siedl H. *Co-ordination of Social Security in the Council of Europe：Short Guide* ［M］. Council of Europe, 2004.

④ Helen Bolderson, Simon Roberts. Social Security Across Frontiers ［J］. *New Global Development*, 1997, 13（1）：7 – 23; Roberts, *S. Not One of Us：Social Security for Third Country Nationals in the European Union* ［D］. PhD thesis, Brunel University, 1998.

无权享有，即使是在本国境内居住和就业的外籍劳动者也无权享有，譬如波斯湾国家的社会保障只提供给本国国民，外籍人士无权享有。三是各国社会保障待遇的领取资格存在差异，一般说来，目前各国社会保障待遇的领取条件主要有缴费年限、工作年限以及居住年限三种①，对于海外劳工而言，他们往往无法达到东道国规定的社会保障待遇领取条件的最低缴费年限或者最低工作年限抑或是最低居住年限，从而使得其社会保障权益保护遭遇了诸多困境。

（三）社会保障国际合作的路径

大多数学者提出，社会保障国际合作的路径主要有以下三种。一是东道国的单边措施②，即由东道国根据在本国就业的海外劳工情况和本国的实际情况，制定和出台保护海外劳工社会保障权益方面的法律法规，将海外劳工纳入本国社会保障制度的覆盖范围，以有效地维护其社会保障权益，譬如加拿大、澳大利亚和新西兰等西方发达国家就出台了针对季节性农业工人的特殊社会保障计划③。二是由东道国与原籍国签署社会保障国际协定④，包括社会保障双边协定和社会保障多边协定两种，由东道国和原籍国相对公平合理地负担和享有海外劳工社会保障的责任与利益，这是全

---

① Tamagno, Edward. Strengthening Social Protection for ASEAN Migrant Workers through Social Security Agreements [J]. *ILO Working Papers*, 2008; Taha N., Siegmann K. A., Messkoub M. How Portable is Social Security for Migrant Workers? A Review of the Literature [J]. *International Social Security Review*, 2015, 68 (1): 95 – 118.

② *Social Security Coordination for non-EU Countries in South and Eastern Europe: A Legal Analysis* [M]. Geneva: International Labour Organization, 2012.

③ Holzmann R., Pouget Y. Social Protection for Temporary Migrant Workers: Conceptual Framework, Country Inventory, Assessment and Guidance [J]. *World Bank and Marseille Center for Mediterranean Integration*, 2010.

④ Sabates-Wheeler R, Koettl J. Social Protection for Migrants: The Challenges of Delivery in the Context of Changing Migration Flows [J]. *International Social Security Review*, 2010, 63 (3 – 4): 115 – 144; Martin P. *Towards Effective Temporary Worker Programs: Issues and Challenges in Industrial Countries* [M]. International Labour Organization, 2007.

球各国和国际组织公认的最有效且最合理的社会保障国际合作路径，当前世界各国已经签署了 3500 多份社会保障国际协定，有效地保护了相当一部分海外劳工的社会保障权益。三是原籍国的单边措施①，即由原籍国根据本国海外劳工的就业与国外参保情况，采取具有针对性的措施保护海外劳工的社会保障权益。譬如，菲律宾政府通过设立社会保险自愿性条款和海外劳工福利基金等措施，为跨国劳动者及其家属提供死亡、残疾和遗属等社会保障待遇②，此外，墨西哥和斯里兰卡为跨国劳动者建立了社会保障计划③，还有孟加拉和巴基斯坦也采取了类似的措施④，有效地维护了部分跨国劳动者及其家属的社会保障权益。

（四）各国社会保障国际合作的主要经验

在各国社会保障国际合作的主要经验介绍方面，学者们重点介绍了欧盟的经验，也有少数学者探讨了美国、印度以及菲律宾的经验。毫无疑问，欧盟在社会保障国际合作方面取得了巨大的成功，多达 80% 的欧盟海外劳工的社会保障权益得到了有效保护⑤，成为世界各国学习的榜样。具体说来，欧盟主要是通过多元

① Williams A. *Social Security for Migrant Workers：The Barbados Experience* ［C］. International Social Security Association（ISSA）Technical Seminar in the English-speaking Caribbean，Hamilton，Bermuda. 2008：18 – 20.

② Ruiz N. G. Managing Migration：Lessons from the Philippines ［J］. *World Bank Other Operational Studies*，2008；Hempel F. Voluntary Insurance Provisions in National Social Security Schemes：Unilateral Actions of the Countries of Origin ［J］. ILO Extension of Social Security Working Paper，2010，（26）.

③ ISSA. *Dynamic Social Security for Asia and the Pacific：Integrated Responses for more Equitable Growth（Developments and Trends）* ［M］. Geneva，International Social Security Association，2009.

④ Rosario D.，Teresita. Best Practices in Social Insurance for Migrant Workers：The Case of Sri Lanka ［J］. ILO Working Papers，2008；Baruah N.，Cholewinski R. *Handbook on Establishing Effective Labour Migration Policies in Countries of Origin and Destination* ［M］. OSCE，2006；Sabates-Wheeler R. Social Security for Migrants：Trends，Best Practice and Ways Forward ［J］. ISSA Working Paper，2009，（12）：1 – 24.

⑤ Taha N.，Messkoub M.，Siegmann K. A. How Portable is Social Security for Migrant Workers? ［J］. ISS Working Paper Series/General Series，2013，573：1 – 37.

加协调的方式来保护海外劳工的社会保障权益，即在尊重各国国情和各国对本国社会保障制度享有主权的情况下，出台社会保障协调法令（《欧共体 1408/71 号条例》和《欧共体 574/72 实施条例》）[①]，确立了各成员国应当共同遵守的一般原则与规范，以使得各成员国的社会保障制度不会损害海外劳工自由流动时的社会保障权益，取得了良好的效果。随后，欧盟还建立了"欧洲公民资格"[②] 和采取了"开放是协调"办法[③]，以更好地保护海外劳工的社会保障权益。通过这一系列措施，欧盟建立了世界上最完善且最先进的社会保障国际合作网络[④]，有效地维护了大多数海外劳工的社会保障权益。

同时，也有一些研究者剖析了美国的社会保障国际合作经验[⑤]，20 世纪 70 年代美国通过《社会保障法修正案》后，开始与本国经济贸易联系密切的欧洲国家进行社会保障双边谈判，并在随后的几十年里与许多欧洲国家签署了社会保障双边协定，截至

---

① Van Overmeiren F. *General Principles of Coordination of Social Security*：*Ruminating ad Infinitum*？［C］. EUSA 2009 Biennial Conference, 2009：1 – 41；Watson P. Harmonization of Social Security and Labor Law in the European Economic Community ［J］. *Comp. Lab. L.*, 1981, 4：227 – 255；Martinsen D. S. Social Security Regulation in the EU：The De-Territorialisation of Welfare ［J］. *Ssrn Electronic Journal*, 2005.

② Pennings F. Coordination of Social Security on the Basis of the State-of-Employment Principle：Time for an Alternative？［J］. *Common Market Law Review*, 2005, 42（1）：67 – 89.

③ O'connor J. S. Policy Coordination, Social Indicators and the Social-policy Agenda in the European Union ［J］. *Journal of European Social Policy*, 2005, 15（4）：345 – 361；Barbier J. C. *Research on "Open Methods of Coordination" and National Social Policies*：*What Sociological Theories and Methods*？［C］. Paper for the RC 19 international conference, Paris. 2004：2 – 4.

④ Taha N., Messkoub M., Siegmann K. A. How Portable is Social Security for Migrant Workers？［J］. ISS Working Paper Series/General Series, 2013, 573：1 – 37.

⑤ Sullivan L. A. A Totalization Agreement between the United States and Mexico：an Opportunity for Improved Relations and Mutual Benefit ［J］. *Lbj Journal of Public Affairs*, 2005, 18：18；Nuschler D., Siskin A. *Social Security Benefits for Noncitizens*：*Current Policy and Legislation* ［C］. Congressional Research Service, Library of Congress, 2007.

2015 年，美国与全球 25 个国家签署了社会保障双边协定①，有力地维护了其大多数海外劳工的社会保障权益。还有一些学者关注了印度的社会保障国际合作经验②，学者们发现印度在 2008 年之前只与一个国家签署了社会保障双边协定，但是自从 2008 年印度对社会保障制度进行改革，要求外籍劳动者无条件缴纳社会保险费用，再加上印度在社会保障双边谈判中善于利用本国巨大的商品消费市场和投资市场作为利益杠杆，使得印度近年来快速地与 19 个发达国家和地区签署了社会保障双边协定，不仅在社会保障国际合作领域取得了较大进展，而且有效地保护了众多海外劳工的社会保障权益。此外，也有一些学者介绍了菲律宾的社会保障国际合作经验③，菲律宾通过建立完善的海外就业法律体系——《菲律宾劳工法》和《海外劳工与海外菲人法》，在国内社会保险项目中引入覆盖海外劳工的自愿性条款，设立专门的海外就业管理机构——菲律宾海外就业管理局、菲律宾海外劳工福利管理局、菲律宾海外劳工法律协助办公室以及菲律宾海外事务管理机构，并建立海外劳工福利基金，有效地维护了众多海外劳工的社会保障权益。

三　国内外研究评析

基于上述分析可知，学者们对于社会保障国际合作问题的研究循序渐进、不断深入、由表及里，提出了许多真知灼见，涌现

---

① United States: New Social Security Agreements Signed but not yet in Force [EB/OL]. http://www.pwc.com/gx/en/services/people-organisation/newsletters/global-watch/new-us-social-security-agreements-signed-but-not-yet-force.html, 2015.

② Spiegel B. Analysis of Member States' Bilateral Agreements on Social Security with Third Countries [J]. *European Commission*, 2010.

③ Sabates-Wheeler R., Waite M. Migration and Social Protection: A Concept Paper [J]. *Journal of Analytical Atomic Spectrometry*, 2010, 12 (12): 1105 – 1110; Hall A. *Migrant Worker's Rights to Social Protection in ASEAN: Case Studies of Indonesia, Philippines, Singapore and Thailand* [M]. Friedrich-Ebert-Stiftung, Office for Regional Cooperation, 2011; Battistella G., Asis MMB. *Country Migration Report: The Philippines 2013* [R]. International Organization for Migration, 2013.

了一批卓有成效的研究成果。不仅有助于加深我们对社会保障国际合作问题的认识与理解，而且可以为全球许多国家正在开展的社会保障国际合作提供一定的理论支撑。绝大多数研究者明确指出，当今世界大多数海外劳工的社会保障权益受到了不同程度的损害，海外劳工社会保障权益保护是一个重要而又迫切的全球性问题，各国政府应当加强重视并承担起应有的责任，通过与其他国家签署社会保障国际协定、开展社会保障国际合作的方式，妥善解决好数以亿计海外劳工的社会保障权益保护问题。然而，令人遗憾的是，学者们对于社会保障国际合作问题的研究仍然存在诸多不足。具体而言，主要包括以下几个方面。

一是观点思路较多，规范论证偏少。对于社会保障国际合作问题，学者们提出了一些有见地的观点，然而大多数观点仅仅停留在简要描述的层面上，很少有学者对其进行详细而又规范的论证，这严重影响了这些观点的学术性、可信度以及影响力。譬如，有些学者很早就提出许多中国海外劳工的社会保障权益受到了较为严重的损害，中国社会保障国际合作大有发展前途等观点，但是遗憾的是他们并未对这些观点进行详细而又规范的论证，只是停留在简要描述的层面，不仅说服力不高，而且影响力有限。

二是单向性研究多，综合性研究少。从现有的中外文文献来看，学者们主要是对社会保障国际合作的某一方面进行分门别类研究，很少有学者对这一问题进行综合性的研究，研究广度和研究深度有待提升，而且研究内容显得散乱无章、漫无条理，缺乏系统性、综合性和整体性。此外，关于社会保障国际合作方面的专著更是凤毛麟角、寥若晨星，这就必然无法为学术界和其他各界提供全面的社会保障国际合作概貌，严重影响了学术界对于社会保障国际合作问题的进一步探究。

三是他国经验介绍多，中国问题研究少。对于社会保障国际合作问题，许多学者关注的重点和焦点是欧盟、美国、印度以及菲律宾等在社会保障国际合作领域的主要实践和有益经验，很少有学者对中国的社会保障国际合作问题进行深入探讨。即使有一些关于中国社会保障国际合作问题的文章，也都是2012年之前刊出的，时效性不强，且文章的学术性和严谨性不够。自从 2012 年以来，中国社会保障国际合作的步伐明显加快，不仅取得了一些可圈可点的新成就，与越来越多的国家签署了社会保障双边协定，而且出现了许多始料未及的新情况、新问题和新矛盾，已有的研究成果无法全面反映近年来中国在社会保障国际合作领域的发展态势，迫切需要学者们进行更全面且更深入的研究。

四是重复性研究居多，创新性研究偏少。虽然中外专家学者对社会保障国际合作进行了一定的研究，也涌现了一些具有一定影响力的研究成果，但是实事求是地说，从现有的文献来看，很多方面存在重复性研究，许多研究者是在拾人牙慧、人云亦云，具有一定创新性的、能够让人眼前一亮的研究成果少之又少。譬如关于欧盟社会保障国际合作经验问题，许多文献尤其是中文文献在研究视角、研究方法和研究观点上存在高度雷同问题，对于这一领域的学术发展产生了较大的阻碍与羁绊。

社会保障国际合作问题研究的上述不足，正是本领域的研究者们在未来的研究中需要迫切关注与重点解决的问题。以笔者愚见，未来社会保障国际合作问题研究的重点和趋势应当有以下诸方面。其一，对已有观点进行规范论证。在以往的研究成果中，许多学者提出了一些颇有见地的观点，但是尚未对其进行规范论证，说服力和影响力有限，因此未来学者们一方面要继续提出新的有见地的观点，另一方面还要对新旧观点进行详细而又规范的论证，给它们以强有力的事实依据和理论支撑，增强学术深度和可信度。其二，加强综合性研究。当前学者们对于社会保障国际合作问题的研究，主要是分门别类研究，尚未走出散乱的状态，诸多内容糅合在一起，对这一问题进行全面系统研究的成果很少，故而以后学者们对于社会保障国际合作的研究应当多进行综合研究。三是加强中国问题的研究。从已有的研究成果来看，当前学者们对于社会保障国际合作问题的研究集中在他国经验介绍，很少有学者关注中国的社会保障国际合作问题，然而社会保障国际合作关乎我国数以千万计海外劳工及其家属的切身利益，而且伴随着"走出去"战略和"一带一路"倡议的深入推进，我国的海外劳工数量与日俱增，他们的社会保障权益保护问题将日益凸显，不可谓不重要，故而未来学者们应当加强对于中国社会保障国际合作问题的研究。四是提高研究的创新度。创新度是一项研究成果的生命力和影响力之所在，如果总是拾人涕唾、鹦鹉学舌，把别人已有的研究从一个地方搬至另一个地方，或者把别人以往的研究重新包装后面世，"新瓶装旧酒"，那么在很大程度上是在做无用功，是在浪费宝贵的学术资源，故而今后学者们对于社会保障国际合作问题的研究应当站在前人的肩膀上，大胆尝试采用新的视角、新的理论以及新的方法进行开拓性研究，以谋求这一研究领域的学术发展与进步。

有鉴于此，本书在充分尊重和借鉴学术界关于社会保障国际合作问题现有研究成果的基础上，有效利用国内外社会保障国际合作方面的数据和资料，尤其是 2010 年以来的数据和资料，对中国社会保障国际合作问题进行相对深入的综合研究，全面反映中国社会保障国际合作的发展图景与总体态势，以期为中国社会保障国际合作的发展与完善提供一定的参考，并就中国社会保障国际合作问题为政府和社会各界提供一个全景式的分析与解读。

第三章　社会保障国际合作概述

一　社会保障国际合作的发展历程

几乎与现代社会保障制度的应运而生同步，社会保障国际合作肇始于20世纪初的欧洲①。经过一个多世纪的发展与完善，社会保障国际合作业已成为全球各国政府维护海外劳工及其家属社会保障权益的有效途径，在海外劳工社会保障权益保护领域发挥着关键作用。从百余年的发展历程来看，社会保障国际合作主要经历了探索时期、发展时期和成熟时期三个阶段，日臻成熟与完善。

（一）探索时期（20世纪初至第二次世界大战）

社会保障国际合作的探索阶段起始于20世纪初②，截至第二次世界大战结束。在此期间，德国于1883年出台了世界上第一部《疾病保险法》，1884年通过了《意外事故保险法》，随后又于1889年制定了《老年和残废保险法》，逐步建立起现代社会保障法律体系。德国政府所制定并实施的这些社会保障法律，很快成为欧洲国家学习与借鉴的蓝本。例如，丹麦分别于1891年和1898年建立养老金制度和工伤保险制度；英国于1905年颁布《失业工人

---

①　Dummett, A. *Towards a Just Immigration Policy* [M]. London: Cobden Trust, 1986; ILO. *Repertoire des Instruments Internationaux de Securite Sociale* [M]. Geneva: International Labour Office, 1992; Nagel, S. and Thalamy, C. *Le droit international de la securite sociale* [M]. Paris: Presses Universitaires de France, 1994.

②　事实上，国际条约影响外籍人士权利的历史要早得多。法国和比利时之间签署的1882年协定和1897年条约引入了社会保障国际协定的基本原则——平等对待原则。

法》，1908 年通过《免费养老金法案》，1911 年又出台《国民保险法》，逐步建立起养老金制度、失业保险制度和工伤保险制度；法国于 1898 年颁布《工伤保险法》，1905 年出台《失业保险法》，1910 年又制定了《工人和农业劳动者养老金法》；瑞典分别于 1901 年和 1913 年出台了《工人赔偿法》和《养老金法案》等①。换言之，发端于德国的以社会保险为主要内容的现代社会保障制度，引起了众多欧洲国家的关注与兴趣，并逐步被越来越多的欧洲国家所认可与效仿。

随着第二次工业革命在部分欧洲国家的深入开展，纺织和钢铁等劳动密集型产业快速发展，对劳动力的需求越来越大，相关国家开始有意识或者无意识地进行劳动力的调剂余缺，越来越多的劳动者开始跨出国门去其他国家就业和谋生。譬如，1931 年有多达 90000 名意大利劳动者在法国就业，德国也向中东欧国家引入了大量的海外劳工②。与此相适应，逐步出现了海外劳工的社会保障问题，由于海外劳工的社会保障问题溢出了国界，单靠某一个国家的社会保障法律法规往往顾此失彼、捉襟见肘。于是，各国从维护本国海外劳工的社会保障权益出发，逐步产生了缔结社会保障国际协定、开展社会保障国际合作的需要。1904 年，意大利和法国缔结了全球第一份社会保障双边协定③，开始引入平等对待原则，旨在对工伤事故中伤亡的两国劳动者进行平等对待，并对其家属进行赔偿④，打破

---

① 丁建定：《西方国家社会保障制度史》，北京：高等教育出版社，2010：145～183；丁建定、杨泽：《论西欧社会保障制度的三个体系》，《社会保障研究》2013 年第 1 期。

② Salt J. International Labour Migration: The Geographical Pattern of Demand [J]. *Migration in Post-war Europe: Geographical Essays*, 1976: 80－125; King R. *The Social and Economic Geography of Labour Migration: From Guestworkers to Immigrants* [M]. London: Belhaven, 1990: 156－172.

③ ILO. *Repertoire Des Instruments Internationaux de Securite Sociale* [M]. Geneve: Bureau International du Travail, 1992; Nagel, S. and Thalamy, C. *Le Droit International de la Securite Sociale* [M]. Paris: Presses Universitaires de France, 1994.

④ 事实上，早在 1882 年和 1897 年，法国和比利时就分别签署了一份协议和一份条约，用来处理两国劳动者的储蓄转移问题。这在某种程度上被认为是社会保障双边协定的前身。

了国家之间社会保障制度的地域限制。1912 年，意大利和德国签署了一项社会保障双边协定①，主要目的在于为工伤事故中伤亡的两国工业工人和农业工人提供同等待遇。随后，意大利和法国于 1919 年签署了另一项社会保障双边协定②，与之前的社会保障双边协定相比，该协定实现了重要突破，引进了参保时间累计计算原则③，以更好地保护海外劳工的社会保障权益。此外，根据《凡尔赛和约》，于 1919 年成立的国际劳工组织，为社会保障国际合作提供了重要的国际舞台。自诞生伊始，国际劳工组织就开始关注海外劳工及其家属的社会保障问题，不仅督促各成员国加强对海外劳工及其家属的社会保护，而且通过了一些国际公约来维护海外劳工的社会保障权益，例如 1925 年的《工人事故赔偿公约》（No. 17）和《事故赔偿同等对待公约》（No. 19）、1934 年的《失业条款公约》（No. 44）以及 1935 年的《维护移民的年金权利公约》，等等。

此外，特别需要指出的是，起源于个别国家的社会保障国际协定这一"星星之火"具有旺盛的生命力，即使是两次世界大战也无法阻挡其燎原之势，而且社会保障国际合作开始延伸至大洋洲。在两次世界大战期间，世界各国缔结了大约 150 项社会保障双边协定④，其中有相当一部分是同盟国之间或者是轴心国之间抑或是同盟国和轴心国与被占领国之间签署的，这些社会保障双边协定主要处理的是海外劳工的工伤事故问题，也有少数社会保障双边协定应对的是海外劳工的失业问题和疾病问题⑤。同时，澳大利

---

① Watson P. *Social Security Law of the European Communities* ［M］. Mansell, 1980.

② Holloway J. *Social Policy Harmonization in the European Community* ［M］. Gower Publishing Company, 1981.

③ 参保时间累计原则是指当劳动者在某一国的参保时间无法满足社会保障待遇的领取条件时，可以将其在其他缔约国的参保时间进行累计计算，以获得社会保障待遇。

④ ILO. *International Labour Code* （vol. II）［M］. Geneva：International Labour Organization, 1952.

⑤ 例如，意大利和瑞士于 1921 年签署了一项针对失业保险的社会保障双边协定；奥地利与意大利和南斯拉夫于 1924 年签署了一项针对疾病保险的社会保障国际协定。

亚和新西兰于 1943 年签署了第一份社会保障国际协定①，开启了两国的社会保障国际合作进程。

由此可见，从 20 世纪初到第二次世界大战结束的 40 多年间，欧洲国家就如何有效维护海外劳工社会保障权益问题进行了积极的探索和大胆的尝试，社会保障国际合作应时而生且发展迅速。尽管这一时期社会保障国际合作主要发生在欧洲国家之间，不仅协调的途径相对单一（以社会保障双边协定为主），而且协调的内容狭窄（以工伤故事为主），然而，欧洲国家之间签署的社会保障国际协定以及由此引入的平等对待和参保时间累计计算等重要原则，为社会保障国际合作的进一步发展奠定了坚实的基础。

（二）发展时期（第二次世界大战后至 20 世纪末）

自第二次世界大战结束至 20 世纪末是社会保障国际合作的发展阶段。在此期间，社会保障国际合作实现了巨大的发展，主要体现在以下几个方面：欧洲国家之间的社会保障国际合作得到了进一步巩固与发展；国际劳工组织继续发挥着重要作用；社会保障国际合作开始从欧洲延伸到大洋洲、北美洲、非洲和拉丁美洲；区域性社会保障国际合作开始兴起。

第二次世界大战结束以后，发展与完善社会保障制度逐步成为世界各国的共识，社会保障成为各国社会政策的主要内容。随着欧美国家逐步建成"福利国家"和社会主义阵营国家型社会保险模式的出现，社会保障制度开始在越来越多的国家生根发芽并茁壮成长。同时，由于战争期间青壮年伤亡比较严重，在二战后的重建过程中，部分欧洲国家遭遇了青壮年劳动力短缺的窘境。为了解决这一问题，这些欧洲国家开始寻求外部劳动力，实施

① Bolderson H., Gains F. *Crossing National Frontiers: An Examination of the Arrangements for Exporting Social Security Benefits in Twelve OECD Countries* [M]. Stationery Office Books (TSO), 1993: 24.

"临时客工计划"①，与其他国家签署劳动力引入协议，招募了大量
的海外劳工参与战后重建，并对海外劳工进行定期轮换和更替，
务求在增加国内劳动力供给的同时不会增加本国的移民数量。如
表 3 - 1 和表 3 - 2 所示，自第二次世界大战结束至 1971 年，联邦
德国、法国、瑞士、比利时和英国等西欧国家从希腊、意大利、
葡萄牙、西班牙、土耳其和南斯拉夫等东南欧国家招募了多达
577.7 万名海外劳工，其中联邦德国、法国、瑞士、比利时和英国
接收的海外劳工数量分别为 224.1 万、195.7 万、62.4 万、30 万
和 65.5 万。换言之，在 20 世纪 50 年代至 70 年代，欧洲国家之间
出现了海外劳工的大规模流动②，这就必然会带来海外劳工社会保
障权益损害事件日渐增多，海外劳工社会保障权益保护问题日趋
凸显。于是，为了有效解决海外劳工的社会保障权益损害问题，
实现海外劳工的自由流动，越来越多的欧洲国家开始启动社会保
障国际合作事宜，着手与其他国家进行社会保障双边谈判，缔结
了大量的社会保障双边协定。仅仅在 1946～1966 年，全球各国就
签署了 401 项社会保障双边协定，其中多达 94% 是在欧洲国家之
间缔结的③。尽管这些社会保障双边协定的内容比第二次世界大战

---

① Murat G. Kirdar. Estimating the Impact of Immigrants on the Host Country Social Secur-
ity System When Return Migration is an Endogenous Choice [J]. *IZA Discussion Pa-
per*, 2010.

② Yoffe W. M. *International Social Security Agreements: Totalization, Equality of Treat-
ment, and other Measures to Protect International Migrant Workers* [M]. Washington:
U. S. Government printing office, 1974; Berger, J., and Mohr, J. *A Seventh Man* [M].
Cambridge: Granta, 1989; Castles, S., and Miller, M. *The Age of Migration* [M].
London: Macmillan, 2013; Clout, H., Blacksell, M., King, R., and Pinder,
D. *Western Europe: Geographical Perspectives* [M]. Harlow: Longman, 1985; King
R. *The Social and Economic Geography of Labour Migration: From Guestworkers to Immi-
grants* [M]. London: Belhaven, 1990: 156 - 172; Thomas, E. J.. *Immigrant Workers
in European: Their Legal Status* [M]. Paris: France Unesco Press, 1982. 傅义强:
《欧盟国家的移民问题及其移民政策的构建》，《世界经济与政治论坛》2006 年
第 3 期；范姣艳、殷仁胜:《中国海外劳工权益保护法律制度研究》，北京：中
国经济出版社，2013：134。

③ Holloway J. *Social Policy Harmonization in the European Community* [M]. Gower Pub-
lishing Company, 1981.

前签署的相关协定更加纷繁芜杂，但是它们仍然恪守了平等对待原则和参保时间累计计算原则，并开始引入福利可输出原则和按比例支付原则等新内容，以期更加有效地维护海外劳工的社会保障权益。

表 3 – 1　1945～1971 年欧洲国家接收的海外劳工数量情况

单位：人，%

	联邦德国	法国	瑞士	比利时	英国	合计
人数	2241000	1957000	624000	300000	655000	5777000
百分比	38.8	33.9	10.8	5.2	11.3	100

资料来源：Ian M. Hume. Migrant Workers in European [J]. *Finance and Development*, 1973 (2)。

表 3 – 2　1945～1971 年欧洲国家海外劳工的来源与分布情况

单位：%

劳工输出国	劳工输出数量占比	输入国接收的劳工占比				
		联邦德国	法国	瑞士	比利时	英国
希腊	5.1	12.7	1.0	0.8	2.7	—
意大利	28.0	24.8	17.9	60.7	31.2	—
葡萄牙	8.6	1.9	17.8		5.7	—
西班牙	15.4	9.9	20.7	14.1	13.6	—
土耳其	6.3	15.5	0.5	1.0	8.4	—
南斯拉夫	7.5	16.5	3.0	2.7	1.5	—
其他	29.1	18.7	39.1	20.7	36.9	—
合计	100	100	100	100	100	100

资料来源：Ian M. Hume. Migrant Workers in European [J]. *Finance and Development*, 1973 (2)。

在此期间，国际劳工组织继续发挥着重要作用。随着国际劳工组织成员国的不断增多，国际劳工组织的影响力越来越大，它一方面积极提倡成员国通过签署社会保障国际协定来解决海外劳工的社会保障问题①，另一方面继续制定一系列国际劳工公约和建议书来加强海外劳工的社会保障权益保护，例如1952年颁布的《社会保障（最低标准）公约》（No. 102）、1962年制定的《社会保障同等待遇公约》（No. 118）、1962年出台的《工伤事故津贴公约》（No. 121）、1967年通过的《残废、老年、遗属津贴公约》（No. 128）以及1982年发布的《维护社会保障权利公约》（No. 157）等，尤其是被誉为"社会保障国际宪章"的第102号公约在保护海外劳工社会保障权益方面产生了深远的影响。此外，国际劳工组织还在缔结或者修订社会保障国际协定方面对一些国家或者地区提供技术性援助②，以帮助其更好地与其他国家或者地区开展社会保障国际合作，进而有效维护海外劳工的社会保障权益。

随着经济全球化和国际贸易的进一步发展，资本和劳动力的跨国乃至跨区域流动愈加频繁与活跃，由此所带来的海外劳工社会保障权益保护问题也更加复杂与棘手。于是，社会保障国际合作开始从欧洲扩展至全球其他地区，例如大洋洲和北美洲。自20世纪70年代开始，澳大利亚③、新西兰④、美国以及加拿大等发达国家开始与欧洲国家以及其他人员流动相对频繁的国家签署社会保障国际协定，以期有效地缓解海外劳工的社会保障问题。同时，一些非洲国家和拉丁美洲国家也开始与本区域国家或者发达国家签署社会保障双边或者多边协定，着手维护本国或者本地区海外

---

① Fick，B. J.，Flechas A. C. G. Social Security for Migrant Workers: The EU, ILO and Treaty-based Regimes [J]. *International Law: Revista Colombiana de Derecho Internacional*，2007（9）：45 – 86.

② 例如，在国际劳工组织的技术援助下，莱茵船夫社会保障协定于1961年进行了第一次修订，以迎合欧共体颁布的社会保障协调法令——《欧共体3/1958号条例》。

③ 尽管如前所述，澳大利亚早在第二次世界大战期间就与新西兰签署了第一份社会保障国际协定，之后于1953年和英国签署了第二份社会保障国际协定，但是随后直到1988年才与意大利签署第三份社会保障国际协定，换言之，澳大利亚的大多数社会保障国际协定是在第二次世界大战结束之后签署的。

④ 新西兰的情况和澳大利亚类似，尽管它早在1943年就和澳大利亚签署了第一份社会保障国际协定，但是它的大多数社会保障国际协定是在第二次世界大战结束之后签署的。

劳工的社会保障权益。譬如，自 20 世纪 60 年代中期开始，阿尔及
利亚就与法国（1964）、比利时（1968）、罗马尼亚（1981）和瑞
典（1987）等欧洲发达国家以及突尼斯（1973）、利比亚（1987）
和摩洛哥（1991）等非洲国家签署了社会保障双边协定①。

　　特别需要注意的是，区域性社会保障国际合作开始兴起。例
如，1950 年 7 月，联邦德国、法国、荷兰、比利时以及瑞士签
署了莱茵船夫社会保障协定，以期有效地解决莱茵船夫及其家属
的社会保障问题②；1956 年欧洲有关国家签署了欧洲水路运输社
会保障国际公约，以期有效地应对在欧洲公路、铁路和航空运输
领域就业的海外劳工及其家属的社会保障问题③。同时，拉丁美洲
和非洲也在社会保障国际合作方面取得了可喜的进展。1967 年 10
月，中美洲国家组织（亦称中美洲共同市场）④ 正式批准了一项社
会保障公约，旨在五个成员国之间实现统一的劳动和社会保障立
法⑤。1996 年，非洲西部和中部以及印度洋沿岸的 14 个法语国
家⑥签署了《非洲社会保障多边公约》⑦，13 个加勒比共同体成员

① Mcgillivray, W. *Strengthening Social Protection for African Migrant Workers through Social Security Agreements* [R]. Background Report Prepared for the Extension of Social Security Coverage to African Migrant Workers Project, 2009.

② Creutz H. New Agreement on Social Security for Rhine Boatmen [J]. *International Labour Review*, 1981, 120 (3): 83 – 96.

③ William M. Yoffee. *International Social Security Agreements: Totalization, Equality of Treatment, and other Measures to Protect International Migrant Workers* [M]. Washington: U. S. Government printing office, 1974: 41.

④ 中美洲国家组织是中美洲地区的政治与经济组织，成立于 1951 年 12 月，拥有
洪都拉斯、哥斯达黎加、尼加拉瓜、萨尔瓦多和危地马拉五个成员国，总部设
在萨尔瓦多首都圣萨尔瓦多，最高组织机构为国家首脑会议，主要领导机构是
外长会议。

⑤ William M. Yoffee. *International Social Security Agreements: Totalization, Equality of Treatment, and other Measures to Protect International Migrant Workers* [M]. Washington: U. S. Government printing office, 1974: 46.

⑥ 14 个法语国家分别为：贝宁、布基纳法索、喀麦隆、中非共和国、乍得、科摩
罗、刚果（布）、科特迪瓦、赤道几内亚、加蓬、马里、尼日尔、塞内加尔和
多哥。

⑦ Hirose K., Nikac M., Tamagno E. *Social Security for Migrant Workers: A Rights-based Approach* [M]. International Labour Organization, 2011.

国①缔结了加勒比共同体②社会保障合作协议。显然，区域性社会保障国际合作的兴起，不仅为社会保障国际合作的进一步发展与完善提供了新的范式，而且可以有效地维护越来越多海外劳工的社会保障权益。

（三）成熟时期（21世纪以来）

21世纪以来是社会保障国际合作的成熟时期。在这一时期，社会保障国际合作实现了新的发展，主要体现在两个方面：一是社会保障国际合作已经由原先的欧美发达国家延伸至一些亚洲国家；二是区域性社会保障国际合作方兴未艾、发展迅猛。

进入21世纪以来，随着经济全球化和区域经济一体化的深入发展，加之发达国家和部分新兴国家的老龄化问题日趋严重、劳动力缺口越来越大，国际劳务市场日益繁荣，海外劳工的流动规模越来越大。在国内社会保障制度逐步走向完善的前提下，部分亚洲国家的海外劳工社会保障权益保护意识日渐增强。于是，社会保障国际合作开始由初始的欧美发达国家扩展至一些亚洲国家，例如日本、印度、菲律宾和中国等，尤其是日本、印度和菲律宾的海外劳工社会保障权益保护意识尤为强烈，也在社会保障国际合作领域取得了较大的进展。截至2012年，日本与美国和德国等12个国家签署了社会保障双边协定③，其中大多数国家是日本海外劳工的主要目的地国。自2006年以来，印度已经和19个经济与贸易往来密切的国家（地区）签署了社会保障双边协

---

① 加勒比共同体是加勒比地区的经济组织，13个加勒比共同体成员为：安提瓜和巴布达、巴哈马群岛、巴巴多斯、伯利兹、多米尼加、格林纳达、圭亚那、牙买加、蒙特塞拉特（英属）、圣基茨和尼维斯、圣卢西亚、圣文森特和格林纳丁斯、特立尼达和多巴哥。苏里南没有加入加勒比共同体协议，因为苏里南的社会保险制度与其他加勒比国家的社会保险制度存在较大的差异。

② Pasadilla G. O. , Abella M. I. Social Protection for Migrant Workers in ASEAN [J]. *Cesifo Working Paper*, 2012, 31 (11): 1211 - 1216.

③ Oishi N. The Limits of Immigration Policies: The Challenges of Highly Skilled Migration in Japan [J]. *American Behavioral Scientist*, 2012, 56 (6): 1080 - 1100.

定①，有力地保护了相当一部分海外劳工的社会保障权益。自 20 世纪 80 年代以来，菲律宾政府在保护海外劳工社会保障权益方面的意识不断增强，不仅与十多个国家签署了社会保障双边协定②，而且通过设立自愿性保险条款和海外劳工福利基金等措施来维护海外劳工及其家属的社会保障权益③。此外，从中国的情况来看，尽管在 2012 年之前，中国仅仅与德国和韩国签署了社会保障双边协定，但是 2012 年之后，中国的社会保障国际合作步伐明显加快，截至目前，中国已经与德国、韩国、丹麦、芬兰、瑞士、加拿大、荷兰、法国、西班牙以及卢森堡 10 国签署了社会保障双边协定④，有效地维护了部分海外劳工的社会保障权益。

同时，21 世纪以来，区域性社会保障国际合作发展迅速，不仅出现了在同一大洲内的区域性社会保障国际合作，而且涌现了不同大洲之间的区域性社会保障国际合作。具体说来，区域性社会保障国际合作方面的成就主要有：21 世纪初，阿根廷、巴西、巴拉圭和乌拉圭四国签订了《南方共同市场社会保障协议》⑤，旨在解决在对方国家就业的海外劳工的养老金问题⑥；2005 年，东欧和中亚的 24 个国家签署了《巴库宣言》，其主要内容在于加强海

---

① Spiegel B. *Analysis of Member States' Bilateral Agreements on Social Security with Third Countries* [M]. European Commission, 2010; 印度海外事业部（the Ministry of Overseas Indian Affairs）官方网站：https:∥india. gov. in/official-website-ministry-overseas-indian-affairs.

② Samonte I. A. Strengthening Social Protection for Migrant Workers: A Regional View of Issues and Reforms in Sea-based Industry [J]. UP SOLAIR Auditorium, 2011.

③ Ruiz N. G. Managing Migration: Lessons from the Philippines [J]. World Bank Other Operational Studies, 2008.

④ 资料来源：中国人力资源和社会保障部网站，http:∥www. mohrss. gov. cn/。

⑤ 不过，令人遗憾的是，《南方共同市场社会保障协议》并不是一个标准的社会保障多边协定，它的主要意图是协调四国的社会保障计划。这是一种国家间的行政协调，目的在于促进外国劳动者养老金问题的处理。

⑥ Pasadilla G. O. , Abella MI. Social Protection for Migrant Workers in ASEAN [J]. Cesifo Working Paper, 2012, 31 (11): 1211 – 1216; Forteza A. The Portability of Pension Rights: General Principles and the Caribbean Case [J]. *Development Policy Review*, 2010, 28 (2): 237 – 255.

外劳工的社会保障权益保护[①]；2006 年，海湾阿拉伯国家合作委员会出台了《对海合会国家公民在其他海湾国家劳动保险保护扩展统一法》[②]，目的在于协调海合会国家劳动者在其他海湾国家就业时的社会保障问题；2007 年，西班牙、葡萄牙和安道尔与阿根廷、巴西以及玻利维亚等 12 个拉丁美洲国家签署了伊比利亚——美洲社会保障多边公约[③]，以有效地协调伊比利亚——美洲国家海外劳工的社会保障问题。此外，自 2007 年东盟首脑会议签署《宿务宣言》以来，东盟正在做出区域性努力，试图缔结东盟国家社会保障多边协定[④]，以期在社会保障国际合作领域有所作为，进而有效地维护东盟数以亿计海外劳工的社会保障权益。

由此可见，尽管当前只有 20% 左右的海外劳工能够从社会保障国际协定中受益，享有便携性的社会保障权益[⑤]，大多数海外劳工的社会保障权益仍然遭受着不同程度的损害，但是不可否认的是，经过百余年的发展与完善，社会保障国际合作已经走过了探索时期和发展时期，开始步入成熟时期，甚至可以说是渐入佳境，业已成为全球各国维护海外劳工社会保障权益的有效途径，获得了越来越多国家的认可与接纳，愈来愈多海外劳工的社会保障权益得到了有效维护。

① ISSA and the International Association of Pension and Social Funds (IAPSF) . The Baku Declaration on Enhancing the Social Protection of Migrant Labour. Geneva, 2005.

② Tamagno E. Strengthening Social Protection for ASEAN Migrant Workers through Social Security Agreements [R]. International Labour Organization, 2008；ISSA. The Unified Law of Insurance Protection Extension for the Gulf Cooperation：A case of the General Organization for Social Insurance et al [R]. Geneva, Good Practices in Social Security, 2009.

③ Sabates-Wheeler R. , Koettl J. Social Protection for Migrants：The Challenges of Delivery in the Context of Changing Migration Flows [J]. *International Social Security Review*, 2010, 63 (3)：115 – 144.

④ Pasadilla G. O. , Abella M. I. Social Protection for Migrant Workers in ASEAN [J]. Cesifo Working Paper, 2012, 31 (11)：1211 – 1216.

⑤ Holzmann R. , Fuchs M. , Dale P. Assessing Benefit Portability for International Migrant Workers：A Review of the Germany-Turkey Bilateral Social Security Agreement [J]. World Bank Discusssion Papers, 2016 (1604).

二　社会保障国际合作的发展特点

经过百余年的发展与完善，社会保障国际合作逐步形成了相对独立的结构和比较完整的体系，在覆盖区域、惠及人群、主要内容以及合作方式方面呈现比较鲜明的特点，实现了由小到大、由少到多、由点到面以及由双边协定到双边与多边协定并举的发展，有效地维护了越来越多海外劳工的社会保障权益。

（一）覆盖区域：从欧美发达国家延伸至部分发展中国家

用"星星之火，可以燎原"来形容社会保障国际合作在覆盖区域方面的发展特点再合适不过了。社会保障国际合作肇始于20世纪初的西欧，起初只是个别工业革命发展迅速的国家之间进行社会保障双边谈判和签署社会保障双边协定。不过，随着工业革命的深入和全球化的迅猛发展，跨国劳动力的流动越来越活跃且频繁，海外劳工的规模日渐扩大，再加之社会保障国际协定的重要性和有效性逐渐被越来越多的国家所认可和接受，使得愈来愈多的国家开始加入签署社会保障国际协定的行列。于是，社会保障国际合作的覆盖区域由20世纪初的少数几个西欧国家扩展到两次世界大战期间的大多数西欧国家和部分大洋洲国家（澳大利亚和新西兰），随后在第二次世界大战后到20世纪60年代末发展到大部分欧洲国家，之后从20世纪70年代初开始延伸至北美洲国家，然后在20世纪70年代中后期扩展至部分非洲国家和拉丁美洲国家，最后在20世纪末开始延伸至部分亚洲国家。换言之，社会保障国际合作在覆盖区域方面经历了由欧美发达国家逐步延伸至部分发展中国家的发展历程，宛如水银泻地，由点及面，自发扩散，进而逐步席卷全球。

不过，需要指出的是，尽管经过一个多世纪的发展，社会保障国际合作在覆盖区域方面取得了巨大进展，已经由欧美发达国家扩展至部分发展中国家，值得肯定与赞许，但是从目前的情况来看，社会保障国际合作的发展仍然主要集中在欧美发达国家，只有少数发展中国家在这一领域取得了一些进展，大多数发展中国家对于社会保障国际合作不是心有余而力不足，就是无动于衷、漠不关心，或者是不甚了解，抑或是心存疑虑（见表3－3）。令人遗憾的是，即使是一些由发展中国家组成的重要区域性组织，在社会保障国际合作领域也无所作为。例如，截至目前，东盟①十国之间尚未签署任何社会保障国际协定②，难以有效维护数以亿计的东盟海外劳工的社会保障权益③。进而言之，在社会保障国际合作领域，发展中国家任重而道远。

表3－3　全球各大洲的社会保障双边协定数量

单位：项，%

大洲名称	社会保障双边协定数量	所占比例
欧洲	2561	70.05
北美洲	277	7.58
大洋洲	95	2.60
非洲	342	9.35
拉丁美洲	260	7.11
亚洲	121	3.31
合计	3656	100

注：由于每一项社会保障双边协定都有两个缔约国，因此每一项社会保障双边协定都要被计算两次（尽管这两个缔约国可能分布在不同的大洲）。于是，全球社会保障双边协定的真实数量应该是1828份。

数据来源：Holzmann R., Koettl J., Chernetsky T. *Portability Regimes of Pension and Health Care Benefits for International Migrants: An Analysis of Issues and Good Practices* [M]. Geneva, Switzerland: Global Commission on International Migration, 2005.

---

① 东南亚国家联盟是东南亚地区重要的经济、政治与安全组织，创建于1961年7月31日，秘书处设在印度尼西亚首都雅加达，目前有泰国、老挝、缅甸、柬埔寨、新加坡、马来西亚、印度尼西亚、文莱、越南以及菲律宾十个成员国。
② Pasadilla G. O., Abella M. I. Social Protection for Migrant Workers in ASEAN [J]. Cesifo Working Paper, 2012, 31 (11): 1211 – 1216.
③ 事实上，早在20世纪90年代中期，菲律宾和印度尼西亚就社会保障双边合作问题进行了谈判和磋商，并已敲定协定草案，但是之后由于种种原因，两国一直没有签署社会保障双边协定。

（二）惠及人群：由极少数海外劳工扩展至部分海外劳工

任何新生事物的发展都要经历一个由小到大、由表入里、由弱到强的发展历程。同理，社会保障国际合作在惠及人群方面的发展过程亦概莫能外。根据社会保障国际合作在覆盖范围方面的发展特点，我们可以发现，与此相适应，社会保障国际合作的惠及人群由 20 世纪初的少数几个西欧国家的海外劳工扩展到两次世界大战期间大多数西欧国家的海外劳工，然后在第二次世界大战后到 20 世纪 60 年代发展到大多数欧洲国家的海外劳工，之后从 20 世纪 70 年代开始延伸至北美洲国家和大洋洲国家的海外劳工，随后在 20 世纪 70 年代末开始扩展至部分非洲国家和拉丁美洲国家的海外劳工，最后在 20 世纪末延伸至部分亚洲国家的海外劳工。简而言之，在惠及人群方面，社会保障国际合作经历了由极少数海外劳工扩展至部分海外劳工的发展过程。

事实上，根据东道国社会保障制度的可及性和海外劳工社会保障权益的便携性，可以将社会保障国际合作简要地分为四种类型。第一种类型是社会保障国际合作发展良好，海外劳工的东道国和原籍国签署了社会保障国际协定，海外劳工享有便携性的社会保障权益，譬如欧盟国家；第二种类型是社会保障国际合作发展受限，尽管海外劳工可以在东道国获得社会保障，但是由于海外劳工的东道国和原籍国尚未签署社会保障国际协定，其已获得的社会保障权益缺乏便携性，这也是当前大多数海外劳工所面临的境遇；第三种类型是社会保障国际合作发展滞后，海外劳工无法获得社会保障，原因可能是东道国的社会保障制度仅供本国公民享有，例如海湾合作委员会国家①②，也可能是东道国的社会保

---

① 海湾阿拉伯国家合作委员会是海湾地区最重要的政治经济组织，简称海湾合作委员会或者海合会，成立于 1981 年 5 月 25 日，总部设在沙特阿拉伯首都利雅得，成员国包括巴林、科威特、阿曼、卡特尔、沙特阿拉伯以及阿联酋六国。

② 在社会保障国际合作方面，海湾合作委员会国家的情况比较特殊，具体说来主要有两种情况：一是对于来自海湾合作委员会成员国之外的海外劳工，无法获得社会保障，也就不存在社会保障权益国际协调问题，不过，尽管（转下页注）

障发展滞后，例如马拉维等一些非洲国家[1]；第四种类型无社会保障国际合作，对于那些在东道国非正规部门就业的合法和非法海外劳工[2]而言，很少有机会获得社会保障，基本上不存在社会保障国际合作（见表3－4）。简而言之，当前社会保障国际合作只惠及了一部分海外劳工，大多数海外劳工的社会保障权益仍然尚未受到有效维护。

表3－4　海外劳工在不同类型社会保障国际合作中所占的份额

单位：%

	社会保障国际合作类型	海外劳工所占的份额
第一种类型	社会保障国际合作发展良好	21.2
第二种类型	社会保障国际合作发展受限	52.0
第三种类型	社会保障国际合作发展滞后	5.5
第四种类型	无社会保障国际合作	21.3

数据来源：Holzmann, R., J. Koettl, and T. Chernetsky. *Portability Regimes of Pension and Health Care Benefits for International Migrants: An Analysis of Issues and Good Practices* [M]. Geneva: Global Commission on International Migration, 2005。

（接上页注②）海合会国家不向海外劳工提供社会保障待遇，但是它们都有针对移民工人的最终福利安排，当移民工人结束工作归国前，可以获得一份最终福利，金额计算方法为每工作一年提供一个月的工资；二是对于来自海湾合作委员会成员国之间的海外劳工，是存在社会保障国际合作问题的，因为海湾合作委员会于2006年出台了《对海合会国家公民在其他海湾国家劳动保险保护扩展统一法》，目的在于协调海湾合作委员会国家劳动者在其他海合会国家就业时的社会保障问题，与传统的两国或者多国缔结社会保障协定不同，海湾合作委员会国家在解决跨国劳动者的社会保障方面提供了一个与众不同的解决方案——统一各成员国的社会保险法，这也在一定程度上说明社会保障国际合作没有统一的模式，也没有最优的模式，只有是否适合本国的模式，必须根据本国的国情具体问题具体分析。

① Avato J., Koettl J., Sabates-Wheeler R. Social Security Regimes, Global Estimates, and Good Practices: The Status of Social Protection for International Migrants [J]. *World Development*, 2010, 38 (4): 455－466.

② 毫无疑问，在不同类型的海外劳工中，非法劳工获得社会保障待遇的困难最大。即使是国际劳工组织和联合国颁布的社会保障方面的国际公约也对非法劳工的社会保障问题保持沉默。唯一例外的是国际劳工组织于1975年制定的《移民工人（补充条款）公约》，它强调合法劳工和非法劳工在就业过程中应当获得同样的社会保障权利。

（三）主要内容：由单个项目发展到大多数社会保障项目

任一事物的发展都是一次从无到有、由少到多、从零散到系统的成长过程。毫无疑问，社会保障国际合作在主要内容方面的发展历程亦是如此。19 世纪末 20 世纪初，随着机器生产在西欧国家的大肆推广与普及，给劳工带来了新的职业安全与卫生问题，主要体现在工伤事故频发，遭遇工伤事故的劳工越来越多，这使得工伤保险成为当时西欧国家普遍建立的社会保险项目。与此相适应，发轫于 20 世纪初的社会保障国际合作最初的协调内容就是工伤保险项目。例如，最早的社会保障双边协定——法国和意大利在 1904 年签署的社会保障双边协定主要关注的就是海外劳工的工伤赔偿问题[①]。不过，随着现代社会保障制度在欧洲、北美洲以及其他区域的不断发展与完善，加之社会保障双边协定不断走向规范与成熟，社会保障国际合作的主要内容也由单个项目延伸至大多数社会保障项目，具体表现为由最开始的工伤保险项目逐步延伸至养老保险、遗属保险、残疾保险、死亡抚恤、失业保险、生育保险以及家庭津贴等大多数社会保障项目。

不过，需要注意的是，尽管从理论上来讲，国家之间开展社会保障国际合作的主要内容可以涵盖社会救助、社会保险以及社会福利等绝大多数社会保障项目，然而事实上并非如此，社会保障国际合作往往只覆盖两项及以上的社会保障项目。同时，从世界各国社会保障国际合作的发展历程来看，社会救助项目通常被排除在社会保障国际协定的覆盖范围之外[②]，在大多数情况下医疗保险项目也被排除在外[③]。实际上，除欧盟国家之间签署的社会保

---

① Watson P. *Social Security Law of the European Communities* [M]. Mansell Publishing, 1980.

② 社会保障双边协定涵盖社会救助项目的罕见例子是德国与瑞士在 1952 年缔结的双边协定和德国与奥地利在 1966 年缔结的双边协定。

③ 不过，土耳其和南斯拉夫继承国和德国与奥地利以及摩洛哥和德国签署的社会保障双边协定包含了医疗保险项目。例如土耳其与奥地利签署的社会保障双边协定规定，在奥地利就业达到退休年龄且从未在土耳其就业的土耳其海外劳工将被奥地利医疗保险项目所覆盖。

障国际协定覆盖了疾病和生育保险、残障保险、养老保险、遗属保险、工伤保险、死亡抚恤、失业保险以及家庭津贴等大多数社会保障项目外，大多数国家或者地区之间所签署的社会保障国际协定只涉及了部分社会保障项目（见表 3-5）。

表 3-5　部分国家或者地区社会保障国际合作的主要覆盖项目

国家（地区）	社会保障协定/ 社会保障协调法令	主要覆盖的项目
欧盟	《欧共体 1408/71 号条例》	疾病和生育、残障、养老、遗属、工伤、死亡抚恤、失业、家庭津贴
欧盟	《欧盟 883/2004 号条例》	疾病和生育、残障、老年、遗属、工伤、死亡抚恤、失业、家庭津贴、退休前救济
加勒比共同体	社会保障多边协定	老年、残障、遗属、死亡抚恤
伊比利亚-美洲	社会保障多边协定	老年、残障、遗属、工伤
南共市	社会保障多边协定	老年
爱尔兰	社会保障双边协定	老年、残障、遗属、家庭津贴
乌克兰	社会保障双边协定	老年、残障、遗属
保加利亚	社会保障双边协定	老年、残障、遗属、工伤、生育
希腊	社会保障双边协定	老年、残障、遗属
德国	社会保障双边协定	老年、残障、遗属、工伤
捷克	社会保障双边协定	老年、残障、遗属、工伤、疾病、生育、家庭津贴
法国	社会保障双边协定	老年、残障、遗属、工伤、疾病和生育、家庭津贴
英国	社会保障双边协定	老年、残障、遗属、工伤、疾病和生育、家庭津贴
美国	社会保障双边协定	老年、残障、遗属、社会保障税

注：（1）《欧共体 1408/71 号条例》和《欧盟 883/2004 号条例》统称为"欧盟社会保障协调法令"，自 1972 年 10 月 1 日至 2010 年 5 月 1 日，欧盟社会保障国际合作方面的适用法律是《欧共体 1408/71 号条例》，自 2010 年 5 月 1 日起，则为《欧盟 883/2004 号条例》；（2）南共市是南方共同市场的简称，是南美地区最大的经济一体化组织，成员国包括阿根廷、巴西、巴拉圭和乌拉圭 4 国。

资料来源：Hirose, Kenichi. *Social Security Coordination for non-EU Countries in South and Eastern Europe: A Legal Analysis* [M]. Geneva: International Labour Organization, 2012。

（四）合作方式：由双边协定跨越到双边与多边协定并举

自从 1904 年意大利和法国就海外劳工工伤事故赔偿问题签署世界上第一份社会保障双边协定开始，社会保障双边协定逐步成为世界各国社会保障国际合作的主要方式。不过，伴随着经济全球化的深度发展，劳动力的跨国流动越来越频繁，海外劳工的规模日趋扩大，社会保障国际合作的重要性和紧迫性日渐凸显，再加上各国的具体国情和政策偏好存在一定的甚至是较大的差异，使得社会保障双边协定无法满足一些国家多样化的社会保障国际合作需求。于是，社会保障多边协定应运而生，即多个国家在平等谈判和友好协商的基础上，就海外劳工的社会保障权益保护问题签署合作协定。1919 年，瑞典、丹麦和挪威三个斯堪的纳维亚国家就海外劳工的工伤事故赔偿问题缔结了世界上第一份社会保障多边协定[1]。此后，社会保障多边协定受到越来越多国家的接纳与欢迎，愈来愈多的国家就海外劳工的社会保障问题签署社会保障多边协定，社会保障多边协定的数量日渐增多。换言之，在合作方式上，社会保障国际合作经历了由双边协定跨越到双边与多边协定并举的发展过程。

不过，需要注意的是，尽管社会保障多边协定的数量逐步增多，其影响力日渐增强，但是在社会保障国际合作领域，占主导地位的依然是社会保障双边协定，社会保障多边协定则居于次要地位。从表 3－3 可以发现，在当今世界各国已签署的 3500 多份社会保障国际协定中，社会保障双边协定占据着绝对的主导地位，社会保障多边协定在很大程度上只是起着补充和辅助作用。

三　社会保障国际合作的发展动因

风起于青萍之末，任何事物的产生与发展都是多种因素共同

---

① Kulke, Ursula. The Role of Social Security in Protecting Migrant Workers: The ILO Approach [J]. ISSA Regional Conference for Asia and the Pacific, New Delhi, 2006.

作用的结果。虽然从表面上看，社会保障国际合作的发展动因比较简单，然而事实并非如此，在这一问题出现的背后存在着盘根错节的因果链条。正如恩格斯所指出的："当我们通过思维来考察自然界或人类历史或我们自己的精神活动的时候，首先呈现在我们眼前的，是一幅由种种联系和相互作用无穷无尽地交织起来的画面。"① 换言之，社会保障国际合作的出现是多种因素共同促成的结果。

（一） 海外劳工的社会保障双重缺失问题

肇始于 19 世纪末的现代社会保障制度，经过一个多世纪的发展与改革，逐步构建了一套相对独立且完整的制度体系，日臻成熟与完善。根据国际社会保障协会（ISSA）的统计，目前全球有170 多个国家或者地区建立了社会保障制度②。一般说来，各国社会保障制度的主要项目构成基本一致，都是包括社会救助、社会保险和社会福利等主要内容，而且各国社会保障制度都在追求相似的目标，例如缓解或者消除贫困、促进公民收入安全、增强社会团结以及促进社会稳定等，但是社会保障制度是在各国政府的主导下构建的，受到各国的政治、经济、文化、历史以及政策偏好等各种因素的影响，导致各国社会保障制度在参保资格、覆盖人群、支付方式以及给付条件等方面存在一定的甚至是较大的差异。同时，各国社会保障制度往往遵循属地原则，即社会保障制度的适用范围仅限于本国领土范围内的居民或者劳动者，其他国家居民或者劳动者往往无权享有。

然而，随着全球经济一体化和国际分工与合作的深入发展，各国之间的经济与贸易往来日益密切，劳动力的跨国流动愈加频繁和活跃，海外劳工的数量日趋增加。由于海外劳工的社会保障溢出了国界，必然会对东道国的社会保障法律法规形成一定的冲

---

① 马克思、恩格斯：《马克思恩格斯文集》（第三卷）北京：人民出版社，2009：538。
② 胡晓义主编《走向和谐：中国社会保障发展 60 年》，北京：中国劳动社会保障出版社，2009：2。

击，再加之各国的社会保障制度存在上述差异且遵循属地原则，海外劳工有可能遭遇社会保障双重缺失的问题，既不能在东道国享有社会保障，也无法被纳入原籍国的社会保障体系。具体说来，海外劳工面临的社会保障双重缺失问题主要体现在以下两个方面。

其一，海外劳工到 A 国就业，根据 A 国社会保障法律法规的规定，国籍是参加该国社会保障制度的唯一资格条件①，那么海外劳工就无法加入该国的社会保障计划，同时由于他离开了原籍国，割裂了与原籍国社会保障制度的联系，也难以继续参加原籍国的社会保障制度。换言之，此时海外劳工既不能被纳入东道国的社会保障制度，也不能为原籍国的社会保障制度所覆盖，面临着社会保障双重缺失的窘境。

其二，根据 A 国社会保障法律法规的规定，该国社会保障制度的参保条件是劳动者在境内就业，而 B 国社会保障法律法规规定，该国社会保障制度的参保条件是劳动者在境内居住，倘若某海外劳工在 A 国居住和 B 国就业，那么他将会同时被 A 国和 B 国的社会保障制度排除在外，不享有任何社会保护，处于社会保障的"真空"状态。

社会保障是帮助社会成员应对老年、疾病、工伤、失业以及生育等生活风险的一项重要社会制度，关乎每一位社会成员的切身利益，海外劳工社会保障的双重缺失将使其面临诸多生活风险，不仅不利于社会的和谐与稳定，而且有违人道主义精神，迫切需要引起重视。

（二）海外劳工的社会保障双重缴费问题

值得注意的是，对于海外劳工的社会保障而言，各国社会保障制度在参保资格、覆盖人群、支付方式以及给付条件等方面存在较大差异且遵循属地原则是一柄双刃剑。一方面，它可能会带来比较消极的后果——海外劳工的社会保障双重缺失问题，另一

---

① 例如，瑞士社会保障法律规定，劳动者参加瑞士老年、残疾和遗属年金计划的唯一标准是具有瑞士国籍。

方面，它也可能会带来相对积极的后果——海外劳工的社会保障双重覆盖与双重缴费问题，即海外劳工同时被两个国家的社会保障制度所覆盖，被要求基于一份工资同时向两个国家缴纳社会保障费（税），给海外劳工及其雇主带来了巨大的缴费负担。具体而言，海外劳工面临的社会保障双重覆盖与双重缴费问题主要包括以下两种情况。

其一，海外劳工同时被工作国和居住国的社会保障制度所覆盖，被要求同时向工作国和居住国缴纳社会保障费（税）。例如，按照 A 国社会保障法律法规的规定，该国社会保障制度的参保条件是在境内就业，而 B 国的社会保障法律法规规定，该国社会保障制度的参保条件是在境内居住，倘若某一海外劳工在 A 国就业和 B 国居住，那么他不仅会被 A 国的社会保障制度所覆盖，而且将被纳入 B 国的社会保障制度，将会被要求基于同一份工资同时向 A 国和 B 国缴纳社会保障费（税）。此时，海外劳工及其雇主就会面临巨大的社会保障缴费负担，而且跨国企业的国际竞争力也会受到影响。

其二，海外劳工同时被原籍国和东道国的社会保障制度所覆盖，被要求同时向原籍国和东道国的社会保障制度缴费（税）。这里主要影响的是外派员工。当前，大多数发达国家和部分发展中国家的社会保障法律法规规定，所有在本国境内就业的劳动者都必须参保和缴费，而且有部分国家将劳工许可与社会保障费用的缴纳进行捆绑①。于是，对于外派员工而言，他不仅要参加东道国的社会保障制度，缴纳相应的社会保障费用，而且由于他还在原籍国的母公司保留着相应职位，还必须按照相关规定缴纳国内的社会保障费用，这将给外派员工和跨国企业带来巨大的缴费负担，压缩跨国企业的利润空间，进而削弱其国际竞争力。譬如，在2003 年《中华人民共和国与大韩民国互免养老保险缴费临时措施协议》签订之前，中国的驻韩企业每年都要向韩国政府缴纳几千

---

① 例如，德国自 20 世纪 90 年代开始征收我国驻德企业的养老和失业保险费用，从 1996 年开始将缴纳社会保险费用与工作许可相挂钩。

万美元的养老保险费用，又如 2002 年中国远洋运输集团的统计数据显示，其在世界各地的 47 个驻外机构或者分公司每年要向 34 个国家或者地区缴纳高达 1711 万元的社会保险费用①，让人难以接受的是这些社会保障缴费基本上无偿贡献给了东道国的社会保障基金，员工和企业对此反应强烈。

（三） 海外劳工的社会保障待遇支付障碍

一般而言，根据世界各国社会保障法律法规的规定，劳动者只有满足就业国社会保障制度的法定最低参保年限，如最低缴费年限或者最低工作年限抑或是最低居住年限，才能获得社会保障待遇领取资格。对于海外劳工而言，高度的流动性和不确定性使得他们很难具备东道国社会保障待遇的最低领取资格，尤其是对于养老保险这种长期福利待遇而言，更是如此。而且，无论是出于有意为之还是机缘巧合，很多发达国家提供给海外劳工的工作签证期限，通常要远远短于这些国家社会保障法律法规所规定的最低参保年限。以韩国养老保险制度为例，海外劳工至少要在韩国就业和缴费满 10 年②，才能达到韩国养老保险制度的最低参保年限。然而，韩国法务部为海外劳工提供的 E9 签证，最长的有效期只有 5 年，务工满 3 年后先出境，后面可再次入境务工 2 年③。于是，在社会保障国际协定缺位的情况下，即使海外劳工在东道国履行了多年的社会保障缴费义务，也往往无法获得社会保障待遇领取资格。此外，即使海外劳工达到了东道国社会保障制度的法定最低参保年限，获得了社会保障待遇领取资格，当其返回原籍国或者迁移至其他国家时，其社会保障待遇也可能受损。具体说来，海外劳工面临的社会保障待遇支付障碍主要有以下几种情况。

① 闫丽仙：《跨国劳动力流动和社会保障国际合作问题探索》，对外经济贸易大学硕士学位论文，2009。
② 金钟范编著《韩国社会保障制度》，上海：上海人民出版社，2011：46—51。
③ 《部分国家引进劳务和工作签证政策汇总系列之一 （韩国）》，中国国际劳务信息网，2012 年 6 月 21 日。

其一，海外劳工参加了某一个国家或者两个甚至多个国家的社会保障制度，但是参保年限少于相应国家社会保障制度的法定最低缴费年限。譬如，在美国就业的海外劳工至少要缴费满40个季度（10年）[1]，才能获得美国养老金待遇的领取资格，倘若某一海外劳工的缴费年限少于40个季度，那么他就无法获得美国养老金待遇的领取资格。又如，德国和意大利的养老金最低缴费年限分别为5年和20年[2]，倘若某一海外劳工先后在德国和意大利参保4年和18年，那么即使他在德国和意大利参保年限的总和已经远远大于两国养老保险制度的法定最低参保年限，他也无法获得两国养老金待遇的领取资格。

其二，海外劳工获得了东道国社会保障待遇领取资格，但是当他返回原籍国或者迁移到其他国家时，其社会保障待遇将被终止或者是受到不同程度的削减。以养老金为例，有些国家可能会禁止养老金输出[3]，也有一些国家虽然允许养老金输出，但是可能会进行一定程度的削减，例如英国和德国。尽管英国的社会保障法律允许海外劳工在境外领取养老金，但是其参保时间不能累计计算，且养老金水平将不能像英国国内养老金水平那样随着物价指数的调整而调整[4]。同时，德国在向非国民支付养老金待遇时，倘若养老金领取者在欧盟境外与德国尚未签署社会保障国际协定

① Sullivan L. A. A Totalization Agreement between the United States and Mexico: An Opportunity for Improved Relations and Mutual Benefit [J]. *LBJ JOURNAL OF PUBLIC AFFAIRS*, 2005, 18: 18.

② 姚玲珍编著《德国社会保障制度》，上海：上海人民出版社，2011：58；Avato J., Koettl J., Sabates-Wheeler R. Definitions, Good Practices, and Global Estimates on the Status of Social Protection for International Migrants [J]. *SP Discussion Paper*, 2009。

③ Forteza A. The Portability of Pension Rights: General Principles and the Caribbean Case [J]. *Development Policy Review*, 2010, 28 (2): 237 – 255.

④ Bolderson H., Roberts S. Social Security Across Frontiers [J]. *Journal of Comparative Social Welfare*, 1997, 13 (1): 7 – 23；Avato J. Portability of Social Security and Health Care Benefits in the United Kingdom [J]. Background Paper for Joint IDS/World Bank Research Project, 2008；Avato J., Koettl J., Sabates-Wheeler R. Definitions, Good practices, and Global Estimates on the Status of Social Protection for International Migrants [J]. SP Discussion Paper, 2009.

的国家居住，那么他的养老金待遇将会被削减 30%①。

　　其三，海外劳工的参保年限少于东道国社会保障制度的法定
最低缴费年限，在申请社会保险费用返还时，政策限制、手续烦
琐以及汇率波动等障碍与不便会导致海外劳工难以获得退还的社
会保险费用。譬如，尽管中国和德国早在 2001 年就签署了社会保
障双边协定，但是在 2009 年 12 月两国签署《中德双方会谈纪要》
之前，我国的赴德厨师还是要向德国缴纳养老保险费用，当我国
厨师在德国工作期满回国时，尽管可以向德国政府申请退还其已
缴纳的养老保险费用，但是要先回国等待 2 年，确认不再去德国就
业后，填写一系列表格提交给德国社会保障机构审核，才有可能
领到退还的养老保险费，手续非常烦琐，并且还得支付相对较高
的中介代理费②，这使得我国很多赴德厨师被迫放弃了对养老保险
费用退还的申请，给他们带来了较大的经济损失。

　　在世界各国社会保障体系自成一体的情况下，海外劳工将不
可避免地面临社会保障双重缺失、社会保障双重覆盖与双重缴费
以及社会保障待遇支付障碍等诸多问题，这不仅严重损害了数以
亿计海外劳工的社会保障权益，而且给跨国企业带来了巨大的额
外成本，严重削弱了其国际竞争力。对此，海外劳工和跨国企业
不得不采取一些应对策略，例如非正规就业，或者缩短雇佣期限，
或者隐瞒收入和虚报收入，抑或是共谋逃避社会保障缴费，等等。
显然，这些措施都是别无选择之后的无奈之举，无异于扬汤止沸、
负薪救火，并非理性之选择。于是，为了有效地解决这一问题，
国际上开始兴起社会保障国际合作，主要方式是国家之间签署社
会保障国际协定，通过构建社会保障国际合作机制来协调缔约国
之间的社会保障法律冲突，而无须变更各自的法律规范，以有效
地解决海外劳工的社会保障困境。

---

① Holzmann R., Koettl J., Chernetsky T. Portability Regimes of Pension and Health Care Benefits for International Migrants: An Analysis of Issues and Good Practices [M]. Geneva: Global Commission on International Migration, 2005.

② 本刊记者：《赴德工作不再双重缴费——社会保险事业管理中心副主任徐延君谈落实〈中德社会保险协议〉》，《中国社会保障》2010 年第 9 期。

四　社会保障国际合作的主要方式

（一）确认海外劳工的社会保障管辖权，解决社会保障资格纠纷

社会保障管辖权是指各国政府依照法律法规的规定独立自主地管理本国社会保障事务的权力，本质上属于各国的内政，其他国家或者国际组织无权干涉和染指。即使是在经济与政治高度一体化的欧盟，社会保障仍然是欧盟缺乏权能的领域，各成员国不约而同地将社会保障视为本国内政事务，不允许欧盟进行干涉和染指①。事实上，国家之间开展社会保障国际合作在很大程度上就是要确定海外劳工社会保障的管辖权，以有效地解决海外劳工的社会保障资格纠纷。进而言之，就是国家之间通过平等磋商与友好谈判，制定相关的条款或者缔结相关协定，确保海外劳工为协定缔约国中的某一国的社会保障制度所覆盖，并接受其管辖，从而使得海外劳工既不会同时被缔约国社会保障制度排除在外，也不会同时被缔约国社会保障制度所覆盖。具体说来，主要有三种方式确认海外劳工的社会保障管辖权。

首先，由东道国政府管辖。海外劳工在东道国就业期间，参加东道国的社会保障计划，按照东道国社会保障法律法规的规定按时足额缴纳社会保障费（税），为东道国社会保障制度所覆盖，并享受相应的社会保障服务。典型例子是欧盟，当欧盟某一成员国的公民在另一成员国境内就业时，其社会保障由就业所在地政府所管辖。这种方式可以为海外劳工提供比较合理的社会保障管理与服务，不过短期管理成本偏高。

---

① Verschueren H. The EU Social Security Co-ordination System: A Close Interplay between the EU Legislature and Judiciary [J]. *Japanese Journal of Industrial Health*, 2012, (6): 177 - 204. 石晨霞：《欧盟社会政策研究》，武汉：武汉大学出版社，2016；郭秀云：《利益博弈与政策协调——基于欧盟社保政策适应性的研究》，《学习与实践》2010 年第 9 期。

其次，由原籍国政府管辖。海外劳工在国外就业期间，仍然参加原籍国的社会保障计划，按照原籍国社会保障法律法规的规定缴纳社会保障费（税），被原籍国社会保障制度所覆盖，并由原籍国提供相应的社会保障服务。譬如，根据我国政府与丹麦政府签署的社会保障双边协定，中国或者丹麦的劳动者只要持有本国社会保障部门出具的社会保险"参保证明"，在对方国家就业期间就不用再参加社会保障，只要继续参加原籍国的社会保障计划就行。不过，这种方式也存在一个重大缺陷，那就是可能会导致部分海外劳工尤其是长期在外的海外劳工丧失获得海外社会保障权益的机会，将会给他们造成巨大的经济损失。

最后，短期内由原籍国政府管辖，长期内由东道国政府管辖。在充分考虑和权衡东道国政府管辖和原籍国政府管辖这两种方式的优点与缺点之后，一些国家开始在社会保障国际合作领域引入短期内由原籍国政府管辖、长期内由东道国政府管辖的折中方式。如果海外劳工在东道国的就业期限较短，譬如5年以内，仍然参加原籍国社会保障制度，为原籍国社会保障所覆盖；倘若海外劳工在东道国的就业期限较长，比如5年以上，那么就参加东道国社会保障制度，为东道国社会保障制度所覆盖。这是各国政府在不断探索与实践中摸索出来的有效路径，区分短期和长期有助于提升社会保障国际合作的效率，更好地保护海外劳工的社会保障权益。不过，采取这种方式可能需要缔约国政府具有较强的社会保障行政管理能力，且双方的社会保障水平相差不大。故而，目前这种方式主要是发达国家和少数发展中国家在采用。

（二）社会保障国际合作的主要方式——社会保障国际协定

为了更好地解决数以亿计海外劳工的社会保障问题，世界各国逐步探索出社会保障国际合作这一路径，具体说来就是国家之间签署社会保障国际协定，即不同的国家之间以及国家与国际组织之间就涉及两国或者多国的海外劳工社会保障问题进行磋商与谈判，在坚持平等互惠原则的前提下达成共识，制定相关条款，明确各方的权利与义务，并采取一致行动，进而有效地解决海外劳工的社会保障问题。显然，缔结社会保障国际协定，不仅是海外劳工的原籍国与东道国基于合作方式谋求共同利益的一种重要手段，而且是原籍国对海外劳工社会保障权益实现境外保护的有效途径。

社会保障国际协定的宗旨在于让海外劳工分享和承担合理的社会保障权利与义务，有效解决海外劳工的社会保障双重缺失问题与社会保障双重覆盖和双重缴费问题，降低跨国企业驻外机构或者分公司的生产和运营成本，并缓解海外劳工社会保障待遇的支付障碍，根据实际情况适当降低社会保障待遇的领取资格标准，改善海外劳工从东道国和原籍国获得社会保障权益的不利境况，帮助那些在两个甚至是多个国家就业和参保，但是其在单个国家的缴费年限或者居住年限抑或是工作年限都达不到相应国家社会保障待遇领取资格的海外劳工获得合理的社会保障待遇，帮助那些曾经在国外就业和参保的劳动者获得相应的社会保险费用返还。此外，一些国家只向社会保障国际协定缔约国的海外劳工退还社会保险费用。于是，社会保障国际协定的签署还有助于避免出现部分海外劳工由于母国尚未与东道国缔结社会保障国际协定而无法获得社会保险费用返还的情况。譬如，在意大利，多达84%的国外养老金申请者来自与意大利签署了社会保障双边协定的国家，占意大利支付外国养老金总额的67%①。

具体说来，根据不同的衡量标准和划分依据，大致可以将世界各国已签署的数以千计的社会保障国际协定分为以下几类。

1. 社会保障双边协定与社会保障多边协定

按照签约国数量的多少，社会保障国际协定一般可以划分为两类：社会保障双边协定和社会保障多边协定。社会保障双边协

---

① Avato J. Portability of Social Security and Health Care Benefits in Italy [J]. Background Paper Prepared for a Project Done by the World Bank and the Institute for Development Studies (IDS), 2008.

定就是两个国家通过平等磋商与友好谈判，就解决海外劳工的社会保障问题所缔结的协定（见表 3 - 6），目的在于确保本国海外劳工社会保障权益的最大化。由于社会保障双边协定是在两个国家之间缔结的，具有一定的灵活性，可以充分体现和考量两国的特点与需求，以有效应对海外劳工的形式多样性问题，因而逐步成为国家之间进行社会保障国际合作时所采取的最普遍的途径。譬如，中国与德国、中国与韩国以及印度与法国等签署的就是社会保障双边协定。社会保障多边协定是指三个及以上国家通过平等磋商与友好谈判，就解决海外劳工的社会保障问题所签署的协定。与社会保障双边协定相比，社会保障多边协定为所有缔约国设定了社会保障国际合作的共同原则与主要标准，可以在很大程度上确保所有缔约国的海外劳工享有同等的社会保障待遇。典型例子是 1996 年 13 个加勒比共同体成员缔结的加勒比社会保障多边协定，不过由于加勒比各国的社会保障制度存在不同程度的差异和跨国劳动者对加勒比社会保障多边协定缺乏了解等种种原因，这一社会保障多边协定的实施效果非常有限①。

表 3 - 6　部分国家签署社会保障双边协定的情况
（截至 2016 年 11 月）

单位：个

国名	社会保障双边协定的缔约国数量	国名	社会保障双边协定的缔约国数量
美国	28	日本	18
英国	36	韩国	32
加拿大	60	印度	19
澳大利亚	30	菲律宾	13
爱尔兰	9	中国	8

资料来源：各国政府社会保障及相关部门官方网站。

---

① Forteza A. The Portability of Pension Rights: General Principles and the Caribbean case [J]. *Development Policy Review*, 2010, 28 (2): 237 - 255.

2. 互惠性社会保障协定与东道国社会保障协定

以支付责任为依据，可以将社会保障国际协定分为互惠性社会保障协定和东道国社会保障协定两类。互惠性社会保障协定亦称共担责任协定，是指由缔约国共同承担海外劳工社会保障责任的协定，即缔约双方都在海外劳工社会保障待遇领取资格上做出些许让步，让两国的海外劳工都能根据自身的实际情况从对方国家获得相应的社会保障权益。否则，他们很可能都无法从对方国家获得应有的社会保障待遇。于是，海外劳工社会保障的责任和利益在缔约国之间相对公平合理地实现了共担与共享。当前，国家之间缔结的社会保障国际协定大多数为互惠性社会保障协定。东道国社会保障协定实际上是一种单边协定，即海外劳工的就业国将海外劳工在其他国家的参保时间当作本国的参保时间，使得海外劳工的累计参保时间更容易达到本国社会保障制度的法定最低缴费年限。这就在较大程度上降低了海外劳工在东道国获得社会保障待遇领取资格的条件，东道国可能要付出较大的代价，故而目前很少有国家愿意与其他国家签署此类社会保障国际协定。例如，虽然澳大利亚已经和 30 个国家①签署了社会保障国际协定，但是只有与新西兰和英国②缔结的是东道国社会保障协定③。

---

① 这 30 个国家分别为奥地利、比利时、加拿大、智利、克罗地亚、塞浦路斯、捷克、丹麦、芬兰、德国、希腊、匈牙利、印度、爱尔兰、意大利、日本、韩国、拉脱维亚、马耳他、马其顿、荷兰、新西兰、挪威、波兰、葡萄牙、斯洛伐克、斯洛文尼亚、西班牙、瑞士和美国，具体情况请参见澳大利亚联邦政府社会服务部官方网站 https：//www. dss. gov. au/。

② 澳大利亚和英国的社会保障国际协定签署于 1992 年，不过由于英国对非本国国民实行"冻结"养老金政策（"frozen" pension policy），即其支付给外籍国民的养老金不能指数化，不随英国国内物价水平和职工工资水平的增长而增长，使得澳大利亚政府于 2002 年 2 月 28 日取消了与英国之间的社会保障国际协定。

③ Bolderson H. , Gains F. *Crossing National Frontiers: An Examination of the Arrangements for Exporting Social Security Benefits in Twelve OECD Countries* [M]. Stationery Office Books (TSO), 1993：24.

3. 封闭式社会保障协定与开放式社会保障协定

根据人员的覆盖范围，可以将社会保障国际协定分为封闭式社会保障协定和开放式社会保障协定。封闭式社会保障协定是指人员覆盖范围仅限于缔约国国民的社会保障协定①，当前已签署的3500 多份社会保障国际协定大多数都属于封闭式协定；而开放式社会保障协定是指人员覆盖范围不限于缔约国国民的社会保障协定，所有受到缔约国法律约束的被保险人都将被纳入覆盖范围（见图 3 - 1）。譬如，印度和比利时以及印度和荷兰签署的社会保障双边协定，它们不仅适用于印度海外劳工，还适用于其他从印度迁移到比利时和荷兰的劳动者②。又比如，2003 年 8 月 18 日生效的北欧社会保障公约，它适用于所有北欧国家，甚至包括格陵兰岛和法罗群岛，不仅覆盖受到《欧共体 1408/71 号条例》约束的经济活跃与非活跃人口，而且覆盖所有人群，不论他们的国籍，也不论他们是处于哪一个北欧国家社会保障法律法规的管辖之下③。

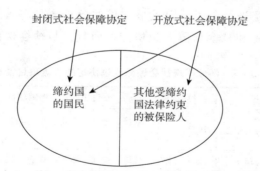

图 3 - 1　封闭式社会保障协定与开放式社会保障协定示意

---

① Social Security Coordination for non-EU Countries in South and Eastern Europe: A Legal Analysis [M]. Geneva: International Labour Organization, 2012.

② Van der Mei A. P. India-EU Migration: The Social Security Rights of Indian Nationals Moving to and within the European Union [J]. Maastricht Faculty of Law Working Paper, 2013 (2014 - 1).

③ Cornelissen R. Third-country Nationals and the European Coordination of Social Security [J]. *European journal of Social Security*, 2008, 10 (4): 347 - 371.

4. 专业型社会保障协定与复合型社会保障协定

按照覆盖项目的多少，可以将社会保障国际协定分为专业型社会保障协定和复合型社会保障协定。专业型社会保障协定是指只覆盖一项或者少数几项社会保障项目的社会保障协定，例如南非－加拿大社会保障协定仅仅适用于南非的外交和领事使团在加拿大当地的雇员[①]，我国与德国和丹麦等国签署的社会保障双边协定只覆盖养老保险和失业保险中的一种或者两种（见表3－7）。而复合型社会保障协定是指覆盖大多数甚至所有社会保障项目的社会保障协定[②]，当前发达国家之间签署的社会保障国际协定基本上是复合型社会保障协定，几乎覆盖了《社会保障最低标准公约》所规定的老年津贴、残障津贴、遗属津贴、工伤津贴、疾病和生育津贴、家庭津贴以及失业津贴等大多数社会保障项目，如表3－7所示。

特别需要指出的是，尽管可以根据不同的标准和尺度对社会保障国际协定进行分类，但是最常见的分类还是将其划分为社会保障双边协定和社会保障多边协定。而且，与社会保障多边协定

表3－7　部分国家社会保障双边协定的覆盖项目情况

	国家	年份	覆盖的社会保障项目
复合型协定	奥地利与爱尔兰	1993	老年、残障、遗属、工伤、疾病和生育、家庭津贴、失业
	法国与瑞士	1975	老年、残障、遗属、工伤、疾病、家庭津贴
	希腊与挪威	1980	老年、残障、遗属、工伤、疾病和生育、家庭津贴
	荷兰与日本	—	老年、残障、遗属、疾病和生育、家庭津贴、失业
	西班牙与乌克兰	1996	老年、残障、遗属、工伤、疾病和生育、家庭津贴

[①] Mcgillivray W. Strengthening Social Protection for African Migrant Workers through Social Security Agreements [R]. Background Report Prepared for the Extension of Social Security Coverage to African Migrant Workers Project, 2009.

[②] Social Security Coordination for non-EU countries in South and Eastern Europe: A Legal Analysis [M]. Geneva: International Labour Organization, 2012.

续表

	国家	年份	覆盖的社会保障项目
专业型协定	英国与美国	1984	老年、残障、遗属
	印度与瑞典	2012	老年、残障、遗属
	菲律宾与法国	1990	老年、残障、遗属
	中国与德国	2001	老年、失业
	中国与丹麦	2013	老年

资料来源：（1）ILO. Social Security Coordination for non-EU Countries in South and Eastern Europe：*A Legal Analysis*［M］. Geneva：International Labour Organization，2012；（2）印度的海外印度人事业部、菲律宾劳工和就业部以及中国人力资源和社会保障部官方网站。

相比，社会保障双边协定具有灵活性强、可以考虑缔约国的实际情况以及谈判成本较低等巨大优势①，使得其逐步成为世界上最受欢迎的社会保障国际合作方式。不过，纵观当今世界上现有的社会保障双边和多边协定可以发现，其大多数是在发达国家之间缔结的，很少是由主要的海外劳工输出国与主要的海外劳工输入国之间签署的②。换言之，即使社会保障国际合作经过一个多世纪的发展与完善，已经形成了相对独立的结构和比较完整的体系，并逐步步入了成熟阶段，但是从中受益的主要还是发达国家的海外劳工，大多数发展中国家海外劳工的社会保障权益仍然在遭受着不同程度的损害，迫切需要引起关注与重视。

---

① Hirose K.，Nikac M.，Tamagno E. Social Security for Migrant Workers：A Rights-based Approach［M］. Geneva：International Labour Organization，2011.

② 譬如，尽管美国是全球最大的海外劳工输入国之一，但是与其签署了有效社会保障双边协定的 27 个国家中没有一个是全球重要的海外劳工输出国，更不用说是全球最大的海外劳工输出国了。此外，主要海外劳工输出国的情况也比较类似。例如，墨西哥作为全球最重要的海外劳工输出国之一，至今只与 5 个国家缔结了社会保障协定。尽管墨西哥和美国早在 2004 年就签署了社会保障双边协定，但是由于公众的强烈反对和部分官员的批评，一直没有提交给国会审议，至今尚未正式生效。

第四章 社会保障国际合作的实现条件及其重要意义

一 社会保障国际合作的实现条件

任何事物的产生与发展都必须遵循一定的规律，都是在一定的主观与客观条件下实现的。社会保障国际合作亦概莫能外。滥觞于 20 世纪初的社会保障国际合作也是由多种多样的主观与客观条件在海外劳工的输出国与输入国之间促成的。不过，由于国家之间在经济、政治、历史、文化以及政策偏好等方面存在一定的甚至是较大的差异，各国在社会保障国际合作的考量因素方面存在不同程度的差异。譬如，在社会保障国际合作方面，欧盟考虑的主要因素是：欧盟成员国境内的海外劳工数量巨大、维护海外劳工的社会保障权益；美国考虑的主要因素有：在其他国家就业的美国海外劳工数量巨大、消除美国海外劳工遭遇的社会保障双重覆盖与双重缴费问题、维护美国海外劳工已经或者正在获得的社会保障权益；而日本考虑的主要因素则为：对方国家有沟通与合作的意愿、日本有可观的劳动者在对方国家就业、社会保障双边协定的签署能够给双方免去大量的社会保障费用、对方国家的社会保障费率较高以及对方国家希望与本国进一步扩大经贸合作。又比如，加拿大在开展社会保障国际合作进程中关注的主要因素有：在其他国家就业和谋生的加拿大海外劳工数量巨大、维护加拿大海外劳工已经或者正在获得的社会保障权益①，等等。

　　然而，无论世界各国在开展社会保障国际合作方面考虑的主要因素存在多大的差异，仍然存在诸多共同关注与重视的要素。换言之，世界各国在社会保障国际合作方面存在一些共同的实现条件。仔细阅读相关文献和分析各国社会保障国际合作的发展历程可知，社会保障国际合作的实现条件主要有四个：一是双方互有适量的劳工往来；二是双方的社会保障制度相对完善；三是双方具备相应的财力与社会保障行政管理能力；四是双方具有相互合作的意愿与动力。

（一）双方互有适量的劳工往来

　　双方互有适量的劳工往来是海外劳工的东道国与原籍国开展社会保障国际合作的重要前提。纵览古今中外的社会政策发展历程可以发现，任何一项社会政策或者行动的应运而生与健康发展都必须要有一定数量的适用对象，否则它的存在是毫无意义的。与此相适应，在社会保障国际合作进程中，海外劳工不仅是重要主体，而且是主要受益者之一。倘若两个国家之间尚不存在或者是只有极少数海外劳工往来，那么它们之间不可能且没必要开展社会保障国际合作，因为此时社会保障双边协定存在的意义不大，它所带来的效益可能还无法弥补社会保障双边谈判的成本。换句话说，只有当两个国家之间存在适当数量的海外劳工往来（见图4－1），形成了比较紧密的经济与贸易合作关系时，两个国家才有可能且有必要进行社会保障双边谈判，开展社会保障国际合作。于是，为了解决海外劳工的社会保障问题，两个国家的政府开始接触与磋商，在平等与友好的前提下开展社会保障双边谈判，签署社会保障双边协定，以有效地协调海外劳工的社会保障权益。譬如，第二次世界大战后，在马歇尔计划的作用下，美国与欧洲

---

① Lan K. J., Wu C. H., Ma T. C. Feasibility of Negotiating Social Security Agreement with Other Countries: Example of the Labor Insurance in Taiwan [J]. *Modern Economy*, 2014, (5): 128 – 138.

国家之间出现了大规模的海外劳工往来，由此带来的海外劳工社会保障权益损害问题日趋严重，促使美国与欧洲国家签署了最早且数量最多的社会保障双边协定①，仅仅在 1973 年至 1993 年的 20 年间，美国就与意大利、德国、瑞士、加拿大、比利时、挪威、英国、瑞典、西班牙、法国、荷兰、葡萄牙、奥地利、芬兰、爱尔兰、卢森堡以及希腊 17 个欧洲国家签署了社会保障双边协定②，有效地维护了美国海外劳工的社会保障权益。

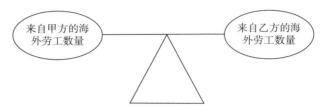

图 4 - 1 两国互有适量的海外劳工往来示意

需要指出的是，"双方互有适量的劳工往来"中的"适量"是指两个国家都要有一定数量或者相当数量的海外劳工在对方境内就业与谋生，这个海外劳工数量不一定要相等，但是也不能数量悬殊，否则的话，它非但不会成为两国开展社会保障国际合作的垫脚石，反而会成为两国进行社会保障国际合作的绊脚石。因为，倘若两个国家之间往来的海外劳工数量悬殊，那么海外劳工的主要输入国将处于巨大的优势地位，如果不与海外劳工的输出国签署社会保障国际协定，那么这些海外劳工将为输入国的社会保障基金贡献大量的净收益，反之，海外劳工的主要输入国将要面临巨大的损失。故而，此时海外劳工的主要输入国是不会或者至少是不情愿与海外劳工的主要输出国开展社会保障双边谈判的，就

① William M. Yoffee. *International Social Security Agreements: Totalization, Equality of Treatment, and other Measures to Protect International Migrant Workers* [M]. Washington: U. S. Government printing office, 1974: 78.

② Butcher P., Erdos J. International Social Security Agreements: The U. S. Experience [J]. *Social Security Bulletin*, 1988, 51 (9): 4 – 12; Schwabish J. A. Identifying Rates of Emigration in the United States Using Administrative Earnings Records [J]. *International Journal of Population Research*, 2011.

更不用说签署社会保障双边协定了。譬如，尽管超过 139000 名印度海外劳工、69000 名孟加拉海外劳工和 69000 名巴基斯坦海外劳工在英国谋生，也有超过 14000 名印度海外劳工在西班牙工作、28000 名斯里兰卡海外劳工在意大利打拼以及 5000 名斯里兰卡海外劳工在丹麦就业①，也尽管这些印度次大陆国家迫切希望与欧洲国家签署社会保障国际协定，以有效地保护本国海外劳工的社会保障权益，但是由于这些印度次大陆国家和英国、西班牙、意大利以及丹麦等欧洲国家之间的劳工往来数量悬殊，社会保障双边谈判过程异常曲折且进展缓慢，尚未有任何一个印度次大陆国家在这一方面取得突破性进展②。

（二）双方的社会保障制度相对完善

双方的社会保障制度相对完善是海外劳工的东道国与原籍国进行社会保障国际合作的重要基础。面对经济与社会发展日新月异的当今世界，经济全球化和区域经济一体化不断推进，倘若没有独立且完善的社会保障制度体系和健全且有效的社会保障法律法规，是不可能有公平公正的国际竞争环境的。与此相伴随，在社会保障国际合作领域，社会保障制度是社会保障国际合作的重要依托与主要载体，倘若海外劳工的原籍国和东道国中的某一方或者双方都尚未建立社会保障制度，抑或是社会保障制度发展滞后，那么社会保障国际合作将"无所依托、无所寄寓"，即海外劳工的原籍国与东道国之间是无法开展社会保障国际合作的。进而言之，倘若海外劳工的原籍国和东道国要想顺利开展社会保障国际合作，那么两国必须具备功能完善的社会保障制度体系或者至

---

① OECD. Trends in International Migration［R］. Organization for Economic Cooperation and Development Annual Report, 2004; Sigg, Roland, and Christina Behrendt. *Social Security in the Global Village*［M］. New Brunswick, NJ: Transaction, 2002.
② 在难以与发达国家缔结社会保障双边协定的情况下，为了保护本国海外劳工的社会保障权益，斯里兰卡、孟加拉以及巴基斯坦等国家只能另辟蹊径，开始采取单边措施，如设立海外劳工福利基金等，为本国海外劳工及其家属提供死亡和残疾保险等福利待遇。

少拥有一到两项相对完善且运行良好的社会保险项目①。当然，如果海外劳工的原籍国和东道国之间的社会保障制度类似，例如社会保障制度模式或者社会保障制度结构相似，那么就是锦上添花了，更有利于双方开展社会保障国际合作。否则的话，即使海外劳工的东道国有兴趣和动力与原籍国缔结社会保障双边协定，也是巧妇难为无米之炊，心有余而力不足。

然而，值得注意的是，尽管肇始于19世纪末的现代社会保障制度经过一百多年的发展与改革，已经形成了相对独立且比较完善的制度体系，而且根据世界社会保障协会的统计，全球已经有170多个国家和地区建立了现代社会保障制度，然而除欧美发达国家、大洋洲的澳大利亚和新西兰以及亚洲的日本建立了完善且成熟的社会保障体系外，大多数发展中国家的社会保障制度尚不完善，甚至还有部分发展中国家或者地区尚未建立现代社会保障制度，尤其是撒哈拉以南的非洲国家。例如，在津巴布韦，只有占全国劳动者总量10%左右的正规就业人员有机会获得社会保障②，其余绝大多数劳动者根本不享有任何社会保障。于是，社会保障制度发展滞后且运行乏力，就成为横亘在诸多发展中国家与发达国家进行社会保障双边或者多边谈判的"一座山"和"一堵墙"，它们往往由于难以跨越这道鸿沟而无法通过与发达国家进行社会保障双边谈判和缔结社会保障国际协定来保护本国海外劳工的社会保障权益。譬如，墨西哥和孟加拉等是全球输出海外劳工较多的发展中国家，尽管这些国家的海外劳工输出总量高达600万—1300万，但是到目前为止，它们只与少数发达国家签署了社会保障国际协定③。换

① Holzmann R., Fuchs M., Dale P. Assessing Benefit Portability for International Migrant Workers: A Review of the Germany-Turkey Bilateral Social Security Agreement [J]. *World Bank Discusssion Papers*, 2016 (1604).
② Muyembe, M. Access to Social Services for Non-citizens and the Portability of Social Benefits within the Southern African Development Community—Zambia Country Report [J]. Background Paper for joint IDS/World Bank Research Project, 2007.
③ Avato J., Koettl J., Sabates-Wheeler R. Definitions, Good Practices, and Global Estimates on the Status of Social Protection for International Migrants [J]. SP Discussion Paper, 2009.

言之，来自发展中国家的大多数海外劳工的社会保障权益仍然尚未得到有效保护。

（三） 双方具备相应的财力和社会保障行政管理能力

双方具备相应的财力和社会保障行政管理能力是海外劳工的东道国与原籍国开展社会保障国际合作的重要条件之一。纵观西方发达国家社会保障制度的产生、发展、改革与完善历程不难发现，政府财政在其中扮演了至关重要的角色[①]。倘若没有政府财政的大力支持，那么社会保障制度将成为"无源之水、无本之木、无米之炊"，根本无法产生与发展。同时，政府的社会保障行政管理能力，如社会保险基金管理能力和社会保险经办能力等，也在其中发挥了不可或缺的重要作用，否则的话，社会保障制度的运行与发展将问题丛生、弊端不断、举步维艰。毫无疑问，在开展社会保障国际合作的过程中，同样离不开双方政府财政的大力支持，也离不开双方政府社会保障行政管理能力的有力协助。因为开展社会保障国际合作是一项复杂且艰巨的任务，不仅程序纷繁芜杂，而且过程曲折耗时[②]。具体说来，在有关各方进行社会保障双边或者多边谈判之前，必须做好一系列的准备工作，例如本国的社会保障官员和专家要了解和熟知对方国家的社会保障制度，谙熟对方国家的社会保障法律法规，还得了解对方国家的政策偏好等，同时也要准确统计对方国家在本国和本国在对方国家的海外劳工数量及其参保情况，估算社会保障双边协定的签署将给本国带来的收益与损失等，然后由本国社会保障官员和专家拟定社会保障双边协定草案，当双方都做好准备工作后，由双方国家的社会保障及相关部门官员和专家进行平等磋商与友好谈判。根据国际经验可知，社会保障双边或者多边谈判不可能一蹴而就，往往要经过多轮谈判和激烈博弈，甚至一波三折，需要耗时半年或

----

① 郑功成：《中国社会保障改革与发展战略——理念、目标与行动方案》，北京：人民出版社，2008：38—39。

② ILO. Social Security Coordination for non-EU Countries in South and Eastern Europe: A Legal Analysis [M]. Geneva: International Labour Organization, 2012.

者一年抑或是多年才能签署社会保障国际协定①，随后双方将相应的社会保障国际协定提交国会或者议会审批，最后由国家元首或政府首脑签署后才能生效，这些过程不仅耗时耗力，而且花费不菲，还对政府的社会保障行政管理能力要求较高。换言之，开展社会保障国际合作是一项复杂而又艰巨的任务，要求双方必须具备相应的财力和社会保障行政管理能力，否则将会问题频出、矛盾不断、步履维艰。

值得注意的是，在科学技术日新月异和经济全球化迅猛推进的当今世界，虽然全人类的财富总量日益增加，而且联合国开发计划署、世界银行、国际货币基金组织以及亚洲开发银行等国际组织和部分具有责任意识的中高收入国家一直在致力于全球的反贫困事业，但是南北贫富差距有增无减，富国越富、穷国越穷的"马太效应"日渐明显，尤其是撒哈拉以南的非洲和加勒比地区，许多国家往往需要依赖外国政府和国际组织的财政援助才能勉强维持国家的正常运转。对于这些低收入国家而言，无论本国是否有大量的海外劳工在其他国家就业，也无论本国政府是否迫切希望通过与其他国家签署社会保障双边或者多边协定来维护海外劳工的社会保障权益，它们都是有心无力的。事实上，有些学者一针见血地指出，薄弱的财政实力和落后的社会保障行政管理能力，是低收入国家无法与发达国家进行社会保障双边或者多边谈判，以维护本国海外劳工社会保障权益的主要原因②。进而言之，现有的社会保障国际协定主要是中高收入国家之间签署的，维护的是中高收入国家海外劳工的社会保障权益，低收入国家海外劳工的社会保障权益仍然在遭受着不同程度的损害。

---

① Hirose K, Nikac M, Tamagno E. *Social Security for Migrant Workers: A Rights-based Approach* [M]. Geneva: International Labour Organization, 2011.

② Sabates-Wheeler R, Koettl J. Social Protection for Migrants: the Challenges of Delivery in the Context of Changing Migration Flows [J]. *International Social Security Review*, 2010, 63 (3-4): 115-144; Taha N, Siegmann K A, Messkoub M. How Portable is Social Security for Migrant Workers? A Review of the Literature [J]. *International Social Security Review*, 2015, 68 (1): 95-118.

（四）　双方具有相互合作的意愿与动力

双方具有相互合作的意愿与动力是海外劳工的东道国与原籍国进行社会保障国际合作的必备条件之一。在社会保障国际合作过程中，为了促成社会保障国际协定的顺利签署，海外劳工的东道国与原籍国不仅需要具备互有适量的劳工往来、相对完善的社会保障制度以及相应的财力和社会保障行政管理能力，而且要具备相互合作的意愿与动力。事实上，双方互有适量的劳工往来、双方的社会保障制度相对完善以及双方具备相应的财力与社会保障行政管理能力这三个条件，只有在双方具有相互合作的意愿与动力这个条件的引领下才能起作用，否则的话，即使在海外劳工的东道国与原籍国已经完全具备前述三个条件的情况下，也难以签署社会保障国际协定、开展社会保障国际合作。以英国和印度为例，由于殖民纽带的缘故，英国成为印度海外劳工去欧洲国家就业和谋生的首要目的地国，调查数据显示，2009 年印度海外劳工约占英国外籍劳工总数的 6.7%[1]，有数十万之多，同时有适量的英国海外劳工在印度就业[2]，英国和印度两国的社会保障制度也相对完善，两国也具备了相应的财力和社会保障行政管理能力，而且自 2008 年以来印度政府积极寻求与英国政府进行社会保障双边谈判，迫切希望早日与英国政府签署社会保障双边协定[3]，但是英国政府认为英印社会保障双边协定的签署将会给其社会保障基金带来近乎灾难性的损失，所以英国政府的态度并不积极也不情愿，不是避而不谈，就是刻意拖延，或者是敷衍了事，甚至是无限期中止谈判，以至于直到现在印度政府与英国政府也尚未在社会保障双边谈判方面取得实质性进

---

[1]　Sasikumar S. K. , Thimothy R. Migration of Low Skilled Workers from India to the European Union [J]. Robert Schuman Centre for Advanced Studies European University Institute, 2012.

[2]　Mukherjee D. , Chanda R. Investment and Migration Linkages between India and the EU [J]. *IIM Bangalore Research Paper*, 2012 (371).

[3]　Country Presentations from the Conference on New Thinking on Social Securities in Asia. 17 November 2011. Tokyo.

展。是故，在社会保障国际合作过程中，海外劳工的东道国与原籍
国具有相互合作的意愿与动力是必不可少的条件之一。

事实上，仔细分析"双方互有适量的劳工往来、双方的社会保
障制度相对完善、双方具备相应的财力和社会保障行政管理能力以
及双方具有相互合作的意愿与动力"这四个社会保障国际合作的实
现条件可以发现，前面三个条件可以归类为客观条件，第四个条件
则可以视作主观条件。倘若把前面三个条件比作汽车、公路和汽油
的话，那么第四个条件就是驾驶员，只有通过驾驶员发动汽车，油
箱里有油的汽车才能在公路上跑起来，并发挥载人或者运货等应有
的效用。

不过，需要特别指出的是，这里所阐述的四个实现条件只是
促成海外劳工的东道国和原籍国实现社会保障国际合作的一般条
件，并非只要海外劳工的东道国和原籍国具备了这四个条件就一
定能开展社会保障双边谈判和实现社会保障国际合作，因为世界
各国的情况千差万别，各国在政治、经济、文化、社会、历史以
及政策偏好等方面存在一定的甚至是较大差异，所以在东道国与原
籍国开展社会保障国际合作的过程中，必须具体问题具体分析、特
殊情况特殊对待。此外，在某些情况下，即使海外劳工的东道国与
原籍国已经缔结社会保障双边协定，也不一定能够真正实现社会
保障国际合作。譬如，早在 2004 年 6 月 29 日，美国和墨西哥就签
署了社会保障双边协定，但是这份社会保障双边协定一经签署就
遭到了美国一些公众和利益团体的强烈反对以及部分政府官员的
激烈批评，使得这份协定一直没有提交给国会审议，至今仍未生
效①，而且在未来较长一段时期内生效的可能性也微乎其微②。

---

① 按照美国的相关法律规定，社会保障双边协定由总统提交给国会后，如果没有
遭到参议院或者众议院提出反对决议，那么它将在六十天后自动生效。

② Christians A. Taxing the Global Worker: Three Spheres of International Social Security
Coordination [J]. *Virginia Tax Review*, 2006, 26; United States: New Social Security
Agreements Signed but not yet in Force [EB/OL]. http://www.pwc.com/gx/en/
services/people-organisation/newsletters/global-watch/new-us-social-security-agre-em-
ents-signed-but-not-yet-force.html, 2015.

　　毋庸置疑，从当前中国的情况来看，中国在很大程度上已经单方面具备社会保障国际合作的四个基本条件。首先，从"双方互有适量的劳工往来"这一条件来看，目前中国有数以百万计的海外劳工分布在全球 180 多个国家或者地区，他们的社会保障权益正在遭受不同程度的损害，海外劳工社会保障权益保护问题日益凸显。其次，从"双方的社会保障制度相对完善"这一条件来看，尽管目前中国的社会保障制度尚不够成熟与完善，正处于城乡统筹、走向公平可持续的阶段，但是养老保险、医疗保险、工伤保险和失业保险等社会保险项目相对完善，且制度和基金运行状况尚可，完全有能力应对开展社会保障国际合作所带来的挑战。再次，从"双方具备相应的财力和社会保障行政管理能力"这一条件来看，中国政府已经积累了相对雄厚的财政实力，2015 年末全国财政总收入 152216.65亿元①，而且中国的社会保障行政管理能力在不断提高，中国的社会保障管理体系日臻完善，完全有条件和能力支撑国家推动社会保障国际合作事宜。最后，从"双方具有相互合作的意愿与动力"这一条件来看，中国政府已经逐步认识到海外劳工社会保障权益保护问题的紧迫性与重要性，对社会保障国际合作事宜日渐重视，正在逐步加快社会保障国际合作步伐，自 2012 年以来，中国政府已经与韩国、丹麦、芬兰、瑞士、加拿大、荷兰、法国、西班牙和卢森堡 9国签署了社会保障双边协定，有效维护了部分海外劳工的社会保障权益。不过，需要注意的是，尽管中国已经具备了开展社会保障国际合作的基本条件，而且在社会保障国际合作领域取得了一些成就，但是在未来社会保障国际合作的进程中，中国仍然会面临诸多困境与难题，同时已经缔结的社会保障双边协定也存在诸多不足，这些问题迫切需要中国政府和社会各界予以重视并妥善解决。

二　社会保障国际合作的重要意义

　　任何一项能够应运而生且健康发展的公共政策都具有一定的甚

---

　　①　国家统计局：《中国统计年鉴 2016》，北京：中国统计出版社，2016。

至是重要的意义，都应当能够维护目标群体的合法权益，增进民众福祉，甚至是促进经济与社会的发展和进步，这是它存在的价值，否则将弊端丛生、问题百出、步履维艰，并逐步走向消亡。毋庸置疑，对于滥觞于20世纪初且方兴未艾的社会保障国际合作而言，它具有不容忽视的重要价值。尤其是在当前全球大部分海外劳工的社会保障权益遭受着不同程度损害且越来越多的国家开始关注与重视海外劳工社会保障权益保护问题的背景下，社会保障国际合作的重要价值将日渐凸显。鉴于社会保障国际合作主要涉及了海外劳工、原籍国以及东道国三个主体，下面将从海外劳工、原籍国和东道国三个方面来论述社会保障国际合作的重要意义。

（一）对于海外劳工的重要意义

在社会保障国际合作领域，海外劳工不仅是主要的政策作用对象，而且是最主要的受益者。正是在社会保障的属地原则和各国社会保障制度的参保资格各不相同的作用下，海外劳工不可避免地会遭遇社会保障双重覆盖与双重缴费问题、社会保障双重缺失问题以及社会保障待遇支付障碍等，使得其社会保障权益受到了不同程度的损害，为了有效维护海外劳工的社会保障权益，部分西欧国家才开始尝试进行社会保障双边谈判、签署社会保障双边协定，社会保障国际合作应时而生。换言之，在很大程度上，社会保障国际合作是与海外劳工相伴相生、共同成长的。显然，世界各国开展社会保障国际合作，对于海外劳工而言具有非常重要的意义。具体言之，主要体现在以下四个方面。

1. 有利于解决海外劳工的社会保障双重缺失问题

随着经济全球化的快速发展，交通与通信技术的日益进步，劳动力的跨国乃至跨区域流动日渐频繁与活跃，海外劳工的数量与日俱增，这逐步成为全球化的一个重要元素[①]，在全球经济与社

①　Theophilus Ejorh. Migration and Social Protection: Claiming Social Rights Beyond Borders [J]. *Journal of Development Studies*, 2012, 48 (4): 586 – 587.

会发展中发挥着不可或缺的重要作用。不过，各国社会保障制度
一般遵循属地管理原则，且社会保障法律法规规定的参保资格存
在一定的甚至是较大差异，使得一部分海外劳工不可避免地会遭
遇社会保障双重缺失问题，具体表现为既不能为原籍国的社会保
障制度所覆盖，也不能被纳入东道国的社会保障计划，这对于本
来就相对缺乏货币资本和社会资本的海外劳工而言无异于雪上加
霜，将对其养老、医疗、工伤以及失业等重大问题产生诸多不利
影响。然而，倘若海外劳工的原籍国与东道国或者不同的东道国
之间签署了社会保障国际协定，那么海外劳工的社会保障双重缺
失问题将会迎刃而解。因为在海外劳工的原籍国与东道国缔结的
社会保障国际协定中，往往引入了相应的条款来解决海外劳工的
社会保障双重缺失问题，例如社会保障国际协定规定海外劳工继
续参加原籍国的社会保障制度而无须在东道国参保，抑或是参加
东道国的社会保障制度而无须在原籍国继续参保等，从而能够保
证海外劳工在海外就业和谋生期间参加某一个相关国家的社会保
障制度，以获得相应的社会保障待遇。进而言之，国家之间开展
社会保障国际合作有助于解决海外劳工的社会保障双重缺失问题。

2. 有助于消除海外劳工的社会保障双重缴费问题

正如每一枚硬币皆有正面与反面一样，各国的社会保障制度
遵循属地管理原则和参保资格存在一定的甚至是较大的差异给海
外劳工带来的影响亦是如此。一方面，它可能会给海外劳工带来
比较消极的后果——社会保障的双重缺失；另一方面，它可能会
给海外劳工带来相对积极的后果——社会保障的双重覆盖与双重
缴费。于是，有部分在国外就业与谋生的海外劳工发现，他们同
时被两个国家的社会保障制度所覆盖，或者同时被原籍国和东道
国的社会保障制度所覆盖（例如外派人员），抑或是同时被不同东
道国的社会保障制度所覆盖，被要求基于同一份薪资待遇缴纳两
个国家的社会保障费（税），这不仅给本来收入就不高的海外劳工
带来了较大的缴费负担，而且给雇主造成了不必要的成本支出，
进而严重削弱跨国企业的国际竞争力。不过，值得欣慰的是，国

家之间开展社会保障国际合作能够有效地解决这一问题。倘若海外劳工的原籍国与东道国或者不同的东道国之间签署了社会保障双边或者多边协定，那么这一问题将会得到很大程度的缓解。因为在国家之间签署的社会保障双边或者多边协定中，一般都引入了"外派工人条款"来解决海外劳工遭遇的社会保障双重覆盖与双重缴费问题，使得海外劳工在境外就业期间只被一个国家的社会保障制度所覆盖，从而有效地保护海外劳工的社会保障权益。例如，欧盟社会保障协调法令利用"唯一国原则"[1] 和"工作国原则"[2] 有效缓解了海外劳工的社会保障双重覆盖与双重缴费问题，使得在欧盟境内流动的海外劳工在同一时段内只能被某个成员国的社会保障制度所覆盖，进而获得相应的社会保障待遇。

3. 有利于缓解海外劳工的社会保障待遇支付障碍

海外劳工是一个异质性较强的群体，高度的流动性与不确定性是其显著特点。大多数国家给外籍劳工发放的劳工签证有效期限较短，基本上是在 5 年以内，为了获得尽可能多的收入，许多海外劳工会选择在某一个东道国的劳工签证到期前，就着手申请另一个国家的劳工签证，使得许多海外劳工在退出劳动力市场前很可能曾经在两个甚至是多个国家就业和谋生。与此相适应，许多海外劳工很可能先后被两个或者多个国家的社会保障制度所覆盖，并先后向两个甚至多个国家缴纳社会保障费（税）。但是，令人遗憾的是，海外劳工在某国或者任何一国的缴费年限都有可能无法

---

① Bermejo D. C. Cross-border Healthcare in the EU: Interaction between Directive 2011/24/EU and the Regulations on Social Security Coordination [J]. *ERA Forum*, 2014, 15 (3): 359 – 380; Holzmann R. Toward a Coordinated Pension System in Europe: Rationale and Potential Structure [J]. *Social Protection Discussion Paper Series* (*No.* 0407), 2004.

② Verschueren H. E. C. Social Security Coordination Excluding Third Country Nationals: Still in Line with Fundamental Rights after the Gaygusuz Judgment? [J]. *Common Market Law Review*, 1997, 34 (4): 991 – 1017; Pennings F. Co-ordination of Social Security on the Basis of the State-of-Employment Principle: Time for an Alternative? [J]. *Common Market Law Review*, 2005, 42 (1): 67 – 89.

达到相应国家社会保障制度的法定最低参保年限。此时，尽管海外劳工在两国或者多个国家缴费年限的总和已经远远超过任何一个国家社会保障制度的法定最低缴费年限，但是仍然无法获得某国或者任何一个国家的社会保障待遇领取资格，从而给海外劳工带来巨大的损失。然而，值得庆幸的是，社会保障国际协定可以有效地应对这一难题。倘若海外劳工曾经就业的国家之间签署了社会保障双边或者多边协定，那么这一问题的解决并非难事。因为国家之间缔结的社会保障双边或者多边协定通常包括了"参保时间累计计算原则"和"福利可输出原则"①，允许海外劳工将他们在已经签署社会保障国际协定的国家所获得的参保时间进行累计计算，以帮助他们在这些国家获得社会保障待遇领取资格，并允许社会保障待遇向其他国家输出，从而有效地维护其社会保障权益。质言之，社会保障国际合作可以帮助那些曾先后在两国或者多个国家就业和参保，但是其在某国或者任何一国的缴费年限都无法满足相应国家社会保障待遇领取资格的海外劳工获得合理的社会保障待遇。

4. 有助于提高海外劳工在东道国的社会地位

当劳动者由于种种原因跨出国门去异国他乡就业和谋生时，必然会给东道国的法律法规、社会政策、就业市场以及社会风俗等造成一定的甚至是较大的冲击，尤其是会挤占东道国一些行业的就业岗位，使得东道国劳动者的就业机会减少和就业空间变窄，从而很可能导致东道国的失业率上升。同时，海外劳工也会挤占东道国有限的福利资源，尤其是社会救助资源。因此，很多国家的公民都在不同程度上将海外劳工视为一种挑战甚至是威胁。譬如，曾有学者在欧洲和北美洲的调查显示，很大一部分欧美国家

---

① Eichenhofer E. Co-ordination of Social Security and Equal Treatment of Men and Women in Employment: Recent Social Security Judgments of the Court of Justice [J]. *Common Market Law Review*, 1993, 30（5）: 1021 – 1042; Cremers, J. Coordination of National Social Security in the EU-Rules Applicable in Multiple Cross-border Situations [J]. AIAS Working Paper, 2010.

受访者将海外劳工视为挑战和威胁①。而且，事实上许多东道国并不真正欢迎和接纳海外劳工，它们通常将海外劳工视为本国劳动力市场的一种临时性补充，而且往往倾向于限制或者收紧移民政策②。故而，对于海外劳工尤其是由中低收入国家流动到高收入国家的海外劳工而言，尽管他们在东道国或许能够获得比原籍国更多的就业资源、发展机会和社会保障待遇，但是他们的生存环境和社会地位要远远差于东道国国民③。换言之，海外劳工在东道国往往只享有比较低端的政治、经济、社会与法律地位，是不折不扣的"二等公民"。不过，倘若海外劳工的原籍国与东道国签署了社会保障国际协定，使得海外劳工享有社会保障并能不受限制地转移接续已获得的或者是即将获得的社会保障权益，那么就可以在一定程度上改善海外劳工在东道国的社会地位。因为很多国家将缴纳社会保障费（税）视为公民应尽的义务，在很大程度上是公民对于国家和社会所做出的贡献，意味着国家和社会对于缴费者公民身份和地位的认可。于是，倘若海外劳工被东道国社会保障制度所覆盖且其社会保障权益具有便携性，那么至少在一定程度上意味着东道国对于海外劳工所做贡献的认可，从而在一定程度上有助于改善和提高海外劳工的社会地位。

（二） 对于原籍国的重要意义

在社会保障国际合作过程中，作为海外劳工的母国，原籍国也是重要的受益者之一。在一定程度上讲，这也是原籍国政府愿

---

① 傅义强：《欧盟国家的移民问题及其移民政策的构建》，《世界经济与政治论坛》2006 年第 3 期；*International Migration and Development Report of the Secretary-General* ［R］. Sixty-ninth Session Item 21（a）of the Provisional Agenda Globalization and Interdependence, 2014.

② Borjas, G. J. Self-selection and the Earnings of Immigrants［J］. *American Economic Review*, 1987（4）：531－553.

③ Ginneken W. V. Social Protection for Migrant Workers: National and International Policy Challenges［J］. *European Journal of Social Security*, 2013（15）：209－221；Van Ginneken W. Making Social Security Accessible to Migrants［R］. World Social Security Forum. 2010（29）.

意且积极开展社会保障国际合作的重要原因。具体说来，对于海外劳工的原籍国而言，社会保障国际合作的重要意义主要体现在增强跨国企业的国际竞争力、维持社会保障基金的财务平衡以及减少人才流失三个方面。

1. 有利于增强跨国企业的国际竞争力

随着全球经济一体化进程的不断加快，资本的跨国流动愈加频繁与活跃，越来越多的企业开始走出国门，进军广阔的国际市场，拓展自身的发展空间，成为业务遍布多国甚至是全球的跨国企业。不过，随着跨国企业业务的不断扩大，外派人员不断增多，必然会遭遇社会保障的双重覆盖与双重缴费问题。对于外派员工，雇主既要在原籍国给他们缴纳社会保障费（税），也要在公司海外业务所在地国或者驻外机构所在地国给他们缴纳相应的社会保障费（税），这直接增加了企业的劳动力成本，阻碍和限制了企业的资本积累步伐与业务拓展空间，大大压缩了企业的利润空间，严重削弱了跨国企业的国际竞争力。譬如，根据中建股份阿尔及利亚公司的《赴阿尔及利亚指南》可知，阿尔及利亚政府要求公司为每一位员工缴纳社会保险费用，无论员工是阿尔及利亚劳动者还是已在原籍国缴纳社会保险费用的外国劳动者[①]，这就必然会增加中建股份阿尔及利亚公司的劳动力成本支出，降低其盈利能力并限制其发展空间，从而严重削弱其国际竞争力。又比如，在美国和巴西社会保障双边协定生效之前[②]，美国企业每年要向巴西缴纳数千万美元的社会保障费用[③]。然而，倘若海外劳工的原籍国和东道国签署了社会保障国际协定，那么这一问题将在很大程度上得以缓解。因为在国家之间缔结社会保障国际协定之后，根据协定的

[①] 资料来源：《赴阿尔及利亚指南》，中建股份阿尔及利亚公司官方网站，2010年3月20日。

[②] 美国与巴西的社会保障双边协定签署于2015年6月30日。

[③] United States: New Social Security Agreements Signed but not yet in Force [EB/OL]. http://www.pwc.com/gx/en/services/people-organisation/newsletters/global-watch/new-us-social-security-agreements-signed-but-not-yet-force.html, 2015.

相关规定，外派人员只要参加原籍国或者东道国的社会保障制度就行，可以有效避免社会保障双重覆盖与双重缴费问题，减少海外社会保障成本支出，大幅度降低跨国企业的生产与运营成本，提升跨国企业的利润空间，进而增强跨国企业的国际竞争力。

2. 有助于维持社会保障基金的财务平衡

根据国际经验可以发现，包括海外劳工在内的移民回迁率相对较高。按照 19 世纪中期到第一次世界大战期间的大规模人口流动经验，有 30% 左右的移民将会回流[1]。20 世纪前半期，一些欧洲国家（例如巴尔干国家）的移民回迁率几乎达到 50%，一些国家的移民回迁率甚至高达 90%[2]。当前，中东和北非的移民回流率也超过 30%[3]。换言之，有相当一部分海外劳工的最终归宿是返回原籍国。然而，在社会保障属地原则的作用下，海外劳工在跨国就业期间往往割断了与原籍国社会保障制度的关系，无法继续向原籍国社会保障制度缴费，给原籍国社会保障基金造成了较大的损失。而且，当海外劳工在外就业多年达到退休年龄返回原籍国后，他们日益增长的社会保障需求和遭遇的社会风险将在很大程度上转嫁给原籍国，由原籍国社会保障制度来承担和化解[4]。虽然在海外劳工跨国就业期间，原籍国的社会保障负担有所减少，但是从长远来看，这一负担量减少的代价是异常高昂的，因为减少的负担量要远远小于未来的供给量。劳动者的社会保障需求是随着年龄

---

[1] Hatton, J. Timothy, and Jeffrey G. Williamson. *The Age of Mass Migration—Causes and Economic Impact* [M]. New York: Oxford University Press, 1998.

[2] Sarris, Alexander, Etleva Germenji, Evgenia Markova. *Balkan Migration*: *An Assessment of Past Trends and Policies and the Way Ahead* [R]. Washington, D. C.: World Bank. Forthcoming, 2004.

[3] Holzmann R., Koettl J., Chernetsky T. *Portability Regimes of Pension and Health Care Benefits for International Migrants*: *An Analysis of Issues and Good Practices* [M]. Geneva: Global Commission on International Migration, 2005.

[4] 为了保护本国海外劳工，也为了减轻海外劳工回迁后本国社会保障制度的负担，墨西哥、菲律宾、斯里兰卡、巴基斯坦、孟加拉以及埃及等一些发展中国家从 20 世纪 90 年代末开始设立针对海外劳工的福利基金或者是允许海外劳工在国外就业期间自愿参加原籍国的社会保障制度。

的增加而增加的，往往在退休后达到高峰，大多数海外劳工在国外就业期间参保的是东道国社会保障制度，此时海外劳工的社会保障需求量相对较小，社会保障制度的实际负担量较小，大多数海外劳工是东道国社会保障基金的净贡献者。负担量的减少和供给量的增加不平衡必然会造成原籍国社会保障基金的隐性损失，不利于其社会保障基金的财务平衡。不过，如果海外劳工的原籍国与东道国签署了社会保障国际协定，那么这一问题将得到较大程度的缓解。因为社会保障国际协定通过"参保时间累计计算原则"和"福利可输出原则"，能够让回流的海外劳工获得具有便携性的社会保障权益，不仅可以帮助海外劳工避免资金损失[1]，而且可以减轻原籍国的社会保障负担，有效降低原籍国社会保障负担量的减少和供给量的增加之间的不平衡，减少原籍国社会保障基金的隐性损失，进而有助于维持原籍国社会保障基金的财务平衡。

3. 有利于减少人才的流失

一直以来，中高端劳动力的大量流失是诸多发展中国家经济与社会发展面临的重要瓶颈之一[2]。特别是对于非洲国家和加勒比国家而言，中高端劳动力的流失尤为严重。譬如，在加勒比地区，多达三分之一的受过高等教育或者高中教育的劳动力在美国就业和居住[3]，牙买加和海地的大学毕业生流失率甚至高达三分之二，成为世界上高技能劳动者移民比例最高的国家[4]。当前，全球每年都有数以百万计的技术工人迁徙到其他国家谋求更高的

---

① Cruz A. T. Portability of Benefit Rights in Response to External and Internal Labour Mobility: The Philippine Experience [C]. International Social Security Association (ISSA), Thirteenth Regional Conference for Asia and the Pacific in Kuwait, March. 2004: 8 – 10.

② 一些学者和媒体将发展中国家遭遇的大量中高端劳动力流失的现象称为"脑力流失"（brain drain）。不过，事实上，一些发达国家也正在遭遇"脑力流失"，例如德国等。

③ Suro R. Latino Remittances Swell Despite Us Economic Slump [J]. *Migration Information Source*, 2003.

④ Beine M. A. R., Docquier F., Rapoport H. Brain Drain and LDCs' Growth: Winners and Losers [J]. *Social Science Electronic Publishing*, 2003.

收入和更好的发展前景①。在海外就业期间，这些海外劳工参加的主要是东道国的社会保障制度。由于当前全球大多数国家都禁止或者是限制福利输出，在海外劳工的原籍国和东道国尚未缔结社会保障国际协定的情况下，海外劳工回迁母国时，他们在东道国已经或者正在获得的养老和医疗等社会保障权益往往无法携带，这虽然对东道国社会保障制度非常有利，但是会给原籍国和海外劳工带来巨大的损失②，不仅会严重削弱海外劳工回迁原籍国的意愿和动力③，而且会在无形中对包括诸多发展中国家在内的海外劳工的原籍国形成隐性剥削与压榨，因为对于许多发展中国家而言，回流海外劳工是他们极其重要的发展资源。然而，倘若海外劳工的原籍国与东道国签署了社会保障国际协定，那么情况就大不一样了。在原籍国与东道国签署社会保障国际协定之后，海外劳工在东道国已经或者正在获得的社会保障权益就具备了便携性，社会保障权益损失问题阻碍海外劳工回迁原籍国的情况将一去不复返，海外劳工回迁母国的热情、意愿和动力将会大幅度增加，从而有助于减少原籍国的人才流失。同时，回流的海外劳工将为原籍国带回资金、技术以及管理经验等弥足珍贵的发展资源，进而有效促进原籍国的技术革新、经济发展以及社会进步。

（三）对于东道国的重要意义

在海外劳工跨国就业这一事件中，东道国作为海外劳工的就业目的地国，也是主要的获益者之一。因为海外劳工跨国就业不

---

① Sabates-Wheeler R. , Macauslan I. Migration and Social Protection: Exposing Problems of Access [J]. *Development*, 2007, 50 (4): 26 – 32; Ginneken W. V. Social Protection for Migrant Workers: National and International Policy Challenges [J]. *European Journal of Social Security*, 2013 (15): 209 – 221.

② Holzmann, R. , and K. Koettl. Portability of Pension, Health, and other Social Benefits: Facts, Concepts, Issues [J]. *IZA Discussion Paper No. 5715*, 2011.

③ Sabates-Wheeler R. , Koettl J. Social Protection for Migrants: The Challenges of Delivery in the Context of Changing Migration Flows [J]. *International Social Security Review*, 2010, 63 (3 – 4): 115 – 144; Oishi N. The Limits of Immigration Policies: The Challenges of Highly Skilled Migration in Japan [J]. *American Behavioral Scientist*, 2012, 56 (8): 1080 – 1100.

仅使得东道国人口老龄化和妇女总和生育率降低等因素导致的劳动力短缺问题得到很大程度上的缓解，而且东道国社会保障制度还获得了海外劳工的参保与缴费，在缺乏社会保障国际合作机制的情况下，其中有相当一部分的缴费将成为东道国社会保障基金的净收益。同时，即使是在海外劳工的原籍国与东道国缔结社会保障国际协定之后，虽然东道国可能会损失一定的社会保障收益，但是它仍然能够获得诸多益处，例如促进海外劳工正规就业、打击非法劳工以及防止低收入国家的社会倾销，等等。换言之，社会保障国际合作对于东道国而言也具有重要意义。

1. 有助于促进海外劳工正规就业

对于大多数海外劳工而言，他们不辞辛劳地跨出国门，走向异国他乡就业和谋生的主要目的是获得更高的收入水平和更好的生活品质。由于大多数海外劳工在东道国受雇于建筑、制造业、酒店、餐饮、医疗、教育、家政以及农业等比较艰苦的传统行业与低技能领域[1]，收入相对有限，再加上东道国提供给海外劳工的劳工签证期限往往要远远低于该国社会保障法律法规规定的最低缴费年限，譬如海外劳工至少要向美国缴费 10 年，才能获得美国养老保险待遇的最低领取资格，但是美国向海外劳工发放的 H-1B 签证和 L1 签证的长的有效期限只有 6 ~ 7 年[2]，而且签证到期后续签比较困难，使得海外劳工即使在工作期间参加了东道国的社会保障制度，也往往无法获得东道国社会保障待遇的领取资格，从而给海外劳工带来了巨大的经济损失。因此，为了规避东道国的社会保障缴费，诸多海外劳工很有可能会选择非正规就业或者刻意隐瞒就业情况与收入情况，甚至是通过与雇主共谋来逃避社会保障缴费[3]，

---

① Van Ginneken, W. Making Social Security Accessible to Migrants [R]. World Social Security Forum, 2010.

② 吴伟东：《劳动力跨国就业的社会保障协调机制研究》，北京：知识产权出版社，2015：141。

③ Ginneken W. V. Social Protection for Migrant Workers: National and International Policy Challenges [J]. *European Journal of Social Security*, 2013 (15): 209 – 221.

这就必然会给东道国的就业市场和社会保障管理带来诸多挑战与威胁。然而,倘若海外劳工的原籍国与东道国签署了社会保障国际协定,那么这一问题将得到较大程度的缓解。因为当海外劳工的原籍国与东道国签署社会保障国际协定后,海外劳工在东道国已经或者正在获得的社会保障权益将具有便携性,即使是海外劳工回迁原籍国也基本上不会受到损失,故而海外劳工在很大程度上就没有必要费尽心机地逃避社会保障缴费了,此时他们往往会倾向于选择在东道国的正规经济部门求职与就业。进而言之,社会保障国际合作有助于促进海外劳工正规就业。

2. 有助于打击非法劳工

如前所述,海外劳工跨国就业的主要目的在于获得更多的收入和更高的生活水准。在海外劳工的原籍国与东道国尚未签署社会保障国际协定、开展社会保障国际合作的背景下,海外劳工本来收入就相对有限,而且其所获得的劳工签证有效期限往往少于东道国社会保障制度的法定最低缴费年限,倘若在东道国参加社会保障计划的话,很可能在未来要遭受较大的经济损失,所以许多海外劳工往往倾向于规避东道国的社会保障缴费。在这一规避过程中,除上述的非正规就业外,部分海外劳工还有可能选择非法入境或者非法滞留等方式,即成为非法劳工,这将给东道国的就业市场、法律法规以及社会治安带来诸多挑战与威胁。根据联合国开发计划署的数据,2009 年全世界约有 5000 万非法移民在各国就业和居住,而且可以肯定的是这一数字在日益变大①。应该说,包括非法劳工在内的非法移民问题已经成为世界各国面临的共同难题,有一些欧洲国家甚至被这一问题弄得焦头烂额。然而,倘若海外劳工的东道国与原籍国之间签署了社会保障国际协定,那么这一问题将会得到一定程度的缓解。因为在海外劳工的东道国与原籍国签署社会保障国际协定之后,海外劳工在东道国

---

① UNDP. Overcoming Barriers: Human Mobility and Development [R]. New York: Human Development Report, 2009.

已经或者正在获得的社会保障权益将具备便携性，成为海外劳工
可以自由支配的社会保障权益，因此海外劳工在很大程度上就没
有必要千方百计地逃避东道国的社会保障缴费了，这有助于东道
国打击非法劳工。事实上，诸多国内外学者的研究一致表明，海
外劳工的东道国与原籍国签署社会保障国际协定、开展社会保障
国际合作，增强社会保障权益的便携性，将会成为东道国打击包
括非法劳工在内的非法移民的有效手段①。质言之，社会保障国
际合作有助于东道国打击非法劳工，维护社会稳定。

3. 有利于防止低收入国家的社会倾销

长期以来，在日趋激烈和残酷的国际竞争过程中，与高收入
国家相比，低收入国家在人才、资金、技术以及管理方面处于绝
对的劣势地位，根本无法与高收入国家进行竞争与抗衡，于是低
收入国家就利用劳动力资源丰富的优势，通过降低劳动力成本来
获得竞争优势，其中一个重要的途径就是降低劳工的社会保障标
准与水平，以降低产品生产过程中的劳动力成本，进而在与高收
入国家的竞争中利用低成本来取得优势，高收入国家称之为"社
会倾销"（social dumping）。社会倾销，又有学者称之为"福利倾
销"或者"劳工倾销"②，到目前为止学术界尚未给出统一的定
义。一些国外学者认为"社会倾销"主要可以分为两种类型：第
一种类型的"社会倾销"是在没有政府干预的情况下发生的，譬
如低成本生产者取代高成本生产者，或者是把生产企业搬迁到低

---

① 翁仁木：《解决跨国劳动力养老保险权益可携性问题的国际经验借鉴》，《西北
人口》2010 年第 6 期；Sana M. , Massey D. S. Seeking Social Security: An Alterna-
tive Motivation for Mexico-US Migration ［J］. International Migration , 2000, 38
(5): 3 - 24；Holzmann R. , Koettl J. , Chernetsky T. Portability Regimes of Pension
and Health Care Benefits for International Migrants: An Analysis of Issues and Good
Practices ［M］. Geneva: Global Commission on International Migration, 2005。

② 曲如晓、焦志文：《商品倾销、生态倾销与社会倾销的比较及应对》，《甘肃社
会科学》2006 年第 4 期；霍中文：《"社会倾销"理论与反倾销》，《国际经贸
探索》2007 年第 7 期；Corden W. M. , Vousden N. Paved with Good Intentions: So-
cial Dumping and Raising Labor Standards in Developing Countries ［J］. Departmental
Working Papers , 1998。

劳动力成本国家，抑或是低收入国家的劳动力向高工资国家流动，进而给对方国家的工资和劳动力供给形成压力；第二种类型的"社会倾销"是政府降低劳动力成本或者社会保障成本的结果，譬如两国在争夺外国企业投资的过程中，某一国政府通过降低劳动力成本或者社会保障成本（往往低于国际最低标准）来获得不正当的竞争优势①。于是，可以认为社会倾销是低收入国家通过降低社会保护标准和社会保护水平等手段来压低产品的劳动力成本，以低于"正常"成本的价格在国际市场上进行销售，以换取与高收入国家展开竞争的低成本优势。

低收入国家利用较低的劳工社会保护标准在国际市场上获得竞争优势，可能会导致其他国家效仿，这就会形成"探底竞争"（race to the bottom）的局面②，而且有可能引发各国之间一系列的不正当竞争，最终损害的还是各国劳工的利益。于是，为了改变或者规避这种不合理的竞争，一些国家和区域化经济合作组织采取的主要措施就是督促成员国或者相关国家保证劳工享有合理的社会保护标准与水平，其中一个重要议题就是加强对海外劳工的社会保护③。进而言之，国家之间签署社会保障国际协定、开展社

① Ericksno C. L. , Kuruvilla S. Labor Costs and the Social Dumping Debate in the European Union [J]. *Industrial & Labor Relations Review*, 1994, 48 (1): 28 – 47; Adnett N. Social Dumping and European Economic Integration [J]. *Journal of European Social Policy*, 1995, 5 (1): 1 – 12; Alber J. , Standing G. Social Dumping, Catch-up or Convergence? Europe in a Comparative Global Context [J]. *Journal of European Social Policy*, 2000, 10 (2): 99 – 119.

② Numhauser-Henning A. Freedom of Movement and Transfer of Social Security Rights [J]. *Indian Heart Journal*, 2003, 67 (1): 33 – 39; Goudswaard K. Social Protection in Europe: Do We Need More Coordination? [J]. *Social Science Electronic Publishing*, 2004, 20 (3): 236 – 248.

③ 常凯：《WTO、劳工标准与劳工权益保障》，《中国社会科学》2002 年第 1 期；周鹏：《发展中国家劳工标准的演进路径——对"社会倾销"指责的一种经济学解析》，《经济研究》2004 年第 10 期；Hutsebaut M. Social Protection in Europe: A European Trade Union Perspective [J]. *International Social Security Review*, 2003, 56 (1): 53 – 74; De Wispelaere F. , Pacolet J. Posting of Workers: The Impact of Social Security Coordination and Income Taxation Law on Welfare States [J]. HIVA Working Paper, 2015.

会保障国际合作，不仅有利于加强对海外劳工的社会保护，而且有助于改变或者规避不合理的低成本竞争。因为由前述分析可知，国家之间开展社会保障国际合作的一个重要条件就是双方具有相对完善的社会保障制度，或者至少是具备一至两项发展完善且运行良好的社会保险项目，这就必然能在一定程度上避免低收入国家通过降低劳工的社会保护标准与水平来获取不合理的竞争优势。换言之，对于海外劳工的东道国而言，与原籍国开展社会保障国际合作有利于防止低收入国家的社会倾销。

由上述分析可知，无论是对于海外劳工来讲，还是对于海外劳工的原籍国而言，抑或是对于海外劳工的东道国来说，社会保障国际合作都具有重要而又深远的意义。海外劳工的原籍国与东道国签署社会保障国际协定、开展社会保障国际合作，通过合理的制度安排和有效的国际合作，将很有可能实现海外劳工、原籍国和东道国之间的三方共赢，使其能够各尽其能、各展其长、各得其所。换言之，国家之间开展社会保障国际合作是一件互利共赢的事情。

事实上，在发达国家之间，尤其是欧盟国家和经合组织成员国之间，签署社会保障国际协定、开展社会保障国际合作已经成为惯例。譬如，早在 2000 年时，经合组织成员国就签署了 1157 项社会保障双边协定[①]。然而，在发达国家与发展中国家之间以及发展中国家之间，情况就并非如此了，它们之间缔结的社会保障国际协定数量非常有限。于是，有学者指出，现有的社会保障国际协定只能惠及大约 23% 的海外劳工[②]，而且这些海外劳工主要来自发达国家。换言之，大多数发展中国家海外劳工的社会保障权益仍在遭受不同程度的损害，发展中国家在海外劳工社会保障权益保护领域任重而道远。

---

① Sabates-Wheeler R. , Feldman R. *Migration and Social Protection* ： *Claiming Social Rights beyond Borders* [M]. Palgrave Macmillan，2011.

② Holzmann R. , Fuchs M. , Dale P. Assessing Benefit Portability for International Migrant Workers：A Review of the Germany-Turkey Bilateral Social Security Agreement [J]. World Bank Discusssion Papers，2016（1604）.

第五章 中国社会保障国际合作的发展现状及其主要问题

一 中国社会保障国际合作的发展现状

在经济全球化和世界经济一体化不断推进的背景下，各国之间的政治、经济、文化以及社会交流与合作不断增多且日渐深入，与资本的跨国乃至跨区域流动相伴随，劳动力的跨国乃至跨区域流动愈加频繁与活跃，跨国劳动者愈来愈成为全球化一个不可或缺的要素。我国人口基数大，适龄劳动人口众多，劳动力资源丰富多样，拥有全球最丰富的劳动力资源，在劳动力输出方面具有得天独厚的优势。政府有组织地开展对外劳务输出，不仅可以在一定程度上缓减我国日益严峻的就业形势，而且可以为我国带来可观的外汇收入，还有助于改善海外劳工及其家属的经济状况，因此对外劳务输出逐步成为我国一项重要的国际贸易活动。近年来，随着"走出去"战略和"一带一路"倡议的深入推进，越来越多的我国企业跨出国门，进军国际市场，拓展国际业务，2015年我国对外直接投资（FDI）流量和存量分别达到创纪录的1456.7亿美元和10978.6亿美元，分别位居全球第2和第8，在全球188个国家或者地区设立了3.08万家企业①，带动着越来越多的我国劳动者在全球各地就业和谋生。伴随着海外劳工规模的日益扩大，我国政府对社会保障国际合作问题的重视程度也不断加大，并取

---

① 商务部合作司：《2015年度中国对外直接投资统计公报》，商务部网站，2016年9月22日。

得了一些可喜的进展，不过仍然存在诸多问题。在深入剖析我国社会保障国际合作存在的问题与不足之前，有必要对我国社会保障国际合作的现状进行简要描述与分析。

（一）中国劳动力输出发展现状

1. 我国海外劳工的主要类型

尽管在计划生育政策和经济快速发展等多种因素的共同作用下，我国的妇女总和生育率早就低于 2.1 的人口正常更替水平且已降至 1.18 的超低水平[①]，这种"断崖式"的下降使得我国已经掉入"低生育率陷阱"，面临比较严峻的人口形势，但是我国仍然是世界上人口最多的国家，人口基数庞大，劳动适龄人口众多，劳动力相对过剩，就业形势比较严峻，这使得对外劳务输出成为缓解我国就业难问题的重要途径之一。近年来，随着劳动力跨国流动的日益频繁，我国的海外劳工数量不断增多。仔细分析我国在外各类劳务人员的构成可知，我国海外劳工主要包括以下几种类型。

第一种类型是我国境内的用人单位将员工派遣至海外就业。一般说来，这主要是我国的跨国企业将与之签署了劳动合同的劳动者派遣至国外就业。这里可以分为两种情况。一种情况是我国企业在国外参与竞标和承揽业务，随后将公司员工带至境外完成业务。例如我国的中建总公司在海湾合作委员会国家参与基础设施建设投标，在中标后将国内员工带至当地完成公司业务。另一种情况是我国境内的用人单位将员工派遣至海外雇主处就业。例如我国的中海海员对外技术服务有限公司在某个时段出现了订单不足、业务下滑，部分海员无业务可做，处于待业状态，于是公司将部分海员派遣至海外雇主（如韩国的韩进海运公司）处就业。显然，此类境内用人单位有自己的实质性经营内容和业务范围，劳务输出只是其部分业务而已。

[①]　国务院人口普查办公室、国家统计局人口和就业统计司编《中国 2010 年人口普查资料》，北京：中国统计出版社，2010。

第二种类型是我国境内的对外劳务合作企业将与其签署了劳动合同的劳动者派遣至海外就业。在这里，首先是已通过我国商务部审批、具有对外劳务经营资格的对外劳务合作企业与海外雇主签署劳务合作合同，然后对外劳务合作企业将与其建立了劳动关系的劳动者派遣至海外雇主处就业，当规定业务完成后，再在该对外劳务合作企业的组织下返回国内。换言之，这种类型的海外劳工是受雇于对外劳务合作企业，而不是海外雇主（见图5-1）。同时，此类对外劳务合作企业与一般的企业不同，它不具有实质性的经营内容，主要业务就是为与其签署劳动合同的海外雇主物色合适的劳动者，在很大程度上扮演和充当的是一种"劳务中介"角色，属于服务型企业。

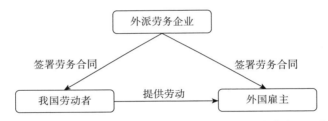

图 5 - 1　境内外派劳务企业将我国劳动者派遣至境外就业示意

第三种类型是我国的境外就业中介机构将劳动者介绍至海外就业。根据《境外就业中介机构管理规定》①依法成立且获得了"境外就业中介许可证"的我国境外就业机构将劳动者介绍给海外雇主，然后劳动者个人与海外雇主签署劳动合同和建立劳动关系，按照劳动合同的约定向海外雇主提供劳动并获得相应的报酬（见图5-2）。由此可见，此时境外就业中介机构并不直接与海外劳工签订劳动合同和建立劳动关系，它不是海外劳工的直接雇主，只是充当着海外劳工与海外雇主的中间人，在帮助外国雇主招聘员工的同时使海外劳工实现境外就业，它与我国海外劳工的关系受民法管辖，不属于劳动法管辖的范围。

---

① 《境外就业中介机构管理规定》由我国商务部根据《中华人民共和国劳动法》和国务院有关规定制定，2002年5月4日由劳动和社会保障部、公安部、国家工商行政管理总局令第15号发布，2002年7月1日起施行。

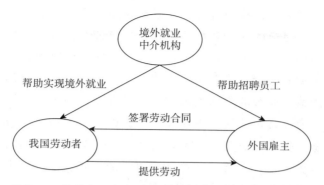

图 5 - 2　境外就业中介机构介绍我国劳动者出境就业示意

　　第四种类型是日本和韩国等国家以研修生名义从我国招收的劳动者。为了缓解由妇女总和生育日渐走低和人口老龄化日趋加重等因素造成的劳动力短缺问题，日本和韩国①分别于 1981 年和 1992 年开始以帮助发展中国家劳动者学习与掌握先进的生产技术为由②，每年以研修生的名义从其他亚洲国家引进数万名外籍劳工③，将其分派至劳动力相对短缺的领域，其中大多数来自我国。根据日本法务省的统计数据，从 1992 年至 2006 年，日本从全球 14 个国家引进了不少于 60 万名研修生，其中有 50% 以上来自中国④。

---

① 随着外籍劳工不断涌入韩国劳动力市场，韩国政府不断调整外籍劳工政策，并从 2007 年元旦开始彻底取消研修生制度，并将外籍劳工政策统一为"雇佣许可制度"。

② 日本和韩国等国家所引入的研修生制度，一方面反映了日本和韩国等国家既不想承担开放国内劳动力市场所带来的责任与义务，另一方面又想得到发展中国家廉价劳动力的事实，实际上就是冠冕堂皇地对发展中国家劳动者进行变相剥削和压榨。譬如，在日本的研修生通常被安排在建筑业、金属成型业和食品加工业，从事低端的、劳动密集型的工作，这些都是被日本人排斥的"3K 工作"（危险 kiken、脏 kitanai、累 kitsui）。

③ Takahashi H. Social Security and Foreign Nationals in Japan [J]. *Journal of Comparative Social Welfare*, 1997, 13 (1): 64 - 84；金永花：《韩国外籍劳工现状及雇佣许可制度分析》，《人口学刊》2009 年第 2 期；项飚：《劳工移植：东亚的跨国劳动力流动和"点对点"式的全球化》，《开放时代》2011 年第 5 期。

④ 廖小建：《中外劳务合作与海外中国劳工的权益保护——以在日中国研修生为例》，《亚太经济》2009 年第 4 期；宋德玲、李盛基：《中国对日劳务输出的特点和趋势》，《国际经济合作》2012 年第 5 期。

第五种类型是我国劳动者通过亲属朋友介绍至海外就业。一些具有冒险精神的劳动者精英先行跨出国门，到海外经商或者务工一段时间，取得了一定的成就之后，返回国内时把自己的亲属朋友带至海外经商或者务工。事实上，对于讲究差序格局，注重血缘、地缘和业缘的中国人来讲，由具有先行经验的亲属朋友介绍是实现海外就业的最可靠途径之一，由此出现的海外劳工数量不容小觑。例如，安徽歙县的棠樾村，全村 80% 以上的农户有亲属在海外务工或者经商，全村 60% 以上的青年在欧洲国家务工或者经商，是远近闻名的"欧元村"[1]。

需要指出的是，前四种类型的海外劳工属于有组织的境外就业，构成我国海外劳工的主体部分，不过第五种类型海外劳工的数量也不可忽视，而且这种类型的海外劳工中的一部分人有可能会演变成非法劳工[2]，值得注意。

2. 中国劳动力输出发展现状

进入 21 世纪以来，随着我国加入世界贸易组织和"走出去"战略以及"一带一路"倡议的不断推进，我国的劳动力输出数量愈来愈多，而且劳动力的分布区域和就业领域不断拓展，与此相伴随，劳动者合法权益受损事件也日益增多，海外劳工社会保障权益保护问题愈渐凸显。

一是我国的劳动力输出规模迅速扩大。当前，我国的劳动力输出数量已经颇具规模，根据商务部的统计数据，截至 2015 年底，我国已累计派出各类劳务人员 800.9 万人次，遍布全球 180 多个国家和地区。同时，我国的劳动力输出数量迅速增长，根据商务部的统计数据，2003 年我国对外劳务合作派出各类劳务人员 21.0 万

---

[1] 《记者走进歙县棠樾村：山村侨乡的幸福变迁》，《安徽日报》2016 年 7 月 20 日。

[2] 在不同类型的海外劳工中，非法劳工获得社会保障待遇的困难最大。即使是国际劳工组织和联合国颁布的社会保障方面的国际公约也对非法劳工的社会保障问题保持沉默。唯一例外的是国际劳工组织于 1975 年出台的《移民工人（补充条款）公约》，公约强调合法移民工人和非法移民工人在就业过程中应当获得同样的社会保障权利。

人次，年末在外各类劳务人员 52.5 万人次，累计派出各类劳务人员 294.5 万人次，2015 年我国对外劳务合作派出各类劳务人员 53.0 万人次，年末在外各类劳务人员 102.7 万人次，累计派出各类劳务人员 800.9 万人次（见表 5 - 1），在短短的 12 年间，我国对外劳务合作派出各类劳务人员、年末在外各类劳务人员以及累计派出各类劳务人员的数量分别剧增了 152.4%、95.6% 和 172.0%。换言之，我国劳动力输出的增量和存量都在迅猛增加，使得我国的劳动力输出数量从初具规模发展到了颇具规模，业已成为全球重要的海外劳工输出国之一。

从国内外的经验来看，劳动力输出不仅能够惠及国家，而且可以惠及劳动者及其家属，具有投入少、见效快等诸多优势。虽然我国的外派劳务数量仅占全球各国劳务输出总量的 1.5%，但是 2005 年仅对外劳务合作一项就创造了 37.53 亿美元的收益①，使得数以百万计的劳动者及其家属从中受益。此外，出国务工经历使得部分劳动者在发达国家学习和掌握了一些先进的生产技术和管理经验，他们回到家乡后，利用这些先进技术和管理经验开展自主创业，也能带动亲属乃至当地群众致富，社会效益比较明显。故而，随着经济全球化的深度发展和我国"走出去"战略以及"一带一路"倡议的不断推进，我国劳动力输出的增量和存量在未来很长一段时期内将继续增加，劳动力输出的规模将日渐扩大。

表 5 - 1　2003 ~ 2015 年我国劳动力的输出规模情况

单位：万人，%

年份	派出人次	年末在外总人数	年末在外总人数增长率	累计派出人数
2003	21.0	52.5	6.7	294.5
2004	24.8	53.5	1.9	319.3
2005	27.4	56.5	5.6	346.6
2006	35.1	67.5	19.5	382.0
2007	32.6	75.3	11.6	415.0

---

①　杨云母：《中国对外劳务输出分析》，《人口学刊》2006 年第 6 期。

续表

年份	派出人次	年末在外总人数	年末在外总人数增长率	累计派出人数
2008	42.7	74.0	-1.7	462.0
2009	39.5	77.8	5.1	502.0
2010	41.1	84.7	8.9	543.0
2011	45.2	81.2	-4.1	588.2
2012	51.2	85.0	4.7	639.0
2013	52.7	85.3	0.4	691.7
2014	56.2	100.6	17.9	747.9
2015	53.0	102.7	2.1	800.9

资料来源：商务部发布的《我国对外劳务合作简明统计》（2003～2015年）。

二是我国在外劳务人员分布的区域不断拓展。我国的劳动力输出经过数十年的发展，在外劳务人员分布的就业区域不断扩展，已经遍布亚洲、非洲、欧洲、拉丁美洲、北美洲以及大洋洲，可谓是遍布全球适宜人类居住的各个角落。根据表5-2可知，2015年中国共派出各类劳务人员102.7万人，其中亚洲有62.7万人、非洲有24.5万人、欧洲有3.0万人、拉丁美洲有5.6万人、北美洲有5.6万人、大洋洲有1.2万人，所占的比例分别为61.1%、

表5-2　2013～2015年我国在外各类劳务人员地区分布情况

单位：万人，%

	亚洲	非洲	欧洲	拉丁美洲	北美洲	大洋洲	合计
2013	56.3	21.5	2.6	3.7	0.3	0.9	85.3
所占的比例	66.0	25.2	3.0	4.3	0.4	1.1	100
2014	63.5	25.9	3.4	6.2	0.3	1.3	100.6
所占的比例	63.1	25.7	3.4	6.2	0.3	1.3	100
2015	62.7	24.5	3.0	5.6	5.6	1.2	102.7
所占的比例	61.1	23.9	2.9	5.5	5.5	1.2	100

资料来源：（1）文月：《2013年中国对外劳务合作发展述评》，《国际工程与劳务》2014年第3期；（2）文月：《2014年中国对外劳务合作发展述评》，《国际工程与劳务》2015年第3期；（3）文月：《2015年中国对外劳务合作发展述评》，《国际工程与劳务》2016年第3期。

23.9%、2.9%、5.5%、5.5%和1.2%。由此可见，分布在亚洲和非洲的劳务人员占据了2015年我国在外各类劳务人员的绝大多数，所占比例高达85.0%。事实上，2013年和2014年的情况亦是如此，分布在亚洲和非洲的劳务人员数量分别占据了我国在外各类劳务人员总数的91.2%和89.4%。尽管与2013年和2014年相比，2015年分布在亚洲和非洲的劳务人员数量占年末在外各类劳务人员总数的比例有所下降，但是亚洲和非洲仍然是我国在外各类劳务人员分布最集中的地区。

从分布的具体国家和地区来看，我国的在外各类劳务人员主要分布在日本、新加坡、阿尔及利亚、中国澳门、中国香港、安哥拉以及巴拿马等国家和地区。根据商务部的统计数据，以2015年我国对外劳务合作业务分布的主要国家和地区为例可以发现，我国在外各类劳务人员主要分布在以下10个国家和地区：日本（15.1%）、中国澳门（11.9%）、新加坡（9.9%）、阿尔及利亚（8.9%）、中国香港（5.2%）、安哥拉（4.3%）、沙特阿拉伯（3.7%）、巴拿马（2.1%）、俄罗斯（1.9%）和马来西亚（1.5%），如图5-3所示。由此可见，从分布的国家和地区来讲，我国在外各类劳务人员主要分布在亚洲和非洲国家或地区，再一次佐证了亚洲和非洲仍然是我国在外各类劳务人员分布最集中的地区这一结论。

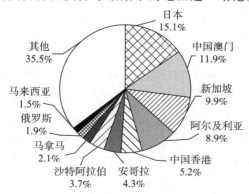

图5-3 2015年我国在外各类劳务人员最多的10个国家和地区

数据来源：文月：《2015年中国对外劳务合作发展述评》，《国际工程与劳务》2016年第3期。

　　三是我国在外劳务人员的就业领域日趋多样化。在经过数十年的发展后，我国在外各类劳务人员的就业领域不断拓展，行业构成日趋多样化，在农林牧副渔业、制造业、建筑业、交通运输业、计算机服务和软件业、住宿和餐饮业、科教文卫体业以及其他行业皆有分布。根据商务部的统计数据，以2015年我国在外各类劳务人员行业构成情况为例可以发现，我国在外各类劳务人员主要分布在以下行业：建筑业（47.5%）、制造业（15.8%）、其他行业（13.8%）、交通运输业（11.4%）、农林牧副渔业（5.7%）、住宿和餐饮业（4.7%）、科教文卫体业（0.7%）以及计算机服务和软件业（0.4%），如图5-4所示。

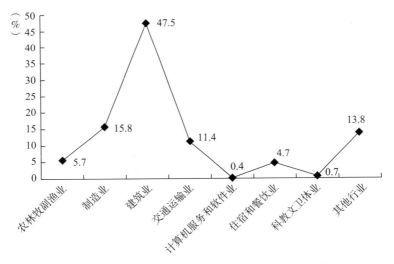

图5-4　2015年我国在外各类劳务人员行业构成情况

数据来源：文月：《2015年中国对外劳务合作发展述评》，《国际工程与劳务》2016年第3期。

　　不过，需要特别指出的是，我国的劳务输出仍然是以低端劳务为主体，专业技术人员等高端劳务所占的比例很小。当前，我国在外各类劳务人员主要从事的是建筑业、制造业、交通运输业以及农林牧副渔业等相对低端的劳动密集型行业，基本上属于当地国民不愿意从事的肮脏的、危险的和困难的（即所谓的"3D"

工作）工作①，2015 年从事这些行业的劳务人员数量占据了我国在外各类劳务人员总数的 80.4%，而从事计算机服务和软件业以及科教文卫体业等技术密集型行业的专业技术人员仅占我国在外各类劳务人员总数的 1.1%。

四是我国在外劳务人员合法权益受损事件日益增多。随"走出去"战略和"一带一路"倡议的深入实施，我国的劳务输出数量不断增多，遍布全球 180 多个国家和地区，与此相伴随，由各种原因导致的我国在外劳务人员合法权益受损事件也日益增多②。部分学者研究发现，我国在外劳务人员合法权益受损情况不仅体现在雇主隐瞒真实的工作情况、劳动合同约定的各项权益没有落实以及人身自由受到限制等方面，还体现在基本社会保障权益受损等方面③，主要表现为社会保障双重覆盖与双重缴费、社会保障双重缺失以及社会保障待遇支付障碍等问题，迫切需要引起政府和社会各界的高度重视。显然，如何有效维护我国海外劳工的社会保障权益是本书研究的重点。

（二）中国社会保障国际合作的发展历程

尽管社会保障国际合作滥觞于 20 世纪初的欧洲，经过一百多年的发展，已经由最初的探索时期步入成熟时期，而且自改革开

---

① Paoletti S. Human Rights for All Workers: The Emergence of Protections for Unauthorized Workers in the Inter-American Human Rights System ［J］. *Human Rights Brief*, 2004（1）; Ginneken WV. Social Protection for Migrant Workers: National and International Policy Challenges ［J］. *European Journal of Social Security*, 2013（15）: 209 – 221.

② 《中国研修生在日冲突事件频发　违规加班薪水极低》，新华网，2006 年 9 月 16 日；彭仲：《湖北女工日本遭虐待续：回国女工自述在日生活》，《长江日报》2008 年 9 月 11 日；《危险中的中国海外劳工》，搜狐新闻，2014 年 6 月 18 日；《海外劳工频遭欠薪　澳洲工会呼吁推出强力措施》，中国侨网，2016 年 11 月 2 日。

③ 常凯：《论海外派遣劳动者保护立法》，《中国劳动关系学院》2011 年第 1 期；吴峰：《我国海外劳工权利保护机制构建》，《开放导报》2014 年第 3 期；王辉：《我国海外劳工权益立法保护与国际协调机制研究》，《江苏社会科学》2016 年第 3 期；花勇：《"一带一路"建设中海外劳工权益的法律保护》，《江淮论坛》2016 年第 4 期。

放以来，我国的海外劳工数量与日俱增，海外劳工遭遇的社会保障权益损害事件不断增多，海外劳工社会保障权益保护问题逐步凸显，但是我国社会保障国际合作似乎并没有随时代的呼唤应运而生，而是发轫于相对滞后的 20 世纪 90 年代晚期，不仅严重落后于欧美发达国家社会保障国际合作的发展历程，而且明显落后于土耳其、印度和菲律宾等同为海外劳工输出大国的发展中国家，难以有效满足我国数以百万计海外劳工日益增长的社会保障权益保护需求。根据我国政府对社会保障国际合作的重视程度和已签署的社会保障国际协定数量，可以大致将我国社会保障国际合作的发展历程划分为空白时期、起步时期和发展时期三个阶段。

1. 空白时期（1949 年至 20 世纪 90 年代中期）

1949 年中华人民共和国成立以后，为了涤荡战争创伤、改善人民生活、维护社会稳定、巩固新生政权，我国政府开始恢复国民经济，进行社会主义建设。在社会主义建设过程中，社会保障也是重要内容之一。1951 年 2 月 26 日，政务院（后改为国务院）颁布了我国社会保障领域的第一部行政法规——《中华人民共和国劳动保险条例》，其中第四条明确规定："凡在实行劳动保险各企业内工作的工人与职员（包括学徒）不分民族、年龄、性别和国籍，均适用本条例，但被剥夺政治权利者除外。"[1] 换言之，自中华人民共和国建立伊始，我国政府就开始关注到了社会保障国际合作问题。不过，随着东西方冷战的开始，以苏联为首的社会主义阵营和以美国为首的资本主义阵营长期对立，以美国为首的一些西方发达国家对我国进行政治孤立、经济封锁和军事包围，而且不久后中苏关系破裂，再加上当时中国的经济发展比较落后、人民生活相对贫困，不仅来我国就业和谋生的外籍劳工数量很少，而且去国外就业和谋生的我国劳工数量也不多，这使得社会保障国际合作的需求度非常有限，难以引起我国政府的重视。

---

[1] 中华人民共和国政务院：《中华人民共和国劳动保险条例》，北京：人民出版社，1953。

　　20 世纪 70 年代以后，随着中美关系、中欧关系以及中日关系等中西关系逐步走向正常化，尤其是 1978 年我国实行改革开放之后，国民经济迅猛发展，对外经济交流与贸易合作日趋频繁，国际贸易总额不断增长，不仅来我国就业和谋生的外籍劳工数量逐步增多，而且走出国门，去异国他乡就业和谋生的我国海外劳工数量与日俱增，甚至可以说在 20 世纪 90 年代初期我国出现了一次劳工出国小高潮，并在 20 世纪 90 年代中期初具规模（见表 5 - 3）。然而，由于我国政府聚焦于国内经济建设和海外劳工的社会保障权益保护意识不强等原因，社会保障国际合作问题仍然没有引起我国政府的重视。

表 5 - 3　1990 ~ 1999 年我国劳动力的输出规模情况

单位：万人，%

年份	派出人次	年末在外总人数	年末在外总人数增长率	累计派出人数
1987	—	6.3	36.2	—
1988	—	7.0	11.1	—
1989	—	5.7	-18.6	—
1990	5.3	5.8	1.8	40.0
1991	8.7	9.0	55.2	48.7
1992	11.8	13.1	45.6	60.5
1993	13.7	17.4	32.8	74.2
1994	17.0	22.3	28.2	91.2
1995	19.4	26.5	18.8	110.6
1996	19.9	28.6	7.9	130.5
1997	23.5	33.4	16.8	154.0
1998	23.1	35.2	5.4	177.1
1999	23.4	38.2	8.5	200.5

　　资料来源：（1）黄晓勇主编《公共政策与社会保障案例分析》，北京：社会科学文献出版社，2009：258—307；（2）国家统计局贸易外经统计司编《2013 中国贸易外经统计年鉴》，北京：中国统计出版社，2013：615。

由此可见，自中华人民共和国成立后至 20 世纪 90 年代中期，虽然社会保障国际合作已经从欧洲逐步扩展至大洋洲、北美洲、非洲和拉丁美洲，在全球许多国家如火如荼地开展，业已成为全球各国维护海外劳工社会保障权益的有效途径，但是它并未引起我国政府的关注与重视，我国政府尚未与任何一国或者地区开展社会保障双边谈判，就更不用说签署社会保障双边协定了。进而言之，在这一时期，我国社会保障国际合作处于空白时期，海外劳工社会保障权益保护无从谈起。

2. 起步时期（20 世纪 90 年代末至 2011 年）

自 20 世纪 90 年代末期以来，随着我国改革开放的深入推进和对外开放水平的不断提高，尤其是 2001 年我国政府将"走出去"战略写入《国民经济和社会发展第十个五年计划纲要》和同年我国正式成为世界贸易组织（WTO）第 143 个成员国以来，我国的对外经济交流与贸易合作不断增多，国际贸易总额飞速增长，越来越多的企业开始走出国门，积极参与国际竞争，在与国际同行的竞争中迅速成长，其命运逐步与国际政治、经济和金融环境紧密相连。此时，不仅选择来我国就业和谋生的外籍劳工数量显著增加，而且我国出国务工和谋生的海外劳工数量也快速增加，特别是我国跨国企业的外派劳工数量不断增多，使得我国海外劳工遭遇的社会保障权益损害事件日渐增多，主要体现在社会保障的双重覆盖与双重缴费、社会保障的双重缺失以及社会保障待遇的支付存在障碍等方面，严重损害了海外劳工的社会保障权益，显著增加了我国跨国企业的生产和运营成本，大幅度地压缩了我国跨国企业的利润空间，进而严重削弱了我国跨国企业的国际竞争力。于是，越来越多的跨国企业、海外劳工以及社会有识之士开始呼吁我国政府重视海外劳工社会保障权益保护问题。再加之1997 年 7 月 16 日《国务院关于建立统一的企业职工基本养老保险制度的决定》（国发〔1997〕26 号）的颁布和 1999 年 1 月 22 日《失业保险条例》（国务院第 258 号令）的出台，我国统一的养老保险制度和失业保险制度开始初步确立，于是我国政府开始逐步关注与重视社会保障国际合作问题。

同时，根据《失业保险条例》和《社会保险费征缴暂行条例》的相关规定，在我国就业的外籍劳动者有缴纳社会保险费用的义务，这也是国际上通行的做法。于是，出于双方的需要，20 世纪 90 年代末我国政府开始向一些经济贸易往来密切的国家（如德国和韩国）提交备忘录等政府文件①，要求妥善解决我国海外劳工的社会保障问题，并建议商谈缔结社会保障双边协定。经过多轮平等谈判与友好协商后，2001 年 7 月 12 日中国政府与德国政府签署了《中华人民共和国与德意志联邦共和国社会保险协定》②，随后中国政府和韩国政府于 2003 年 2 月 28 日缔结了《中华人民共和国与大韩民国互免养老保险缴费临时措施协议》③，这是中华人民共和国成立以来我国政府与其他国家政府签署的最早的两份社会保障国际协定，不仅标志着我国社会保障国际合作的起步，而且意味着我国社会保障国际合作开始走向法制化、规范化和制度化，具有里程碑式的重要意义。不过，令人遗憾的是，在中德和中韩社会保障双边协定签署后，尽管中国政府积极寻求与更多的国家进行社会保障双边谈判，但是直到 2011 年仍然进展甚微，尚未与第三个国家在签署社会保障双边协定方面取得突破性进展。

由此可见，20 世纪 90 年代末至 2011 年是我国社会保障国际合作的起步阶段。在这一阶段，我国政府开始关注和重视社会保障国际合作问题，并在社会保障国际合作领域迈出了关键性的一步，分别与德国政府和韩国政府签署了社会保障双边协定，为我国社会保障国际合作的进一步发展奠定了坚实的基础。

3. 发展阶段（2012 年至今）

随着"走出去"战略的深入实施，尤其是 2013 年 9 月份"一

---

① 黄晓勇主编《公共政策与社会保障案例分析》，北京：社会科学文献出版社，2009：258—307。

② 《关于实施中德社会保险协定的通知》（劳社厅发〔2002〕2 号）。

③ 《关于执行中韩互免养老保险缴费临时措施协议的通知》（劳社厅发〔2003〕12 号）。

带一路"倡议的横空出世和强势推进，我国企业拓展国际市场的步伐逐步加快，对外直接投资的增量和存量不断增长。根据商务部的统计数据，2015 年我国对外直接投资的增量和存量分别为 1456.7 亿美元和 10978.6 亿美元，分别居全球第 2 位和第 8 位，中国的境内投资者在全球投资建立了 3.08 万家境外企业，分布在全球 188 个国家和地区[①]，同时我国海外劳工的增量和存量也颇具规模，2015 年年末我国在外各类劳务人员和累计派出各类劳务人员总数分别达到 102.7 万和 800.9 万（见表 5 - 1），而且我国企业的外派人员也初具规模（见表 5 - 4），这使得跨国企业和海外劳工对社会保障权益国际协调的需求度不断提高。此外，经过 20 多年的改革与发展，我国的社会保障制度逐步完善，已经走向了城乡统筹、追求公平与可持续的成熟定型阶段，我国政府的财政实力和社会保障行政管理能力也不断增强。再加之我国政府在社会保障国际合作领域已经积累了一些经验，我国社会保障国际合作的步伐明显加快。2012 年，经过多轮平等协商与友好谈判之后，中韩两国政府正式签署《中华人民共和国政府和大韩民国政府社会保险协定》和《中华人民共和国政府和大韩民国政府社会保险协定议定书》，随后中国分别与丹麦、芬兰、瑞士、加拿大、荷兰、法国、西班牙以及卢森堡签署了社会保障双边协定。同时，中国政府还与日本、美国和英国等 15 个经贸往来密切的国家或者地区启动了社会保障双边谈判，商讨签署社会保障双边协定事宜。

表 5 - 4   2015 年我国外派员工人数最多的 20 家企业

单位：人，%

序号	企业简称	派出人数	期末在外人数	序号	企业简称	派出人数	期末在外人数
1	中国水电建设	20201	24817	3	珠海国际公司	11254	19840
2	中建总公司	15705	19631	4	广州国际	8583	11556

---

① 商务部、国家统计局、国家外汇管理局：《2015 年度中国对外直接投资统计公报》，北京：中国统计出版社，2016：3—5。

续表

序号	企业简称	派出人数	期末在外人数	序号	企业简称	派出人数	期末在外人数
5	中福对外	8204	13730	14	郑州八方人才	5653	29558
6	中国石化炼化工程	7702	4070	15	福州国际	5630	8015
7	中原工程公司	7320	2151	16	珠海外劳	5526	16685
8	中水舟山渔业公司	7161	9184	17	江苏中澜	5380	5358
9	南粤人力	7113	7691	18	郑州中懋实业	5193	6832
10	中海海员对外	6725	8218	19	广州越秀公司	4799	8244
11	中色股份	6709	2851	20	中智公司	4046	6873
12	中泉（集团）公司	5856	4225	合计		154428	214879
13	江门外劳	5668	5320	占2015年全国的比例		29.14	20.93

资料来源：文月：《2015年中国对外劳务合作发展述评》，《国际工程与劳务》2016年第3期。

由此可见，自2012年至今是我国社会保障国际合作的初步发展阶段，在这一时期，我国政府对海外劳工社会保障权益保护问题的重视程度显著提高，社会保障国际合作的步伐明显加快，并取得了一些不错的成绩，值得肯定与赞许。然而，正如前文所述，无论是与欧美发达国家相比，还是与一些同为海外劳工输出大国的发展中国家相比，抑或是与我国数以百万计海外劳工日益增长的社会保障权益保护需求相比，我国在社会保障国际合作领域的发展都明显滞后。为了有效维护大多数海外劳工的社会保障权益，我国政府仍然要付出更多的努力，也会面临重重障碍，任重而道远。

同时，特别需要指出的是，在未来较长一段时间内，我国社会保障国际合作都将处于发展阶段，在这一阶段里，机遇与挑战并存，不仅面临前所未有的大好机遇，而且要面对史无前例的严峻挑战，迫切需要政府、跨国企业和海外劳工高度重视和共同应对。于是，按照前述内容，中国社会保障国际合作的发展历程可以用图5-5来简要表示。

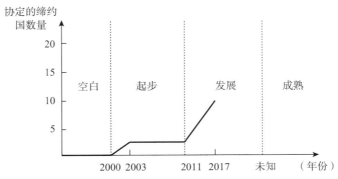

图 5 – 5　中国社会保障国际合作的发展历程示意

二　中国社会保障国际合作的主要问题

如前所述，中国社会保障国际合作肇始于 20 世纪 90 年代末，随后我国政府进行了积极的探索和有益的尝试，对这一问题的重视程度不断提高，我国社会保障国际合作逐步由起步阶段进入初步发展阶段，取得了一些可圈可点的成绩，值得肯定与赞许。自 2001 年至 2017 年，我国政府先后与德国、韩国、丹麦、芬兰、加拿大、瑞士、荷兰、法国、西班牙和卢森堡 10 国签署了社会保障双边协定，同时正在紧锣密鼓地与日本、美国和英国等 15 个经济贸易往来密切的国家进行社会保障双边谈判，争取早日签署互惠互利的社会保障双边协定，为我国更多的海外劳工提供社会保障权益保护。毫无疑问，回首过去的 20 年，我国在社会保障国际合作领域取得的成绩是喜人的，亦是值得肯定的。然而，正如 19 世纪英国知名作家查尔斯·狄更斯在《双城记》中所说的，"这是一个最好的时代，也是一个最坏的时代"，尽管我国在社会保障国际合作领域取得了一些成就，但是通过仔细分析我国已经签署的社会保障双边协定和对比分析其他国家在这一领域的经验与成就可以发现，我国社会保障国际合作仍然存在诸多困境与不足，难以有效维护我国大多数海外劳工的社会保障权益。具而言之，我国社会保障国际合作面临的主要困境体现在以下五个方面。

（一）社会保障国际合作的进程缓慢

尽管自 20 世纪 90 年代晚期起步以来，经过 20 年左右的发展，在政府的逐步重视和不断努力下，我国社会保障国际合作已经从起步阶段步入初步发展阶段，而且近年来的发展速度明显加快，社会保障双边协定从无到有，社会保障双边协定的缔约国从 2001 年的 1 个增加到 2017 年的 10 个，且我国政府正在积极寻求与许多国家进行社会保障双边谈判，然而由于历史欠账偏多和我国政府在这一领域的后知后觉，我国社会保障国际合作进程仍然显得相对缓慢，无法有效地维护我国大多数海外劳工的社会保障权益。对于我国社会保障国际合作的进程缓慢问题，可以从与欧美发达国家的社会保障国际合作进程相比、与同为海外劳工输出大国的部分发展中国家的社会保障国际合作进程相比以及与我国海外劳工数量的快速增长相比三个方面来进行剖析与论述。

一是与欧美发达国家的社会保障国际合作进程相比，我国的社会保障国际合作进程明显滞后。由前述分析可知，欧洲国家的社会保障国际合作肇始于 20 世纪初，北美国家的社会保障国际合作发轫于 20 世纪 70 年代，经过一个世纪和半个世纪的发展历程，在欧美各国政府的不懈努力下，欧美发达国家的社会保障国际合作早就由最初的起步阶段步入如今的成熟阶段，欧盟的社会保障国际合作甚至已经进入了反思调整阶段[①]，有效地维护了大多数海外劳工的社会保障权益。事实上，在两次世界大战期间，社会保障国际协定在欧洲国家就比较常见，即使是世界大战的战火也无法浇灭和阻挡欧洲国家缔结社会保障国际协定的热情与步伐。当前，欧洲国家已经与世界各国签署了 2500 多项社会保障双边协定[②]，其中多达 1628 项是欧洲国家之间签署的，也有多达 1034 项

---

①　Jorens Y. 50 *Years of Social Security Coordination：Past，Present，Future* ［M］. Luxembourg：Publications Office of the European Union，2010.

②　Holzmann R. ，Koettl J. ，Chernetsky T. *Portability Regimes of Pension and Health care Benefits for International Migrants：An Analysis of Issues and Good Practices* ［M］. Geneva：Global Commission on International Migration，2005.

是欧盟国家之间缔结的①，可以说每一个欧盟国家都拥有了相对过剩的社会保障双边或者多边协定②，北美国家的情况也大抵如此，加拿大和美国分别与其他国家签署了 180 项和 97 项社会保障双边协定，这使得大多数欧美国家海外劳工的社会保障权益得到了强有力的保护。然而，反观我国的情况可以发现，我国社会保障国际合作直到 20 世纪 90 年代末期才蹒跚起步，尽管经过将近 20 年的发展，开始步入初步发展阶段，我国也先后与德国、韩国、丹麦、芬兰、加拿大、瑞士、荷兰、法国、西班牙和卢森堡 10 国缔结了社会保障双边协定，有效维护了部分海外劳工的社会保障权益，但是与欧美发达国家社会保障国际合作进行对比可以发现，无论是在社会保障国际合作的发展阶段方面，还是已经签署的社会保障国际协定数量方面，抑或是已经从社会保障国际合作中获益的海外劳工数量来看，我国社会保障国际合作进程明显滞后。

二是与同为海外劳工输出大国的部分发展中国家的社会保障国际合作进程相比，我国的社会保障国际合作进程相对滞后。如果说在分析和论述我国社会保障国际合作进程缓慢问题上，用经济与社会发展阶段远超我国的欧美发达国家来进行对比是不合理的和不公平的，有意或者无意地忽略了我国的经济与社会发展阶段，是一种比较苛刻的要求，也是一种用力过猛的行为与方式，比较结果的说服力有限，那么使用经济与社会发展阶段与我国相当甚至是落后于我国的一些同为海外劳工输出大国的发展中国家来进行对比就应当是合理的，也是相对公平的，其比较结果的说服力将显著增强。然而，令人遗憾的是，即使是与一些同为海外劳工输出大国的发展中国家相比，我国的社会保障国际合作进程仍然相对滞后。如表 5 - 5 所示，早在 2000 年时，土耳其、摩洛哥、哥伦比亚、阿尔及利亚、智利和菲律宾等作为全球海外劳工

① Avato J. , Koettl J. , Sabates-Wheeler R. Definitions, Good Practices, and Global Estimates on the Status of Social Protection for International Migrants [J]. SP Discussion Paper, 2009.

② Roberts, S. *Not One of Us: Social Security for Third Country Nationals in the European Union* [D]. PhD thesis, Brunel University, 1998.

重要输出国的发展中国家就分别拥有 59 项、58 项、39 项、30 项、28 项、22 项以及 21 项社会保障双边协定，而此时我国的社会保障国际合作刚刚起步，正在试图与德国和韩国进行社会保障双边谈判，尚未与任何一国缔结社会保障国际协定。事实上，通过与其他国家签署社会保障双边协定，土耳其、阿尔及利亚和摩洛哥三国成功地使得多达 67%、87% 和 89% 的本国海外劳工获得了便携性的社会保障权益①，为其他发展中国家树立了良好的榜样。此外，即使是与经济和社会发展阶段相对落后的南亚国家印度相比，我国的社会保障国际合作进程也相对滞后，2016 年印度已签署的社会保障双边协定数量要远远超过我国（见表 5 - 5）。进而言之，即使是与一些同为海外劳工输出大国的发展中国家相比，无论是在已经签署的社会保障双边协定数量方面，还是已经从社会保障国际合作中获益的海外劳工数量方面，我国社会保障国际合作进程都要相对滞后。

表 5 - 5　2000 年部分发展中国家拥有的社会保障双边协定数量

国家	社会保障双边协定数量	国家	社会保障双边协定数量
土耳其	59	阿尔及利亚	30
摩洛哥	58	智利	28
印度①	40	菲律宾	21
哥伦比亚	39	中国②	20

注：（1）①印度的时间截至 2016 年 1 月 1 日，②中国的时间截至 2017 年 12 月 31 日；（2）由于每项社会保障双边协定皆有两个缔约国，故每项社会保障双边协定要被计算两次。

资料来源：（1）Harrison 2004，ILO 2005a，United Nations 2003，World Bank 2004 and authors' calculations；（2）印度海外事业部官方网站 http：∥www. mea. gov. in∕index. htm；中国人力资源和社会保障部官方网站 http：∥www. mohrss. gov. cn∕。

　　三是与快速增长的我国海外劳工数量相比，我国社会保障国

① Sabates-Wheeler R.，Koettl J. Social Protection for Migrants：The Challenges of Delivery in the Context of Changing Migration Flows ［J］. *International Social Security Review*，2010，63（3 - 4）：115 - 144.

际合作的进程相对缓慢。自改革开放尤其是 20 世纪 90 年代以来，随着"走出去"战略和"一带一路"倡议等发展战略的深入推进和有效实施，不仅越来越多的企业跨出国门，去广阔的国际市场拓展发展空间，而且愈来愈多的劳动者走出国门，去异国他乡就业和谋生，从 1990～2015 年的短短 20 多年间，我国累计派出各类劳务人员数量、年末在外各类劳务人员数量以及累计派出各类劳务人员数量分别由 1990 年的 5.3 万人、5.8 万人和 40.0 万人增加至 2015 年的 53.0 万人、102.7 万人和 800.9 万人，分别剧增了 900%、1671% 和 1902%，我国的海外劳工数量颇具规模，成为全球重要的海外劳工输出国之一。同时，截至 2015 年底，我国境内的投资者在全球各地设立了 3.08 万家对外直接投资企业，分布在全世界 188 个国家和地区[①]，这就意味着，当前我国的海外劳工至少分布在全球 188 个国家和地区。然而，当前我国仅仅与德国、韩国、丹麦、芬兰、加拿大、瑞士、荷兰、法国、西班牙和卢森堡 10 国缔结了 20 项社会保障双边协定，社会保障双边协定的缔约国数量仅占具有我国海外劳工分布的国家和地区总数的 5.3%，换言之，即使我国社会保障国际合作经过将近 20 年的发展，也只有一小部分海外劳工有机会从中获益。进而言之，虽然我国在社会保障国际合作领域取得了一些成就，但是与快速增长的海外劳工数量相比，我国社会保障国际合作的进程明显滞后。

（二）社会保障国际合作的内容狭窄

国家之间签署的社会保障双边或者多边协定之所以能够保护海外劳工的社会保障权益，在很大程度上是因为社会保障双边或者多边协定覆盖了一定数量的社会保障项目。一般说来，西方发达国家之间签署的社会保障双边或者多边协定覆盖了大多数的社会保障项目，而发展中国家之间签署的社会保障双边或者多边协定往往只覆盖了部分社会保障项目，不过也有少数发展中国家之

---

① 商务部、国家统计局、国家外汇管理局：《2015 年度中国对外直接投资统计公报》，北京：中国统计出版社，2016：3。

间签署的社会保障双边或者多边协定覆盖了大多数社会保障项目。从我国的情况来看，尽管历经 20 年左右的发展，我国的社会保障国际合作已经从起步阶段进入初步发展阶段，也与一些国家签署了社会保障双边协定，然而仔细分析我国与其他国家签署的社会保障双边协定文本可以发现，我国已签署的社会保障双边协定存在覆盖项目有限、内容狭窄的重要局限，不仅无法有效维护我国海外劳工的社会保障权益，而且我国跨国企业仍然需要承担较高的海外社会保障成本。对于这一问题，可以从与西方发达国家社会保障国际协定所覆盖的社会保障项目相比、与一些发展中国家社会保障国际协定所覆盖的社会保障项目相比以及与我国海外劳工日益增长的社会保障权益保护需求相比三个方面来进行分析与探讨。

一是与西方发达国家社会保障国际协定所覆盖的社会保障项目相比，我国社会保障国际协定所覆盖的社会保障项目明显偏少。1952 年，国际劳工组织发布的《社会保障最低标准公约》（第 102 号公约）规定，现代社会保障制度主要包括以下九项内容：老龄津贴、残疾津贴、遗属津贴、工伤津贴、疾病津贴、失业津贴、生育津贴、医疗津贴以及家庭津贴①。西方发达国家的社会保障国际协定所覆盖的社会保障项目基本上包括了《社会保障最低标准公约》所规定的九项内容中的大多数，欧盟国家之间的社会保障国际协定所覆盖的社会保障项目甚至包括了《社会保障最低标准公约》规定的全部九项内容，很少出现某一发达国家所签署的社会保障国际协定只覆盖了少数社会保障项目的情况，这也是佐证西方发达国家在社会保障国际合作领域已经步入成熟时期的关键指标之一。然而，反观我国的情况可以发现，情况并非如此。从表 5 - 7 可以看出，我国与德国、韩国、芬兰、瑞士、荷兰和西班牙签署的社会保障国际协定只覆盖了《社会保障最低标准公约》所规定的九项内容中的两项——养老保险和失业保险，而我国与丹麦、加拿大和卢森堡所签署的社会保障国际协定甚至只覆盖了单一的养老保险项目。换言之，与西方发达国家社会保障国际协定所覆盖的社会保障项目

---

① 潘锦棠主编：《社会保障通论》，济南：山东人民出版社，2012：18。

相比较，我国社会保障国际协定所覆盖的社会保障项目明显偏少，难以有效维护我国大多数海外劳工的社会保障权益。

表 5 - 6　一些国家的社会保障国际协定所覆盖的
主要社会保障项目情况

国家		社会保障国际协定	主要覆盖的社会保障项目
发达国家	奥地利	社会保障双边协定	老年、残障、遗属、工伤、疾病、生育
	比利时	社会保障双边协定	老年、残障、遗属、工伤、疾病、生育、家庭津贴
	丹麦	社会保障双边协定	老年、残障、遗属、工伤、家庭津贴
	意大利	社会保障双边协定	老年、残障、遗属、工伤、疾病、生育、家庭津贴
	荷兰	社会保障双边协定	老年、残障、遗属、疾病、生育、失业、家庭津贴
	葡萄牙	社会保障双边协定	老年、残障、遗属、工伤、疾病、生育
	西班牙	社会保障双边协定	老年、残障、遗属、工伤、疾病、生育、家庭津贴
	挪威	社会保障双边协定	老年、残障、遗属、工伤、疾病、生育、家庭津贴
	瑞士	社会保障双边协定	老年、残障、遗属、工伤、疾病、家庭津贴
发展中国家	土耳其	社会保障双边协定	老年、残障、遗属、工伤、疾病、生育、家庭津贴
	摩洛哥	社会保障双边协定	老年、残障、遗属、工伤、疾病、生育、家庭津贴
	突尼斯	社会保障双边协定	老年、残障、遗属、工伤、疾病、生育、家庭津贴
	乌拉圭	社会保障双边协定	老年、残障、遗属、工伤、疾病、生育
	巴西	社会保障双边协定	老年、残障、遗属、工伤、疾病
	智利	社会保障双边协定	老年、残障、遗属、疾病
	印度	社会保障双边协定	老年、残障、遗属
	菲律宾	社会保障双边协定	老年、残障、遗属

资料来源：ILO. Social Security Coordination for Non-EU Countries in South and Eastern Europe: A Legal Analysis [M]. Geneva: International Labour Organization, 2012。

表 5 - 7　中国已签署的社会保障双边协定情况
（截至 2017 年 12 月）

国家	签署时间	生效时间	互免的社会保障项目
德国	2001. 7. 12	2002. 4. 4	养老保险、失业保险
韩国①	2003. 2. 28	2003. 5. 23	基本养老保险

续表

国家	签署时间	生效时间	互免的社会保障项目
韩国②	2012. 10. 29	2013. 1. 16	养老保险、失业保险
丹麦	2013. 12. 9	2014. 5. 14	职工基本养老保险
芬兰	2014. 9. 22	2017. 2. 1	职工基本养老保险、失业保险
加拿大	2015. 4. 3	2017. 1. 1	职工基本养老保险、城乡居民基本养老保险
瑞士	2015. 9. 30	尚未确定	职工基本养老保险、城乡居民基本养老保险、失业保险
荷兰	2016. 9. 12	尚未确定	职工基本养老保险、失业保险
法国	2016. 10. 31	尚未确定	—③
西班牙	2017. 5. 19	尚未确定	职工基本养老保险、失业保险
卢森堡	2017. 11. 27	尚未确定	养老保险

注：①2003 年中国政府和韩国政府签署的是《中华人民共和国与大韩民国互免养老保险缴费临时措施协议》，已废止；②2012 年中国政府和韩国政府签署的是《中华人民共和国政府和大韩民国政府社会保险协定》；③"—"表示尚不清楚或者找不到资料。

资料来源：中华人民共和国人力资源和社会保障部官方网站。

二是与一些发展中国家社会保障国际协定所覆盖的社会保障项目相比，我国社会保障国际协定所覆盖的社会保障项目相对偏少。同理，如果说在剖析与论证我国社会保障国际协定所覆盖的社会保障项目相对偏少这一问题上，用经济与社会发展状况要远远好于我国的西方发达国家来与我国进行对比存在偏颇，有失公允，比较结果的说服力大打折扣，那么我们可以使用经济与社会发展状况与我国相当甚至是差于我国的一些发展中国家来说明，这应该是相对合理的，也是可以接受的，比较结果也具有较强的说服力。由表 5－6 可以发现，一些亚非拉发展中国家的社会保障国际协定所覆盖的社会保障项目基本上涵盖了《社会保障最低标准公约》所规定的九项内容中的三项及以上，很少出现某一国家所签署的社会保障国际协定只覆盖了少数社会保障项目的情况，土耳其、摩洛哥和突尼斯等地中海国家甚至和西方发达国家一样，它们现有的社会保障国际协定覆盖了《社会保障最低标准公约》

所规定的九项内容中的大多数。从表 5 - 7 可以看出，当前我国的
社会保障国际协定往往只覆盖了《社会保障最低标准公约》所规
定的九项内容中的两项——老年养老保险和失业保险，有些社会保
障国际协定甚至只覆盖了单一的老年养老保险。换言之，即使是与
一些发展中国家社会保障国际协定所覆盖的社会保障项目进行对比，
我国社会保障国际协定所覆盖的社会保障项目仍然相对偏少。

三是与我国海外劳工日益增长的社会保障权益保护需求相比，
我国社会保障国际协定所覆盖的社会保障项目也相对偏少。2015
年我国全年累计派出各类劳务人员数量、年末在外各类劳务人员
数量以及累计派出各类劳务人员总量分别为 53.0 万人次、102.7
万人次以及 800.9 万人次，已经颇具规模，他们分布在全球各国的
各行各业，甚至有中国海外劳工在非洲的撒哈拉沙漠地区种植蔬
菜①。不过，从表 5 - 8 可以看出，尽管当前我国数以百万计的海外
劳工分布在世界各国的各行各业，几乎涵盖了大部分行业和工种，
但是他们的就业领域主要集中在建筑业、制造业和交通运输业。其
中，2013 年、2014 年、2015 年，有将近一半海外劳工的就业行业为
建筑业，所占的比例分别为 46.4%、47.5% 和 47.5%，这是"最脏、
最累且最危险"的行业之一。如果加上从事制造业和交通运输业的
海外劳工，那么在 2013 年、2014 年、2015 年有多达 74.7%、75.5%
和 74.7% 的我国海外劳工分布在这三个行业。事实上，自第二次世
界大战结束以来，海外劳工在发达国家从事的主要就是农业、建筑
业和工业生产方面的工作②，发达国家公民往往不愿意从事这些艰
苦且收入相对偏低的传统行业，从而"留给"了外籍劳动者③。由
于这些简单体力型的传统低端行业具有高危且易出工伤事故等特

① 向家富：《在非洲也能吃到地道家乡菜 扬州人把蔬菜种进撒哈拉沙漠》，《扬州晚报》2016 年 1 月 17 日。
② Martin, P. and Abella, M. and Kuptsch, C. *Managing Labour Migration in the Twenty-first Century* [M]. New Haven and London: Yale University Press, 2006.
③ MacLaren B, Lapointe L. Employment Insurance: How Canada can Remain Competitive and be Fair to Migrant Workers [J]. *POLICY*, 2010; OECD. International Migration Outlook 2011 [J]. *Ringing & Migration*, 2013, 22 (3): 177 - 184.

点，工伤保险、医疗保险和遗属保险等社会保障项目对于海外劳工而言显得尤为迫切和重要。从表 5 - 7 可知，当前我国已签署的社会保障国际协定往往只包括了养老保险和失业保险中的一项或者两项，内容非常单薄，根本就没有涵盖工伤保险、医疗保险和遗属保险等大部分海外劳工所迫切需要的社会保障项目，这就会导致我国海外劳工在遭遇工伤或者疾病等风险时难以获得合理的赔偿，损害了其生命健康权益。换言之，即使是与我国数以百万计海外劳工日益增长的社会保障权益保护需求相比较，我国社会保障国际协定所覆盖的社会保障项目也相对偏少，这就必然无法有效维护我国海外劳工的社会保障权益。

表 5 - 8 2013 ~ 2015 年我国在外各类劳务人员行业构成情况

单位：万人，%

行业类别	2013		2014		2015	
	劳务人员	比重	劳务人员	比重	劳务人员	比重
农林牧副渔业	6.2	7.3	6.2	6.2	5.9	5.7
制造业	16.1	18.9	16.4	16.3	16.2	15.8
建筑业	39.6	46.4	47.8	47.5	48.8	47.5
交通运输业	8.0	9.4	11.8	11.7	11.7	11.4
计算机服务和软件业	0.2	0.2	0.3	4.3	0.4	0.4
住宿和餐饮业	3.9	4.6	4.3	0.3	4.8	4.7
科教文卫体业	0.4	0.5	0.5	0.5	0.7	0.7
其他行业	10.9	12.8	13.3	13.2	14.2	13.8
合计	85.3	100.1	100.6	100.0	102.7	100.0

资料来源：（1）文月：《2013 年中国对外劳务合作发展述评》，《国际工程与劳务》2014 年第 3 期；（2）文月：《2014 年中国对外劳务合作发展述评》，《国际工程与劳务》2015 年第 3 期；（3）文月：《2015 年中国对外劳务合作发展述评》，《国际工程与劳务》2016 年第 3 期。

（三）社会保障国际合作的方式单一

事实上，国家之间所签署的社会保障国际协定之所以能够保护双方海外劳工的社会保障权益，很大程度上还取决于协调的方式是否具有多样性。因为海外劳工是一个异质性很强的群体，由于经济状况、就业年限、身体状况、家庭结构以及婚姻状况等方面存在一定的甚至是较大差异，他们的社会保障权益保护需求也存在不同程度的差异。一般说来，当前社会保障国际合作的方式主要有社会保险费用互免、参保时间累计计算、福利可输出、按比例支付以及社会保险费用退还等。毫无疑问，倘若两个国家之间的社会保障国际合作方式具有多样性，那么两国的海外劳工就可以根据自身实际情况选择最有利的合作方式，以实现社会保障权益的最大保护。然而，倘若两个国家之间的社会保障国际合作的方式单一，那么无论两国海外劳工的实际情况是否纷繁芜杂，也无论这种社会保障国际合作方式是否最适合他们的情况，他们都别无选择，只能选择两国社会保障双边协定所规定的协调方式来保护自身的社会保障权益。不言而喻，对于许多海外劳工而言，这很有可能并不是最有效的甚至是完全无效的社会保障权益保护方式。

纵观世界各国社会保障国际合作的发展历程不难发现，大多数发达国家和一些发展中国家为了最大限度地保护本国海外劳工的社会保障权益，它们都尽可能地在社会保障国际合作上采取多种方式，具体做法是在双方签署的社会保障国际协定中引入相关内容。譬如，欧盟国家之间签署的社会保障国际协定或者是社会保障协调法令就包括了社会保险费用互免、参保时间累计计算、按比例支付、福利可输出以及社会保险费用返还等多种合作方式[1]；美国与其他国家签署的社会保障双边协定也往往包括了社会保险费用互免、福利可输出、按比例支付以及参保时间累计计算等多种合作方式[2]。同

---

[1] Baloković S. Programi Pomoći EU Republici Hrvatskoju Sustavu Socijalne Sigurnosti: CARDS-regionalni Program Pomoći [J]. *Revija za Socijalnu Politiku*, 2008, 15 (2): 225 – 242; Cremers J. Coordination of National Social Security in the EU: Rules Applicable in Multiple Cross Border Situations [J]. *Pre-print-working paper*, 2010.

[2] Sullivan L. A. A Totalization Agreement between the United States and Mexico: An Opportunity for Improved Relations and Mutual Benefit [J]. *Lbj Journal of Public Affairs*, 2005, 18: 18; Bondhus J. A. Americans Working and Living Abroad: Tax Implications for US Citizens [J]. Seventeenth Annual South Dakota International Business Conference, 2010.

时，印度已签署社会保障双边协定的 19 个国家和地区中多达 15 个
国家和地区①的社会保障双边协定涵盖了社会保险费用互免、福利
可输出和参保时间合并计算等多种合作方式②。此外，菲律宾与奥
地利、英国、西班牙、法国以及魁北克等国家和地区签署的社会
保障双边协定也基本上包括了社会保险费用互免、福利可输出以
及参保时间累计计算等多种合作方式③，以有效地维护菲律宾海外
劳工的社会保障权益。

　　然而，仔细阅读我国与德国、韩国以及丹麦等国所签署的社
会保障国际协定文本可以发现，它们往往只引入了社会保险费用
互免这一种合作方式（见图 5 - 6），而且互免的只是养老保险和失
业保险中的一种或者两种，显得非常单一，这必然无法满足我国
数以百万计海外劳工日益增长的社会保障权益保护需求，也难以
实现对我国海外劳工社会保障权益进行最大限度的保护。事实上，
由于政府财政补贴和投资收益等因素的存在，社会保障待遇领取
者所领取的待遇金额往往要大于其和雇主所缴纳的社会保险费用。
换言之，在社会保障国际合作进程中，采用参保时间累计计算、
福利可输出以及按比例支付等方式要比社会保险费用互免更有利
于部分海外劳工，能够让海外劳工获得更多的社会保障收益，可
以最大限度地保护海外劳工的社会保障权益。进而言之，无论是
与西方发达国家的社会保障国际合作方式相比较，还是与一些发
展中国家的社会保障国际合作方式相比较，我国社会保障国际合
作的方式都显得比较单一，无法有效满足我国数以百万计海外劳
工多样化的社会保障权益保护需求，也就难以最大限度地维护我
国海外劳工的社会保障权益。

①　这 15 个国家和地区分别为：奥地利、芬兰、加拿大、日本、韩国、澳大利亚、
　　法国、德国、匈牙利、卢森堡、挪威、葡萄牙、瑞典、捷克、魁北克。
②　资料来源：印度海外事业部官方网站 https：//india. gov. in/official-website-minis-
　　try-overseas-indian-affairs。
③　Hall A. Migrant Worker's Rights to Social Protection in ASEAN：Case Studies of Indo-
　　nesia, Philippines, Singapore and Thailand［M］. Friedrich-Ebert-Stiftung, Office for
　　Regional Cooperation, 2011.

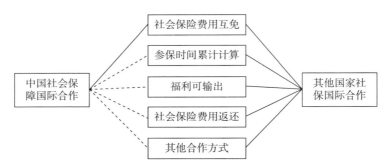

图 5 - 6　我国与其他国家社会保障国际合作引入的主要方式比较
注：虚线表示尚未采用；实线表示已采用。

（四）社会保障国际合作的覆盖面窄

纵览西方发达国家的社会保障改革与发展历程可知，一项社会保障制度的有效运行与可持续发展必须具有较高的制度覆盖面，否则实施效果将大打折扣，而且覆盖面的高低也是判断一项社会保障制度成熟与否的关键指标之一。毋庸置疑，对于社会保障国际合作而言，亦是如此。国家之间所签署的社会保障国际协定要实现有效运行与可持续发展，必须具有适度的覆盖面，否则将严重削弱其实施效果。一般而言，西方发达国家之间所签署的社会保障国际协定的覆盖面较高，而发展中国家之间所缔结的社会保障国际协定的覆盖面相对较低，不过也有少量发展中国家的社会保障国际协定在覆盖面方面达到了发达国家的水准。譬如，欧盟国家之间签署的社会保障国际协定或者实施的社会保障协调法令，基本上覆盖了成员国的大多数海外劳工[1]；美国与其他国家签署的社会保障国际协定覆盖了大多数本国海外劳工，有效地维护了大

---

[1]　Holzmann R. *Do Bilateral Social Security Agreements Deliver on the Portability of Pensions and Health Care Benefits*? [R]. Institute for the Study of Labor, 2016；Cornelissen R. The Principle of Territoriality and the Community Regulations on Social Security (Regulations 1408/71 and 574/72) [J]. *Common Market Law Review*, 1996, 33 (3)：439 - 471.

多数海外劳工的社会保障权益①。同时，有一些发展中国家如摩洛哥、阿尔及利亚和土耳其与其他国家签署的社会保障国家协定也覆盖了本国大多数海外劳工，分别使得多达 89%、87% 和 68% 的本国海外劳工从中受益②。然而，对比我国已签署的社会保障国际协定可以发现，其覆盖面不仅要远远低于西方发达国家的社会保障国际协定，而且要显著低于其他发展中国家的社会保障国际协定，无法有效地维护我国大多数海外劳工的社会保障权益。对于我国社会保障国际合作的覆盖面偏低问题可以从以下三个方面进行剖析与论述。

一是从中国已签署的社会保障国际协定的文本来看，它们仅仅覆盖了部分海外劳工。当前，尽管中国政府与德国、韩国、丹麦、芬兰、加拿大、瑞士、荷兰、法国、西班牙和卢森堡 10 国签署了社会保障双边协定，但是已经生效的主要是中德社会保障双边协定、中韩社会保障双边协定以及中丹社会保障双边协定（见表 5 - 7）。根据人力资源和社会保障部发布的《关于实施中德社会保险协定的通知》（劳社厅发〔2002〕2 号）、《关于实施中韩社会保险协定和议定书的通知》（人社厅发〔2012〕120 号）以及《关于实施中丹社会保障协定的通知》（人社厅发〔2014〕42 号）可以发现，中德社会保障双边协定、中韩社会保障双边协定和中丹社会保障双边协定基本上只覆盖了派遣人员、子公司人员、在航海船舶和航空器上受雇人员、外交雇员、无雇主人员、短期就业人员、自雇人员以及政府或公共机构受雇人员中的几类人员（见表 5 - 9）。实际上，这几类人员的数量仅占我国数以百万计海外劳工的一部分，所占的比例相当有限。换言之，当前我国有相当一部分海外劳工无法从已签署的社会保障双边协定中受益。

---

① Jarrett A., Wyckoff S., Wilmore R. The Impact of Immigration on the United States Social Security System [J]. *Journal of Comparative Social Welfare*, 1997, 13 (1): 43 - 63.

② Sabates-Wheeler R., Koettl J. Social Protection for Migrants: The Challenges of Delivery in the Context of Changing Migration Flows [J]. *International Social Security Review*, 2010, 63 (3 - 4): 115 - 144.

表 5 - 9 中国已生效的社会保障国际协定覆盖的人群情况

发文时间	文件名称	覆盖的人群
2002.03.22	关于实施中德社会保险协定的通知（劳社厅发〔2002〕2号）	派遣人员、子公司人员、无雇主人员、船员、外交雇员
2003.06.04	关于执行中韩互免养老保险缴费临时措施协议的通知（劳社厅发〔2003〕12号）	派遣人员、子公司人员、无雇主人员
2013.01.10	关于实施中韩社会保险协定和议定书的通知（人社厅发〔2012〕120号）	派遣人员、短期就业人员、自雇人员和投资者、在航海船舶和航空器上受雇人员、外交雇员、政府或公共机构受雇人员
2014.05.21	关于实施中丹社会保障协定的通知（人社厅发〔2014〕42号）	派遣人员、在航海船舶和航空器上受雇人员、外交雇员、政府或公共机构受雇人员、短期就业人员

资料来源：人力资源和社会保障部官方网站 http://www.mohrss.gov.cn/。

二是在德国、韩国以及丹麦等 10 国的海外劳工数量仅占我国海外劳工总数的一小部分。由上述分析可知，当前我国数以百万计的海外劳工分布在全球 180 多个国家和地区，不过到目前为止我国只与德国、韩国、丹麦、芬兰、加拿大、瑞士、荷兰、法国、西班牙和卢森堡 10 国签署了社会保障国际协定。毋庸置疑，我国在德国、韩国、丹麦、芬兰、加拿大、瑞士、荷兰、法国、西班牙和卢森堡 10 国的海外劳工数量也能反映我国社会保障国际合作覆盖面的高低。倘若在这 10 国的海外劳工数量较多，占据了我国海外劳工总量的较大比例，那么我国社会保障国际合作的覆盖面较高，反之则较低。由表 5 - 10 可以看出，2010～2016 年，分布在德国、韩国、丹麦、芬兰、加拿大、瑞士、荷兰、法国、西班牙和卢森堡 10 国的海外劳工数量仅占我国海外劳工总量的一小部分，所占据的比例分别为 5.5%、6.2%、4.3%、2.1%、2.0%、1.9% 和 1.9%，呈现逐年递减之势。由此可见，即使是我国赴德国、韩国、丹麦、芬兰、加拿大、瑞士、荷兰、法国、西班牙和卢森堡 10 国的每一位海外劳工都能从已签署的社会保障国际协定中受益，我国社会保障国际合作的覆盖面也是严重偏低的。换言之，我国绝大部分海外劳工的社会保障权益尚未得到有效维护。

表 5 - 10 2010～2016 年在缔约国就业的我国劳动者数量

单位：人，%

国家	2010	2011	2012	2013	2014	2015	2016
德国	5194	5315	5308	3296	3639	4236	5205
韩国	38926	41071	26939	12779	14525	13294	11121
丹麦	119	7	57	59	69	56	62
芬兰	173	43	39	2	2	5	18
加拿大	645	600	250	678	926	1022	1056
瑞士	113	128	148	25	2	—	63
荷兰	2	2176	2159	345	268	287	342
法国	327	315	285	44	51	48	83
西班牙	1057	1048	1048	1026	1022	1022	36
卢森堡	—	—	—	—	—	10	20
合计	46556	50703	36233	18254	20504	19980	18006
年末在外总人数	846605	812427	850181	852755	1005732	1026860	968856
年末在外总人数百分比	5.5	6.2	4.3	2.1	2.0	1.9	1.9

资料来源：（1）国家统计局贸易外经统计司编《中国贸易外经统计年鉴 2015》，北京：中国统计出版社，2015；（2）国家统计局贸易外经统计司编《中国贸易外经统计年鉴 2017》，北京：中国统计出版社，2017。

三是我国已签署的社会保障国际协定尚未覆盖重点区域和重点国家。由前述分析可知，为了使社会保障国际协定能够发挥最大的效用，使尽可能多的海外劳工从中受益，社会保障国际协定必须覆盖重点区域和重点国家。这主要体现在两个方面：一方面，已签署的社会保障双边协定并未覆盖重点区域。2013～2015 年我国多达 77.8%、89.4%、87.2% 的海外劳工分布在亚洲和非洲地区，按理而言，我国政府在寻求与其他国家进行社会保障双边谈判和签署社会保障双边协定时，应该重点考虑亚洲和非洲两大区域。然而，我国已签署社会保障双边协定的德国、韩国、丹麦、芬兰、加拿大、瑞士、荷兰、法国、西班牙和卢森堡 10 国却有多

达 8 国是欧洲国家，只有韩国属于亚洲国家，另外一国属于北美洲
国家。另一方面，已签署的社会保障双边协定并未覆盖重点国家
（地区）。从表 5 - 11 可以发现，2013 ~ 2015 年我国境外劳工主要
集中在日本、中国澳门、新加坡、中国香港、安哥拉、阿尔及利
亚、沙特阿拉伯、巴拿马以及俄罗斯等 10 个国家或者地区，赴这
些国家或者地区就业和谋生的海外劳工数量占我国海外劳工总量
的比例分别为 62.0%、57.3% 和 64.5%。按照道理而言，我国政
府在与其他国家或地区进行社会保障双边谈判和缔结社会保障双
边协定时，应当重点考虑和瞄准这 10 个国家或者地区。然而，令
人不解的是，我国现有社会保障双边协定的 10 个缔约国并非我国
海外劳工分布数量最多的 10 个国家中的某一个或者某几个。换言
之，当前我国尚未与本国海外劳工分布最多的 10 个国家或者地区

表 5 - 11　2013 ~ 2015 年我国海外劳工分布最多的 10 个国家和地区

单位：万人，%

2013 年在外各类劳务人员			2014 年在外各类劳务人员			2015 年在外各类劳务人员		
国家/地区	人数	比重	国家/地区	人数	比重	国家/地区	人数	比重
日本	15.3	17.9	中国澳门	7.1	12.7	日本	15.5	15.1
中国澳门	8.9	10.4	日本	4.8	8.6	中国澳门	12.2	11.9
新加坡	7.4	8.7	中国香港	4.1	7.4	新加坡	10.2	9.9
安哥拉	5.1	6.0	新加坡	4.1	7.3	阿尔及利亚	9.1	8.9
阿尔及利亚	4.9	5.7	阿尔及利亚	3.5	6.3	中国香港	5.3	5.2
沙特	3.5	4.1	沙特	1.9	3.4	安哥拉	4.4	4.3
中国香港	3.4	4.0	安哥拉	1.9	3.3	沙特	3.8	3.7
伊拉克	1.6	1.9	巴拿马	1.9	3.3	巴拿马	2.2	2.1
俄罗斯	1.5	1.8	印尼	1.6	2.8	俄罗斯	1.9	1.9
越南	1.3	1.5	俄罗斯	1.2	2.1	马来西亚	1.5	1.5
合计	52.9	62.0	合计	32.2	57.3	合计	66.2	64.5

资料来源：（1）文月：《2013 年中国对外劳务合作发展述评》，《国际工程与劳务》
2014 年第 3 期；（2）文月：《2014 年中国对外劳务合作发展述评》，《国际工程与劳务》
2015 年第 3 期；（3）文月：《2015 年中国对外劳务合作发展述评》，《国际工程与劳务》
2016 年第 3 期。

中的任何一方签署社会保障双边协定，这就必然会造成我国社会
保障国际合作的覆盖面严重偏低，进而使得我国大多数海外劳工
的社会保障权益仍在遭受不同程度的损害。

（五）已生效的社会保障双边协定的执行效果不佳

国家之间所签署的社会保障国际协定要发挥保护海外劳工社
会保障权益的功能，不仅需要具备前面所提到的覆盖尽可能多的
社会保障项目、覆盖适量的人群以及合作的方式具有多样性等条
件，而且还必须具备良好的执行效果，否则它的实施效果将大打
折扣。由前述分析可知，当前大多数西方发达国家的社会保障双
边协定执行效果良好，也有部分发展中国家如摩洛哥、土耳其和
阿尔及利亚的社会保障双边协定的执行效果相当不错。然而，与
其进行对比可以发现，我国社会保障双边协定的执行效果不佳，
无法发挥其应有的作用。

从表 5-12 可以发现，自从中德社会保障双边协定和中韩养老
保险互免协定分别于 2002 年和 2003 年生效以来，尽管我国奔赴德
国和韩国的海外劳工中办理社会保险互免证明的人数不断增加，
奔赴德国的海外劳工中办理社会保险互免证明的人数从 2002 年的
122 人增加至 2008 年的 1534 人，在 6 年间急剧增加了 1157%，奔
赴韩国的海外劳工中办理社会保险互免证明的人数从 2003 年的 95
人增加至 2008 年的 407 人，在 5 年间快速增加了 328%，然而倘若
将这些办理社会保险互免证明的赴德和赴韩人员数量与我国赴德
和赴韩海外劳工的总量相比，那么就显得有些微不足道了。虽然
2002 年至 2008 年办理社会保险互免证明的赴德人员数量不断增
加，其占当年我国赴德海外劳工的比例也在不断提高，在 2008 年
甚至达到了 34.5%，值得肯定与赞许，但是从赴韩人员的情况来
看就很不乐观了，自 2003 年至 2008 年，即使办理社会保险互免证
明的赴韩人员日渐增多，但是其占当年我国赴韩海外劳工的比例
却一直在 1% 以下，分别为 0.2%、0.4%、0.4%、0.3%、0.4%
和 1.0%，倘若将办理社会保险互免证明的赴德和赴韩人员数量相
加，自 2002 年至 2008 年，其所占我国赴德和赴韩海外劳工的比例

分别只有 0.3%、0.3%、0.5%、0.7%、1.2%、2.2% 和 4.4%。
截至 2012 年 5 月底，我国社会保障部门共为赴德和赴韩人员分别
出具 7500 份和 3200 份社会保险互免证明①，合计 10700 份，而
2012 年我国在外各类劳务人员数量已达到 850179 人②，即办理社
会保险互免证明的赴德和赴韩人员总数仅占我国在外各类劳务人
员总数的 1.26%。质言之，即使是已经生效多年的中德社会保障
双边协定和中韩社会保障双边协定，也只有一小部分赴德人员和
赴韩人员利用其保护了自身的社会保障权益。一言以蔽之，我国
已生效的社会保障双边协定执行效果不佳，难以有效发挥维护海
外劳工社会保障权益的功能，迫切需要引起重视。

表 5 – 12　2002~2008 年中德和中韩社会保障双边协定的执行效果情况

年份	办理数量		合计	海外劳工数量		合计	执行效果		合计
	赴德人员	赴韩人员		在德人员	在韩人员		赴德人员/在德人员	赴韩人员/在韩人员	
2002	122	—	122	4146	40930	45076	2.9	—	0.3
2003	68	95	163	5091	50128	55129	1.3	0.2	0.3
2004	78	167	245	4918	46153	51071	1.6	0.4	0.5
2005	222	191	413	5129	52088	57217	4.3	0.4	0.7
2006	585	167	752	5190	58618	63808	11.3	0.3	1.2
2007	1163	225	1388	5424	57067	62491	21.4	0.4	2.2
2008	1534	407	1941	4449	39651	44100	34.5	1.0	4.4
合计	3772	1252	5024	34347	344635	378982	11.0	0.4	1.3

　　资料来源：（1）国家统计局贸易外经统计司编《中国贸易外经统计年鉴 2006》，北京：中国统计出版社，2006；（2）国家统计局贸易外经统计司编《中国贸易外经统计年鉴 2009》，北京：中国统计出版社，2009；（3）闫丽仙：《跨国劳动力流动和社会保障国际合作问题探索》，对外经济贸易大学硕士学位论文，2009；（4）黄晓勇主编《公共政策与社会保障案例分析》，北京：社会科学文献出版社，2009。

　　注："赴德人员/在德人员"与"赴韩人员/在韩人员"中的"/"表示除号。

---

① 陈鑫：《人社部：与多国双边社保协定磋商正在有序进行》，《中国日报》2012年 6 月 4 日。

② 国家统计局贸易外经统计司编《中国贸易外经统计年鉴 2013》，北京：中国统计出版社，2013。

第六章　中国社会保障国际合作
问题的形成原因分析

　　浪成于微澜之间。任何问题都不会凭空出现，也不会一蹴而就，而往往是多种因素在一定时期内交互作用的结果。正如马克思主义哲学所指出的，世界是普遍联系的统一整体，任何事物都不能孤立地存在。为了深入剖析与探讨中国社会保障国际合作问题，并在此基础上提出具有针对性的解决策略，就必须通晓这一问题的来龙去脉。或许，在乍一看之下，中国社会保障国际合作问题的形成原因相对简单，然而事实却并非如此，在这一问题产生的背后存在着纷繁芜杂的因果链条。正如恩格斯所言："当我们通过思维来考察自然界或人类历史或我们自己的精神活动的时候，首先呈现在我们眼前的，是一幅由种种联系和相互作用无穷无尽地交织起来的画面。"[①] 质言之，我国社会保障国际合作问题的凸显是多种因素共同作用的结果。

一　政府的重视程度不高

　　保护海外劳工的社会保障权益，不仅关乎我国数以千万计海外劳工及其家属的切身利益，而且关乎我国的国家责任和国际形象。毫无疑问，作为唯一拥有资源和权利代表公共利益开展广泛行动的社会机构[②]，政府在社会保障国际合作过程中发挥着主导作

---

① 马克思、恩格斯：《马克思恩格斯文集》（第三卷），北京：人民出版社，2009：538。
② Gilbert, N. , & Terrell. P. *Dimensions of Social Welfare Policy* (5th ed.) [M]. Boston：Allyn & Bacon, 2002.

用。只有当政府开始关注和重视海外劳工社会保障权益保护问题时，社会保障国际合作才有可能应运而生并有所发展；倘若政府不关注和重视海外劳工社会保障权益保护问题，那么社会保障国际合作无异于空中楼阁，几乎不可能出现，即使由于各种机缘巧合出现了也将弊端丛生、举步维艰。换言之，在很大程度上，政府重视程度的高低与社会保障国际合作的发展程度呈正相关关系。进而言之，倘若我国社会保障国际合作要取得较好的发展，那么就必须依赖于政府的关注与重视。然而，令人遗憾的是，当前我国政府对于社会保障国际合作的重视程度有限，这是当前我国社会保障国际合作存在诸多困境的关键原因。

尽管我国政府自20世纪90年代末期开始关注海外劳工社会保障权益保护问题，开始启动社会保障国际合作进程，并于2012年左右开始加大对社会保障国际合作的重视力度，也取得了一些可喜的成绩，值得肯定与赞许。然而，仔细分析社会保障国际合作的发展进程和世界各国政府在这一领域中的所作所为不难发现，无论是与西方发达国家相比，还是与一些同为海外劳工输出大国的发展中国家相比，我国政府对于社会保障国际合作的重视程度都远远不够。具体说来，主要体现在以下两个方面。

一是对海外劳工社会保障权益保护的认识不足。当前，尽管随着"走出去"战略和"一带一路"倡议的深入推进，国际劳务输出已经成为我国经济与社会发展的重要内容之一（见表6-1），但是一直以来我国政府在开展对外劳务合作过程中，都将对外劳务输出当作一项经济贸易活动或者说是国际贸易活动，主要追求经济效益而放松劳工权益保护。事实上，国际劳工组织自创立伊始就强调不能将劳务输出视为一种商业活动，敦促成员国以及其他国家坚持"劳动不是商品"这一基本原则①。然而，长期以来，在我国政府制定的对外劳务合作行政法规和规章制度中，虽然有一些条款提到要保护劳务人员的合法权益，例如国务院于2012年6月4日公布的《对外劳务合作管理条例》提到"为了规范对外

---

① 常凯：《论海外派遣劳动者保护立法》，《中国劳动关系学院学报》2011年第1期。

劳务合作，保障劳务人员的合法权益"①，但是这些行政法规和规章制度在很大程度上是将对外劳务合作作为一项国际贸易活动进行规范与管辖，而对于劳务人员基本权益的保护着墨不多且可操作性不强，难以为我国数以百万计的海外劳工提供有效保护。

表 6 − 1　2003 ~ 2010 年我国对外劳务合作营业额和合同额情况

单位：亿美元，%

年份	完成营业额	新签合同额	累计完成营业额	累计签订合同额	累计完成营业额增长率	累计签订合同额增长率
2003	33.09	30.87	—	—	—	—
2004	37.5	35.0	308.2	361.1	—	—
2005	48.0	42.5	356.1	403.6	15.5	11.8
2006	53.7	52.3	410.0	456.0	15.1	13.0
2007	58.3	57.5	468.0	513.0	14.1	12.5
2008	80.6	75.6	559.0	599.0	19.4	16.8
2009	89.1	74.7	648.0	674.0	15.9	12.5
2010	89.0	87.0	736.0	760.0	13.6	12.8

注：（1）2007 年是 1 ~ 11 月的数据；（2）自 2011 年开始，商务部网站不再提供我国对外劳务完成营业额、新签合同额、累计完成营业额以及累计签订合同额方面的数据。

数据来源：商务部发布的《我国对外劳务合作业务简明统计》（2003 ~ 2010）。

二是对外劳务合作的主管部门设置不合理。众所周知，当前我国对外劳务合作的主管部门是商务部，根据《对外劳务合作管理条例》第 4 条的规定："国务院商务主管部门负责全国的对外劳务合作监督管理工作。国务院外交、公安、人力资源社会保障、交通运输、住房城乡建设、渔业、工商行政管理等有关部门在各自职责范围内，负责对外劳务合作监督管理的相关工作。"② 如图6 − 1 所示。然而，商务部的重要职责与人员配备主要集中在对外贸易和国际经济合作等方面，并不擅长海外劳工权益保护工作，

① 国务院办公厅：《对外劳务合作管理条例》（国务院令第 620 号），中央政府门户网站，2012 年 6 月 11 日。

② 国务院办公厅：《对外劳务合作管理条例》（国务院令第 620 号），中央政府门户网站，2012 年 6 月 11 日。

而且其制定和出台的各项规章制度也主要集中在对外贸易、招商引资、增加外汇收入、反倾销和反补贴以及对外援助等方面，很少涉及海外劳工权益保护内容。由于我国海外劳工在异国他乡遭遇的利益纠纷和权益侵害主要是与劳动条件、劳动时间和劳动报酬等劳动权利以及社会保障等劳动权益问题相关，处理这些问题并非商务部的强项，而且商务部缺乏这方面的专业技术人员，导致其在处理这些问题时往往顾此失彼、穷于应付，难以为我国海外劳工提供及时有效的支持和保护。

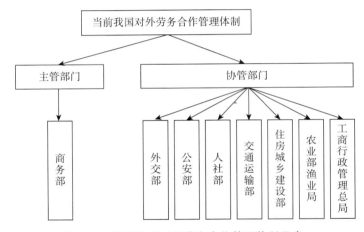

图 6-1　当前我国对外劳务合作管理体制示意

资料来源：笔者根据《对外劳务合作管理条例》第 4 条内容绘制。

二　社会保障制度不完善

由前述分析可知，双方的社会保障制度相对完善是海外劳工的原籍国与东道国开展社会保障国际合作的重要条件之一。在社会保障国际合作过程中，相对完善的社会保障制度是前提和基础。倘若海外劳工的原籍国和东道国中的一方或者两方都没有相对完善的社会保障制度，抑或是原籍国和东道国中的一方或者两方甚至连一两项相对完善且运行良好的社会保险项目都没有，那么社会保障国际合作是无法开展的。换言之，在一定程度上讲，一个国家社会保障制度的完善程度与其社会保障国际合作的发展程度呈正相关关系。由前文可知，当今世界社会保障国际合作发展较好的国家和地区主要是具有完善且成熟的社会保障制度的欧美发达国家或者地区。与其相对比，当前我国的社会保障制度还不够成熟与完善，处于不断的变革之中，这是我国社会保障国际合作存在多重困境的主要因素之一。

自改革开放以来，尽管经过 30 多年的艰辛探索和不懈努力，我国政府对社会保障这一关乎全体人民切身利益和国家长治久安的重大战略性制度安排进行了大刀阔斧式的改革，使得我国社会保障制度基本上摆脱了计划经济时代"国家负责、单位包办、板块分割、单一层次"的"单位保障"烙印，转入了与社会主义市场经济相适应的"政府主导、多方参与、社会化与多层次化"的"社会保障"时代。当前我国已经建立了以社会救助制度为基础、社会保险制度为核心、社会福利制度为补充和慈善公益事业为辅助，以养老保险制度、医疗保险制度以及最低生活保障制度为主要框架的新型社会保障制度。尤其是自 2000 年以来，伴随着政府重视程度的不断提高，我国的社会保障制度发展迅速，不断走向完善，已经从补缺阶段走向适度普惠阶段，使得几乎每一位国民都能不同程度地享有社会保障，并于 2016 年 11 月 17 日获得了国际社会保障协会（ISSA）授予的"社会保障杰出成就奖"（2014 ~ 2016）[1]，取得了举世瞩目的成就。然而，不可否认的是，我国的社会保障制度在很大程度上仍然处于自下而上的试验性改革状态[2]，处于城乡分立走向城乡统筹的不断变革之中，这使得各省乃至省内各县市之间的社会保障制度都存在不同程度的差异，离制度的成熟和定型仍有很长的一段路要走。

在开展社会保障国际合作过程中，由于我国的社会保障制度尚不成熟与完善，仍然处于自上而下的试验性改革状态，一些制

---

① 邱玥：《中国政府获国际社会保障协会社会保障杰出成就奖》，《光明日报》2016 年 11 月 19 日。

② 郑功成：《中国社会保障改革：机遇、挑战与取向》，《国家行政学院学报》2014 年第 6 期。

度和法律法规处于不断变革与完善之中，不仅会增加对方国家社会保障官员和专家了解和熟知我国社会保障制度的难度和复杂度，增加对方为社会保障双边谈判所做的前期准备的时间成本，给对方造成一定的困扰与不便，而且会对社会保障国际合作的技术提出更多且更高的要求，要求对方国家政府具备较强的社会保障行政管理能力，提升社会保障国际合作机制的运行成本，这就必然会造成其他国家与我国进行社会保障双边谈判、签署社会保障国际协定的成本有所增加，在一定程度上降低对方国家与我国进行社会保障双边谈判的意愿与动力，从而阻碍和延缓我国社会保障国际合作的发展步伐。事实上，社会保障制度不完善是许多发展中国家在开展社会保障国际合作过程中面临的共同问题之一①。

三　往来的劳工数量不对称

纵观中外社会保障国际合作的发展历程可以发现，互有适量的劳动者往来是国家之间顺利签署社会保障国际协定的重要前提。倘若两个国家之间的劳动者往来数量不对称，尤其是相差悬殊的话（见图6-2），那么这两个国家之间签署社会保障国际协定的可能性将大大降低，海外劳工输出较多的一方要想和海外劳工输入较多的一方签署社会保障国际协定的难度将显著增加。因为在两个国家尚未签署社会保障国际协定的情况下，海外劳工输入较多的国家的社会保障基金不仅可以获得这些海外劳工的社会保险缴费供给，而且基本上无须承担相应的责任，相当于本国社会保障基金获得"净收益"。一般说来，这种情况在发展中国家与发达国家之间比较多见，因为从发展中国家流向发达国家的海外劳工数量往往比较多，而从发达国家流向发展中国家的海外劳工数量相对较少，这使得发展中国家与发达国家之间的往来劳工数量不对称，甚至是相差悬殊。与此相适应，在双方尚未签署社会保障国

①　Dupper, Ockert. Migrant Workers and the Right to Social Security: An International Perspective [J]. *Stellenbosch Law Review*, 2007: 219 – 254.

际协定的情况下，发展中国家与发达国家在海外劳工社会保障缴费金额上存在一定的甚至是较大的差距。这种海外劳工社会保障缴费不对称现象，使得发达国家的社会保障制度从中获益良多。作为既得利益者，在与发展中国家开展社会保障双边谈判问题上，发达国家往往是心不甘情不愿的，至少是不主动和不积极的，要么避而不谈，要么敷衍了事，要么避重就轻，要么装聋作哑，一言以蔽之，就是采取各种方式尽可能地拖延和淡化。尤其是对于那些社会保障基金运行状况不佳甚至是出现了财务不平衡的发达国家而言，社会保障国际协定的签署将会进一步减少社会保障基金的收入，使得其社会保障财务不平衡状况雪上加霜。质言之，往来的劳工数量不对称是阻碍海外劳工的原籍国与东道国开展社会保障国际合作的重要因素之一。

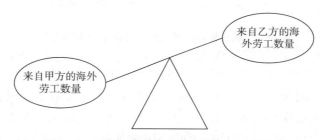

图 6 – 2　两国往来的海外劳工数量不对称示意

毋庸置疑，往来的劳工数量不对称是导致我国社会保障国际合作存在诸多困境的重要因素之一。2015 年我国对外劳务合作派出各类劳务人员 53 万人次，累计派出各类劳务人员达 800.9 万人次，如果再加上许多自发出国务工的劳动者，那么我国累计出国务工的海外劳工数量很有可能超过 1000 万。与此相对应，从我国境内的外籍人员数量来看，根据 2010 年全国人口普查的数据，我国境内的外籍人员数量仅为 593832 人，在我国境内外籍人员数量最多的 10 个国家分别为：韩国、美国、日本、缅甸、越南、加拿大、法国、印度、德国以及澳大利亚（见图 6 – 3）[①]。由此可见，

---

① 国家统计局：《2010 年第六次全国人口普查接受普查登记的港澳台居民和外籍人员主要数据》，国家统计局官方网站，2011 年 4 月 29 日。

我国与许多国家的往来劳工数量是不对称的，甚至相差悬殊，这是我国在开展社会保障国际合作过程中无法回避的重大难题之一，异常棘手。

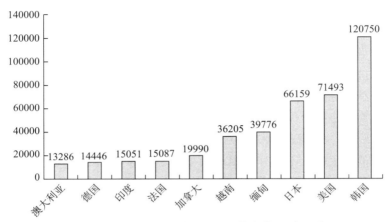

图 6 - 3　我国境内外籍人员数量最多的 10 个国家

资料来源：国家统计局：《2010 年第六次全国人口普查接受普查登记的港澳台居民和外籍人员主要数据》，国家统计局官方网站，2011 年 4 月 29 日。

以中国和日本的社会保障双边谈判为例，日本是我国在外各类劳务人员最多的国家之一，甚至可以说是我国海外劳工分布最集中的国家，2006 年在日本的中国海外就业者人数多达 560000 名，约占日本外籍就业者总数的 26.9%[1]。同时，根据日本厚生劳动省的数据，2015 年在日本的中国海外劳工数量为 32.3 万人，约占日本外籍劳工总量的 35.5%[2]。与此相对应，在我国境内的日籍人员数量仅为 6.6 万人，如果将 2015 年在日本境内的我国海外劳工数量与在我国境内的日籍人员数量相减，那么可以得出二者之间相差 25.7 万人，相差悬殊。于是，在中国和日本尚未缔结社会保障双边协定的情况下，日本的社会保障基金将会从 32.3 万名中国海外劳工中获得巨额的缴费，而且基本上不需要承担相应的风

---

① 王延中：《关注社会保障的国际化》，《中国卫生》2008 年第 12 期。
② 《台媒：日外籍劳工破 90 万人新高　近四成是大陆人》，新华网，2016 年 2 月 4 日。

险和责任，相当于日本社会保障基金的"净收益"。以日本国民年金为例，2015 年日本职员收入平均年薪为 440 万日元（约合 23 万元人民币）①，日本国民年金的缴费方式为，雇主和雇员分别缴纳工资比例的 6.79% 以及财政负担所需资金的 1/3②，那么我们可以粗略地算出在日本的 32.3 万名中国海外劳工每年为日本国民年金贡献的资金总额为：4400000 × 6.79% × 323000 = 96499480000 日元，即 964.99 亿日元（约合 58.63 亿元人民币），这是一笔比较可观的资金，倘若再加上中国海外劳工缴纳的医疗保险费用和雇佣保险费用（见表 6 - 2），那么这笔资金将相当庞大，任何一个国

表 6 - 2　日本国民年金、健康保险和雇佣保险的缴费情况

单位:%

保险类型	行业分类	雇员缴费比例	雇主缴费比例	合计
国民年金	—	6.79	6.79	13.58
健康保险	特殊职业	各职业有差别	各职业有差别	各职业有差别
	大企业	3.658	4.736	8.394
	中小企业	4.25	4.25	8.5
雇佣保险	一般企业	0.35	0.35	0.7
	农林、水产和建筑业	0.4	0.4	0.8

注：这里的"特殊职业"是指船员、国家公务员、地方公务员以及私立学校教职员工。船员健康保险缴费率为标准工资的 8.8%，雇员和雇主各负担 50%；国家公务员共济组合健康保险缴费率由各共济组合根据年度财政收支状况进行调整，不尽一致，2004 年的平均费率为 7.58%，由单位和个人各负担 50%；地方公务员共济组合健康保险缴费率也由各共济组合根据年度财政收支状况进行调整，不尽一致，由单位和个人各负担 50%；私立学校教职员工共济组合健康保险缴费率约为 8.5%，由雇员和雇主各负担 50%。

资料来源：（1）人力资源和社会保障部社会保障战略研究课题组、周弘主编《125 国（地区）社会保障资金流程图》，北京：中国劳动社会保障出版社，2011：443 ~ 450；（2）王莉莉、郭平主编《日本老年社会保障制度》，北京：中国社会出版社，2010：180 ~ 182。

---

① 《日本 2015 年度职业收入排名平均年薪 23 万人民币》，新华网，2015 年 12 月 9 日。

② 人力资源和社会保障部社会保障战略研究课题组、周弘主编《125 国（地区）社会保障资金流程图》，北京：中国劳动社会保障出版社，2011：443—450。

家的政府都无法忽视。这就是为什么在中国与日本的社会保障双边谈判过程中，日本政府有意地拖延和淡化的重要原因之一[①]，从而使得中日社会保障双边谈判自 2011 年 10 月份启动以来宛如拉锯战般前前后后进行了 4 轮也收效甚微（见表 6 - 3），并没有取得实质性进展。

表 6 - 3　中国和日本进行的 4 轮社会保障双边谈判情况

谈判时间	谈判地点	谈判双方
2011 年 10 月 13 日 ~ 14 日	中国北京	中国人力资源和社会保障部、日本厚生劳动省
2011 年 12 月 20 日 ~ 22 日	日本东京	中国人力资源和社会保障部、日本厚生劳动省
2012 年 3 月	中国北京	中国人力资源和社会保障部、日本厚生劳动省
2015 年 11 月 3 日 ~ 6 日	日本东京	中国人力资源和社会保障部、日本厚生劳动省

资料来源：（1）中国驻日本使馆经商参处：《中日两国 15 日启动社会保险协定谈判》，商务部官方网站，2011 年 10 月 10 日；（2）《中日政府间社保协定第一轮磋商启动》，中国劳动保障新闻网，2011 年 10 月 14 日；（3）姚闻：《中日社保协定第二轮磋商将在日本举行》，中国劳动保障新闻网，2011 年 12 月 19 日；（4）王欢：《日媒：中日将于 11 月 3 日在东京重启社保协定谈判》，环球网，2015 年 10 月 30 日；（5）人力资源和社会保障部国际合作司：《中日社会保险协定第 4 轮谈判在东京举行》，人力资源和社会保障部官方网站，2015 年 11 月 26 日。

四　没有充分利用利益杠杆

海外劳工的原籍国与东道国开展社会保障国际合作，实际上是国家之间的一个利益博弈过程。无论是发展中国家与发达国家之间进行社会保障国际合作，还是发达国家与发达国家之间开展社会保障国际合作，抑或是发展中国家与发展中国家之间进行社会保障国际合作，都是一个复杂而又激烈的利益博弈过程。因为国家之间往来的海外劳工数量必定存在一定的甚至是较大的差距，

---

① 在中日社会保障双边谈判中，谈判过程艰难甚至中断的主要原因除中日双方的往来劳工数量相差悬殊外，还有政治上的原因，例如 2012 年 9 月日本政府对钓鱼岛实施所谓"国有化"方针，使得中日关系遇冷，于是中日社会保障双边谈判中断，直至 2015 年中日关系有所改善时才重新启动谈判。不过，可以预见的是，中日社会保障双边谈判之路依然布满荆棘。

在社会保障国际协定缺位之时，海外劳工输入较多的国家由于能够获得较多的海外劳工社会保障缴费而获益颇多，与此相对应，海外劳工输出较多的国家则要遭受较大的损失，譬如海外劳工的社会保障双重缴费、本国社会保障基金的隐性损失以及海外劳工的归国率下降，等等。于是，在进行社会保障双边谈判时，海外劳工输入较多的国家往往处于积极的主动地位，而海外劳工输出较多的国家则常常处于消极的被动地位。与此相反，倘若两国之间签署了社会保障国际协定，那么海外劳工输出较多的国家的利益受损程度就会大大降低，而海外劳工输入较多的国家就要遭受相对较大的损失了。尽管海外劳工向东道国社会保障制度缴纳的社会保障费（税）是他们的必要劳动时间所创造的价值，属于他们工资的一部分，他们应当有权支配，倘若对这些缴费进行限制甚至不给予转移，那么就与克扣工人工资的行为无本质区别，必然是不公平且不合理的，然而在跨越了国界的情况下，这些情况就会变得比较复杂而难以处理。进而言之，在开展社会保障国际合作过程中，如果没有充分利用利益杠杆，让对方在减少一定的既得利益的同时获得其他方面利益的补偿，那么社会保障双边谈判过程将困难重重、举步维艰。实际上，这是诸多发展中国家在与发达国家进行社会保障双边谈判时不可避免的棘手问题之一。

显然，没有充分利用利益杠杆是造成我国在社会保障国际合作过程中面临诸多困境的重要原因之一。事实上，占据全球 20% 左右的人口使得我国拥有非常广阔的国内消费市场和异常巨大的投资空间，这是全球任何一个国家或者地区所无法比拟的，也是全球任何一个国家或者地区所无法忽视的或者拒绝的巨大市场。同时，我国已在 2013 年和 2014 年先后成为全球最大的贸易国和外商直接投资（FDI）接受国[①]。这些都可以而且应当成为我国与其他国家开展社会保障国际合作的重要砝码。

----

① 陈恒：《我国跃居世界第一货物贸易大国》，《光明日报》2014 年 3 月 2 日。UNCTAD. World Investment Report 2015—Reforming International Investment Governance [R]. UN Publications，2015。

五　海外劳工的社会保障权益保护意识淡薄

我国社会保障国际合作面临多重困境，无法有效地维护大多数海外劳工的社会保障权益，除了与政府的重视程度不够、社会保障制度不够完善、往来的劳工数量不对称以及没有充分利用利益杠杆等外部原因有关外，也与我国海外劳工自身方面的因素密切相关。从理论上而言，海外劳工作为国家之间进行社会保障国际合作的重要主体和主要受益者，可以在社会保障国际合作过程中发挥重要作用。然而，事实上，在"强资本弱劳工"的背景下，海外劳工在国际劳动力市场上长期处于弱势地位，而且其弱势地位有日趋加重之势。毫无疑问，在国际劳动力市场中，我国的海外劳工也不可避免地处于弱势地位。有部分学者研究指出，权益保护意识不强是我国海外劳工权益受损事件频繁发生的重要原因之一①。与此相对应，社会保障权益保护意识淡薄是我国海外劳工的社会保障权益受到不同程度损害的重要原因之一。当前，我国的海外劳工以农村剩余劳动力和城镇失业及待业人员为主体，大多属于受教育程度不高的低技能劳工②，各方面的文化知识相对匮乏，对我国和东道国的社会保障法律法规知之甚少，甚至可以说基本上处于空白状态，囿于自身的知识结构和认知能力，我国众多海外劳工根本不了解自己在东道国享有哪些社会保障权益，即使有极少数海外劳工知悉自己在东道国应当享有哪些社会保障权益，但是能够在自身社会保障权益受到侵害后勇于运用法律手段去维护自身合法权益的海外劳工少之又少，甚至可以说是凤毛麟角。于是，当自身的社会保障权益受到损害时，许多海外劳工往往采取忍气吞声、默默接受、忍辱负重的态度与方

---

① 王辉：《我国海外劳工权益立法保护与国际协调机制研究》，《江苏社会科学》2016 年第 3 期；倪秀菊：《论我国对外劳务合作中劳务人员权益的法律保护》，山东大学硕士学位论文，2015；袁赫一：《中国国际劳务输出问题与对策研究》，吉林大学硕士学位论文，2015。

② 吴峰：《我国海外劳工权利保护机制构建》，《开放导报》2014 年第 3 期；王辉：《我国海外劳工权益保护研究》，《嘉应学院学报》2015 年第 4 期；陶斌智：《中国海外劳工权利法律保护研究》，华中师范大学博士学位论文，2015。

式，很少向我国驻外使领馆或者当地的工会组织抑或是民间组织求助，这不仅难以维护自身的社会保障权益，而且会对我国社会保障国际合作带来消极影响。具体说来，主要体现在以下两个方面。

一是由于我国海外劳工的社会保障权益保护意识淡薄，在社会保障权益受到损害时很少向我国驻外使领馆或者国内相关部门求助，使得我国外交部与人力资源和社会保障部等相关政府部门很难全面掌握本国海外劳工的社会保障权益受损情况，其知悉的海外劳工社会保障权益受损情况比较有限，甚至可能是冰山一角。这就会给我国人力资源社会保障部和相关政府部门造成本国海外劳工的社会保障权益受损不严重的表象和假象，从而难以引起相关政府部门的关注与重视。

二是由于我国海外劳工的社会保障权益保护意识淡薄，在自身的社会保障权益受到损害时往往选择忍气吞声、逆来受顺、多一事不如少一事的态度和行动，这很可能会使得东道国的雇主和相关部门在这一问题上更加有恃无恐。不难理解，倘若处于消极被动地位的弱势群体在合法权益受到损害时忍气吞声、委曲求全，既不发声也不求助更不采取行动，那么只能让处于积极主动地位的强势群体更加肆无忌惮。于是，我国海外劳工的社会保障权益保护意识淡薄，就有可能使得一些东道国在与我国进行社会保障双边谈判时更加不情愿和不积极，更有可能选择敷衍塞责、避重就轻或者顾左右而言他的态度，导致社会保障双边谈判的难度和成本大幅度提高，从而给我国社会保障国际合作带来诸多不利影响。

六　对国际劳工标准的重视程度不够[①]

根据《凡尔赛和约》，成立于 1919 年的国际劳工组织是联合

---

① 国际劳工组织主要通过制定国际劳工公约和建议书来确立国际劳工标准。虽然国际劳工公约和建议书都属于国际劳动立法文件，但是法律效力是不同的。国际劳工公约经国际劳工大会通过后，提交成员批准，公约已经批准，成员就必须遵守和执行；而建议书则作为成员国制定法律和采取其他措施时的参考，不需要成员批准，没有必须遵守和执行的义务。故而，为了便于对比和论述，本书提到的"国际劳工标准"主要是指国际劳工公约。

国最早的专门机构，截至 2015 年底，国际劳工组织拥有 185 个成员[①]。国际劳工组织的使命主要有两个：一是扩大社会保障制度在全球的覆盖面，让越来越多的人享有社会保障权益；二是保护跨国劳动者及其家属的合法权益[②]。换言之，自成立伊始国际劳工组织就把保护海外劳工的社会保障等合法权益作为重要使命。一般说来，国际劳工组织主要是通过制定公约和建议书的方式来进行国际劳工立法，出台国际劳工标准，确定劳工权益保护的最低标准，以实现对海外劳工合法权益的有效保护，这些公约和建议书对海外劳工的就业条件、待遇平等、工作环境以及社会保障等方面做出了明确的规定。由于国际劳工组织制定与颁布的公约和建议书基本上是在国际劳工大会上，经过各方主体共同讨论与平等协商后一致通过的，无论是公约和建议书制定与颁布的程序还是其相关条款的内容都具有合理性和公正性，因而受到了世界各国的广泛认可与接纳，具有很高的权威性和认可度，并成为许多成员制定和出台本国（地区）劳动与社会保障法律法规的重要参照，引导并促进了许多成员劳动与社会保障法律法规的发展和完善。同时，一直以来，国际劳工组织积极倡导和敦促成员国之间通过谈判签署社会保障国际协定[③]，以有效地维护尽可能多的海外劳工的社会保障权益。

显然，倘若某一个国家比较重视国际劳工标准，批准并生效了许多国际劳工公约，那么其在海外劳工就业、工作环境、就业条件、平等待遇以及社会保障等方面就实现了国际接轨，就能够获得许多国家的认可和国际组织的合法保护，在海外劳工权益保

① 庞博：《国际劳工组织简介》，《中国海事》2015 年第 11 期。

② Martin P. L. Managing Labor Migration: Temporary Worker Programs for the 21st Century [J]. *International Institute for Labour Studies*, 2003; Holzmann, R., and J. Koettl. Portability of Pension, Health, and Other Social Benefits: Facts, Concepts, Issues [J]. *IZA Discussion Paper 5715*, 2011.

③ Hasenau M. ILO Standards on Migrant Workers: The Fundamentals of the UN Convention and Their Genesis [J]. *International Migration Review*, 1991, 25 (4): 687 – 697; ILO. *International Labour Migration: A Rights-Based Approach* [M]. Geneva: International Labour Organisation, 2010.

护方面就宛如获得了"特别通行证",由于它和诸多国家享有类似甚至是基本一致的劳动和社会保障标准,其在寻求与其他国家进行社会保障国际合作时面临的障碍大为减少。但在种种因素的作用下,我国政府对国际劳工标准的重视程度非常有限,这不仅导致我国与国际劳工组织的合作发展缓慢,而且使得全球海外劳工的主要输入国在国际劳务合作方面对我国设置了许多障碍[①],严重阻碍了我国的社会保障国际合作进程。实际上,这可能是大多数发展中国家在社会保障国际合作过程中面临的共同难题。具体说来,我国政府对国际劳工标准的重视程度不够主要体现在以下三个方面。

一是在国际劳工组织制定的各类公约中,我国政府批准的数量较少。自 1919 年 11 月 28 日国际劳工组织制定第 1 项国际劳工公约——《工业工作时间公约》开始,经过历届国际劳工大会的不懈努力,国际劳工组织已经制定了 195 项国际劳工公约[②],涵盖结社自由、集体谈判、就业时间、工作年龄、待遇平等、反就业歧视、工作环境与安全、疾病、养老、残疾以及工伤等劳工就业与社会保障的各个方面。这 195 项国际劳工公约为世界各国政府和雇主设立了劳工就业与社会保障的最低标准,在保护全球劳工的就业与社会保障权益方面发挥着不可替代的作用。为了有效保护本国劳工的就业和社会保障权益,世界各国应当尽可能地批准和加入这些国际劳工公约。然而,从我国的情况来看,当前我国政府只批准了其中的 26 项,仅占国际劳工公约总数的 13%,其中还有 14 项是民国时期国民政府批准、中华人民共和国成立后中国政府承认的,中华人民共和国成立以来我国政府仅仅先后批准了 12 项国际劳工公约,而且这 12 项国际劳工公约都是 1988 年以后才批

---

① 孙国平:《论劳动法的域外效力》,《清华法学》2014 年第 4 期。
② 通过查询国际劳工组织官方网站可知,当前国际劳工组织已通过的 195 项国际劳工公约中,C 序号的国际劳工公约有 188 项,P 序号的国际劳工公约有 6 项(P29、P81、P89、P110、P147 和 P155),还有 1 项国际劳工公约是 MLC 序号的。同时,在本章节与国际劳工组织相关的内容中,若无特殊说明,皆来源于国际劳工组织官方网站。

准加入的（见表 6-4）。有学者指出，我国政府批准国际劳工公约的主要原则是：在全面考虑经济、政治与社会发展水平的前提下在中国法律的基础上进行①。目前我国所批准的国际劳工公约主要涉及待遇平等、反就业歧视、工作年龄以及最低工资等方面。事实上，无论是与西方发达国家相比较，还是与一些同为海外劳工输出大国的发展中国家相比较②，我国政府批准的国际劳工公约数量明显偏少，这使得我国在劳工就业与社会保障的很多方面难以实现与国际标准接轨，这就必然会给我国社会保障国际合作的顺利开展带来诸多障碍与不便。

表 6-4　中国已批准的国际劳工公约情况（截至 2016 年 12 月）

公约序号	通过年份	公约名称	已批准国家数量	中国批准的时间
C7	1920	最低年龄（海上）公约	53	1936
C11	1921	结社权（农业）公约	123	1934
C14	1921	每周休息（工业）公约	120	1934
C15	1921	最低年龄（扒炭工和司炉工）公约	69	1936
C16	1921	未成年人（海上）的体格检查公约	82	1936
C19	1925	同等待遇（事故赔偿）公约	121	1934
C22	1926	海员协议条款公约	60	1936
C23	1926	海员派遣公约	47	1936
C26	1928	确定最低工资办法公约	105	1930
C27	1929	标明重量（航运包裹）公约	66	1931
C32	1932	伤害防护（码头工人）公约	46	1935
C45	1935	井下劳动（妇女）公约	98	1936
C59	1937	最低年龄（工业）公约（修正）	36	1940

---

① 刘旭：《国际劳工标准概述》，北京：中国劳动社会保障出版社，2003：37。

② 截至 2016 年 12 月，阿尔及利亚、土耳其、印度和菲律宾等海外劳工输出大国批准的国际劳工公约数量分别为：59 项、57 项、44 项和 37 项，远远多于我国，这使得它们在社会保障国际合作领域面临的障碍相对较少。

续表

公约序号	通过年份	公约名称	已批准国家数量	中国批准的时间
C80	1946	最后条款修正公约	57	1947
C100	1951	同工同酬公约	172	1990
C111	1958	消除就业和职业歧视公约	173	2006
C122	1964	就业政策公约	111	1997
C138	1973	准予就业最低年龄公约	169	1999
C144	1976	三方协商（国际劳工标准）公约	139	1990
C150	1978	劳动行政管理公约	76	2002
C155	1981	职业安全卫生公约	66	2007
C159	1983	（残疾人）职业康复与就业公约	83	1988
C167	1988	建筑业安全卫生公约	30	2002
C170	1990	化学制品在工作中的使用安全公约	19	1995
C182	1999	禁止和立即行动消除最恶劣形式的童工劳动公约	180	2002
MLC	2006	国际海事劳工公约	80	2015

注：在这 26 项国际劳工公约中，许多公约存在一些国家批准生效后宣布废止或者是批准后尚未生效的情况，由于数量偏多，不便标注，详情请参见国际劳工组织官方网站。

资料来源：笔者根据国际劳工组织官方网站公布的资料整理。

二是在国际劳工组织确定的八大核心劳工公约中，我国政府批准的数量偏少。在国际劳工组织已制定的 195 项国际劳工公约中，有一些对于保护劳工权益至关重要，而且也得到了全球大多数国家的批准与认可。为了突出这些国际劳工公约，以更好地保护劳工的基本权益，在 1998 年 6 月瑞士日内瓦召开的第 86 届国际劳工大会上，国际劳工组织通过了《工作中的基本原则和权利宣言》，将《强迫劳动公约》、《结社自由及保护组织权公约》、《组织权和集体谈判权公约》、《男女工人同工同酬公约》、《废止强迫劳动公约》、《消除就业和职业歧视公约》、《最低就业年龄公约》以及《禁止和立即消除最恶劣形式的童工公约》确定为八大核心公约，这八大核心公约对于保护劳工的基本权利至关重要，要求各成员国全部予以批准和实施。毋庸置疑，这八大核心国际劳工公约的宗旨是确立和保障劳工的基本权利①。

由表6-5可知，当前这八大核心劳工公约已经得到了全球大多数国家的批准与认可，其中《禁止和立即消除最恶劣形式的童工公约》的批准国家数量最多，达到180个，其次是《强迫劳动公约》、《废止强迫劳动公约》、《消除就业和职业歧视公约》、《男女工人同工同酬公约》、《最低就业年龄公约》、《组织权和集体谈判权公约》以及《结社自由及保护组织权公约》，它们的批准国家数量分别为178个、175个、173个、172个、168个、164个以及153个。换言之，即使是批准国家数量最少的核心劳工公约——《结社自由及保护组织权公约》，也得到了全球153个国家的批准与认可，充分体现了这些核心劳工公约在国际劳工权益保护中的重要性。到目前为止，我国政府批准了八大核心劳工公约中的四项，这四项公约分别为：《男女工人同工同酬公约》、《消除就业和职业歧视公约》、《最低就业年龄公约》和《禁止和立即消除最恶劣形式的童工公约》。这导致我国的劳工保护标准在诸多方面无法实现国际接轨，给我国社会保障国际合作带来了诸多障碍与不便，进而影响我国的社会保障国际合作。

表6-5　八大核心劳工公约及中国的批准情况（截至2016年12月）

核心劳工标准	公约序号	通过年份	公约名称	已批准国家数量	中国批准情况
消除一切形式的强迫或强制劳动	C29	1930	强迫劳动公约	178	尚未批准
	C105	1957	废止强迫劳动公约	175①	尚未批准
结社自由和有效承认集体谈判权利	C87	1948	结社自由及保护组织权公约	153	尚未批准
	C98	1949	组织权和集体谈判权公约	164	尚未批准
消除就业和职业歧视	C100	1951	男女工人同工同酬公约	172②	已批准
	C111	1958	消除就业和职业歧视公约	173③	已批准

① 王家宠：《国际劳动公约概要》，北京：中国劳动出版社，2001：15—17；常凯《WTO、劳工标准与劳工权益保障》，《中国社会科学》2002年第1期。

续表

核心劳工标准	公约序号	通过年份	公约名称	已批准国家数量	中国批准情况
有效废除童工	C138	1973	最低就业年龄公约	168	已批准
	C182	1999	禁止和立即消除最恶劣形式的童工公约	180④	已批准

注：①马来西亚在 1958 年 10 月 13 日批准后一直未生效，1990 年 1 月 10 日宣布废止，新加坡在 1965 年 10 月 25 日批准后一直未生效，1979 年 4 月 19 日宣布废止；②③东帝汶在 2016 年 5 月 10 日批准后尚未生效；④古巴在 2015 年 9 月 28 日批准后尚未生效。

资料来源：笔者根据国际劳工组织官方网站公布的资料整理。

　　三是在与社会保障相关的国际劳工公约中，我国政府批准的数量极少。当前，在国际劳工组织已制定的 195 项国际劳工公约中，有相当一部分是关于劳工社会保障方面的公约，这些公约不仅在保护劳工社会保障权益方面发挥着至关重要的作用，而且是世界各国进行社会保障国际合作的重要基础。如表 6 - 6 所示，据

表 6 - 6　与社会保障相关的国际劳工公约及中国的批准情况
（截至 2016 年 12 月）

公约序号	出台时间	公约名称	已批准国家数量	中国批准情况
C2	1919	失业公约	57	尚未批准
C3	1919	生育保护公约	34	尚未批准
C12	1921	农业工人赔偿公约	77	尚未批准
C17	1925	工人事故赔偿公约	74	尚未批准
C18	1925	工人职业病赔偿公约	68	尚未批准
C19	1925	事故赔偿同等对待公约	121	已批准
C24	1927	疾病保险（工业）公约	29	尚未批准
C25	1927	疾病保险（农业）公约	21	尚未批准
C35	1933	（工业等）老年保险公约	11	尚未批准
C36	1933	（农业）老年保险公约	10	尚未批准
C37	1933	伤残保险（工业等）公约	11	尚未批准
C38	1933	伤残保险（农业）公约	10	尚未批准

续表

公约序号	出台时间	公约名称	已批准国家数量	中国批准情况
C39	1933	遗属保险（工业等）公约	8	尚未批准
C40	1933	遗属保险（农业）公约	7	尚未批准
C42	1934	工人职业病赔偿公约（修正）	53	尚未批准
C44	1934	失业条款公约	14	尚未批准
C48	1935	维护移民的年金权利公约	12	尚未批准
C102	1952	社会保障（最低标准）公约	52	尚未批准
C103	1952	保护生育公约（修订）	41	尚未批准
C118	1962	社会保障同等待遇公约	38	尚未批准
C121	1964	工伤事故津贴公约	24	尚未批准
C128	1967	残废、老年、遗属津贴公约	16	尚未批准
C130	1969	医疗护理和疾病津贴公约	15	尚未批准
C139	1974	职业病公约	39	尚未批准
C155	1981	职业安全卫生公约	66	已批准
C157	1982	维护社会保障权利公约	4	尚未批准
C162	162	安全使用石棉公约	35	尚未批准
C167	1988	建筑业安全卫生公约	30	已批准
C168	1988	促进就业和失业保护公约	8	尚未批准
C183	2000	保护生育公约	32	尚未批准
C187	2006	促进职业安全与卫生框架公约	39	尚未批准

注：在这31项国际劳工公约中，许多公约存在一些国家批准生效后宣布废止或者是批准后尚未生效的情况，由于数量偏多，不便标注，详情请参见国际劳工组织官方网站。

资料来源：笔者根据国际劳工组织官方网站公布的资料整理。

不完全统计，国际劳工组织已经制定了31项与劳工社会保障直接相关的国际劳工公约，这些国际劳工公约得到了不同数量国家的批准和认可，且批准的国家数量与日俱增，影响力逐步增强。目前我国政府仅仅批准了这31项国际劳工公约中的3项——《事故赔偿同等对待公约》、《职业安全卫生公约》以及《建筑业安全卫生公约》。这不仅使得我国就业和社会保障的许多方面无法实现与国际标准接轨，而且导致我国劳动者在海外就业和谋生期间无法受到国际劳工公约的有效保护，进而给我国社会保障国际合作的顺利开展带来了诸多不利影响。

由此可见，无论从批准的国际劳工公约的数量来看，还是从批准的核心劳工公约数量来看，抑或是从批准的社会保障方面的国际劳工公约数量来看，我国政府都存在对国际劳工标准重视程度不够的问题，导致我国现行的劳动和社会保障标准在诸多领域无法实现与国际接轨，使得我国在与其他国家尤其是发达国家开展社会保障双边谈判过程中底气不足，进而给我国社会保障国际合作带来诸多障碍与不便。

七　社会保障国际合作的法制规范不健全

纵观古今中外各国社会保障制度的产生、发展与改革历程可以发现，立法先行是一个重要的成功经验。拥有完善且优良的社会保障法律，是一个国家或者地区社会保障制度成熟的重要标志。毫无疑问，社会保障国际合作也概莫能外，必须拥有相对完善的法制规范。事实上，在社会保障国际合作方面是否拥有完善且相互配套的法律法规，不仅关系到我国政府能否为海外劳工提供有效的社会保障权益保护，而且关乎我国能否与其他国家顺利开展社会保障国际合作。随着我国"走出去"战略和"一带一路"倡议的深入实施，跨出国门的劳动者和企业越来越多，与此相伴随，海外劳工遭遇的利益纠纷和社会保障权益侵害事件日渐增多。倘若我国政府不能有效地处理这些利益摩擦和社会保障权益侵害事件，那么不仅无法保护我国海外劳工的切身利益，而且有损我国的国家利益，也会影响我国的国际地位和国际声誉。

近年来，随着我国立法机关对社会法立法的日渐重视，社会法立法工作取得了较大的进展。与此相适应，我国海外劳工权益保护的法制建设也取得了一定的进展。不过，整体而言，我国海外劳工社会保障权益保护的法制规范仍然不健全，甚至可以说比较滞后。具体说来，可以从以下三个方面进行分析与论证。

一是我国尚未制定海外劳工权益保护法律。当前，尽管海外劳工权益保护涉及数以千万计海外劳工及其家属的切身利益，不可谓不重要，但是我国立法机关尚未就海外劳工权益保护问题制定专门的法律，更不用说单独为海外劳工社会保障权益保护制定专门的法律了。目前我国海外劳工权益保护方面的法律主要由行政法规和部门规章制度构成，例如国务院颁布的《对外劳务合作管理条例》和《对外承包工程管理条例》① 以及商务部和相关部委发布的规章制度（见表 6-7），但是这些行政法规和规章制度的立法位阶不高（见表 6-8），法律的效力层次偏低，往往难以得到认真贯彻和有效实施。而且，这些行政法规和规章制度的重点是对对外劳务输出活动进行规范和管理，海外劳工的社会保障权益保护等问题并非重点内容。此外，这些行政法规和规章制度的内容很不全面，尤其是对于海外劳工社会保障权益保护问题，并无具体规定，即使偶有涉及也只是蜻蜓点水般地一带而过，不具备可操作性，难以有效维护海外劳工的社会保障权益。

表 6-7　我国海外劳工权益保护方面主要的行政法规和规章制度

颁布时间	颁布主体	行政法规和规章制度的名称	类型
2008.7.21	国务院	对外承包工程管理条例	行政法规
2012.6.4	国务院	对外劳务合作管理条例	
1993.11.5	原外经贸部	对外劳务合作管理暂行办法	部门规章制度
2001.11.27	原外经贸部、财政部	对外劳务合作备用金暂行办法	
2002.1.24	原外经贸部	外派劳务人员培训工作管理规定	
2002.3.12	原外经贸部、外交部、公安部	办理劳务人员出国手续的办法	
2002.5.14	原劳动和社会保障部、公安部、国家工商行政管理总局	境外就业中介管理规定	

---

① 事实上，尽管《对外承包工程管理条例》涉及海外劳工权益保护问题，但是它的三十五条规定中无任何一条涉及海外劳工的权益保护。

续表

颁布时间	颁布主体	行政法规和规章制度的名称	类型
2003.7.30	商务部	关于处理境外劳务纠纷或突发事件有关问题的通知	部门规章制度
2003.8.21	商务部、财政部	关于修改《对外劳务合作备用金暂行办法》的决定	
2004.7.26	商务部、国家工商行政管理总局	对外劳务合作经营资格管理办法	
2005.8.15	商务部、国家工商行政管理总局	《对外劳务合作经营资格管理办法》补充规定	
2005.11.23	商务部	外派海员类对外劳务合作经营资格管理规定	
2014.7.18	商务部、财政部	对外劳务合作风险处置备用金管理办法（试行）	

资料来源：笔者根据中央人民政府门户网站和相关部委官方网站公布的资料整理。

表 6-8 我国法律的位阶体系

位阶等级	法律称谓	法律的创制主体	具体例子
第一位阶	宪法	全国人民代表大会	《宪法》
第二位阶	基本法律	全国人民代表大会	《刑法》、《民法》
第三位阶	普通法律	全国人民代表大会常务委员会	《社会保险法》、《劳动法》
第四位阶	行政法规	国务院	《对外劳务合作管理条例》
第五位阶	地方性法规（自治条例和单行条例）	省、直辖市、自治区人民代表大会及其常委会	《浙江省专利保护条例》、《北京市食品安全条例》
第六位阶	行政规章（部门规章和地方章）	国务院各部委；省、直辖市、自治区和较大的市的人民政府	《劳务派遣暂行规定》、《境外就业中介管理规定》

资料来源：（1）张根大：《法律效力论》，北京：法律出版社，1999：180—181；（2）顾建亚：《法律位阶划分标准探新》，《浙江大学学报》（人文社会科学版）2006年第6期。

　　二是相关法律缺乏海外劳工社会保障权益保护内容。按理而言，《中华人民共和国劳动法》和《中华人民共和国劳动合同法》作为专门保护我国劳动人员合法权益的主要法律，应当涵盖海外劳工社会保障权益保护方面的条款。但《中华人民共和国劳动法》和《中华人民共和国劳动合同法》并未引入相关的章节条款来保护海外劳工的社会保障等合法权益。尽管《中华人民共和国劳动合同法》在 2012 年 12 月 28 日经过十一届全国人大常委会第三十次会议修订后，对第五章的"劳务派遣"内容进行了完善，然而这部分内容仍然是关于国内劳务派遣人员的规定，没有涉及对外劳务派遣人员。而且，人力资源和社会保障部于 2014 年 1 月 26 日出台的《劳务派遣暂行规定》（部令第 22 号）第 26 条规定："用人单位将本单位劳动者派往境外工作或者派往家庭、自然人处提供劳动的，不属于本规定所称劳务派遣。"[1] 没有将与海外劳工相关的劳务派遣包括在内。

三是将在华外籍劳工纳入我国社会保障制度的法制规范不健全。为了保护在本国就业的外籍劳工的社会保障权益，大多数发达国家和一些发展中国家通过立法强制要求外籍劳工参加本国的社会保险制度，缴纳相应的社会保险费（税），给予其国民待遇，为其提供基本的公共服务。对于在华外籍劳工参加我国社会保险问题，尽管 2010 年出台的《中华人民共和国社会保险法》第 12 章第 97 条明确规定："外国人在中国境内就业的，参照本法规定参加社会保险。"[2] 而且人力资源和社会保障部于 2011 年 9 月 8 日出台了《在中国境内就业的外国人参加社会保险暂行办法》，但是这些法律法规仍然属于原则上的规定，缺乏具体的实施细则，再加上在华外籍劳工参保不积极等原因[3]，严重削弱了这些法律法规的实施效果，使得许多发达国家在社会保障双边协定缺位的情况下仍然获益颇多。这就导致本来就不情愿且不积极与我国进行社会保障双边谈判的部分发达国家更加不情愿和不积极了，从而影响我国的社会保障国际合作。

---

① 尹蔚民：《劳务派遣暂行规定（人力资源和社会保障部令第 22 号）》，《中国劳动》2014 年第 3 期。
② 《中华人民共和国社会保险法》，《司法业务文选》2010 年第 37 期。
③ 熊贵彬：《外籍员工参加我国社会保险困境分析》，《湖北社会科学》2013 年第 11 期。

八　社会保障国际合作的配套设施不足

导致我国社会保障国际合作存在诸多困境的原因除上述政府重视程度不高、社会保障制度不够完善、往来的劳工数量不对称、没有充分利用利益杠杆、海外劳工的社会保障权益保护意识淡薄、对国际劳工标准的重视程度不够以及相关法律法规不健全外，还有配套设施不足方面的因素。诚然，任何一项社会政策或者行动的有效运行与健康发展，都离不开相对完善的配套设施，否则它将百病丛生、问题不断。事实上，凡是在社会保障国际合作领域颇有成就的国家，都建立了相对完善且匹配的配套设施，例如强有力的宣传机制、完备的海外劳工数据库以及训练有素的专业人才队伍等，这些配套设施为其社会保障国际协定的有效实施提供了强有力的技术支持与智力支撑。与此相对照，通过仔细研读我国现有的社会保障国际协定文本和相关政策文件不难发现，我国社会保障国际合作的配套设施还存在诸多不足。具体而言，主要体现在以下五个方面。

一是缺乏强有力的宣传机制。由于我国人力资源和社会保障部等政府部门和新闻媒体对社会保障国际合作政策的宣传力度有限，许多国内企业和员工对我国已签署的社会保障双边协定知之甚少，甚至很多大型跨国企业及其员工也不知道有这些社会保障双边协定。实际上，由于一直以来国内学术界有意或者无意地将"社会保障国际合作"视为一个相对小众且冷僻的领域，很少有专家学者涉足，即使是在社会保障领域浸润多年的专业人士对于这一问题的了解也非常有限，就更不用说是一般的企业职工了。因此，尽管中德、中韩和中丹社会保障双边协定已经生效多年，近年来办理社会保险"参保证明"的人员略有增加，但是与我国每年流动到这些国家的海外劳工总数相比，所占的比例非常有限，社会保障双重覆盖与双重缴费问题仍然屡见不鲜，严重违背了我国政府开展社会保障国际合作的初衷。

二是缺少完备的海外劳工数据库。当前，我国并未建立海外劳工数据库，各级人力资源和社会保障部门的经办机构不仅没有掌握我国跨国企业和海外劳工的数量及其在国内外参加社会保险的情况，也缺乏对在华外籍劳工的数量、所属国以及在我国参加社会保险情况的了解。在为我国海外劳工办理社会保险"参保证明"这一问题上，只有当跨国企业或者员工主动找上门来才予以办理，也不清楚应当办理社会保险"参保证明"而没有办理的人员所占的比例以及相关情况，更没有出台有效的应对措施。换言之，由于尚未建立相对完备的海外劳工数据库，我国人力资源和社会保障部门的经办机构难以掌握中外海外劳工的参保和互免等情况，也无法精确把握社会保障双边协定的实施效果。

三是专业人才相对短缺。社会保障国际合作是一个比较专业的领域，需要一批训练有素的社会保障国际化人才队伍，不仅需要他们掌握相应国家的语言和拥有良好的沟通能力，而且要求他们熟知相应国家的社会保障法律法规，也要求他们对相应国家的历史文化和风土人情等有所了解，甚至还要求他们具备一定的外交常识。然而，尽管自20世纪90年代我国就开始启动社会保障国际合作进程，至今已有20年的历史，但是社会保障国际化人才还是相对匮乏，无论是对于主管全国14亿人口就业与社会保险的人力资源和社会保障部来讲，还是对于地方各级人力资源和社会保障部门而言，情况皆是如此，这势必影响我国社会保障国际合作的顺利开展。

四是办理流程复杂烦琐。当中国与德国、韩国和丹麦等国签署的社会保障双边协定生效以后，已经或者即将在这些缔约国就业的中国海外劳工要想获得社会保险费用豁免，就必须先在国内参加相应的社会保险项目且按时足额缴纳社会保险费用，并办理"参保证明"才能向对方国家社会保障部门申请免缴社会保险费用。目前，"参保证明"的办理流程比较复杂，不仅耗时耗力，而且会给一些受教育水平偏低的海外劳工带来诸多不便。根据《关于实施中德社会保险协定的通知》（劳社厅发〔2002〕2号）和《人力资源社会保障部办公厅关于实施中韩社会保险协定和议定书的通知》（人社厅发〔2012〕120号）以及《人力资源社会保障部办公厅关于实施中丹社会保障协定的通知》（人社厅发〔2014〕42号）可知，一个已经在国内参保且按时足够缴纳社会保险费用的中国海外劳工要想办理"参保证明"，必须经过以下 7 道程序：在人力资源和社会保障部网站下载并填写"'参保证明'申请表"（一式 3 份）→加盖所在单位公章→"'参保证明'申请表"交由参保所在地（省、市、县区）的社会保险经办机构审核并加盖印章（留存 1 份"'参保证明'申请表"备案）→将盖章后的"'参保证明'申请表"寄送至人力资源和社会保障部社会保险事业管理中心办公室→人力资源和社会保障部社会保险事业管理中心根据申请人员的类别进行审核→出具"参保证明"或者不出具"参保证明"并说明原因→申请人持"参保证明"在规定期限内向东道国社会保障部门申请免缴社会保险费用，如图 6-4 所示。由此可见，"参保证明"的办理流程复杂烦琐，不仅比较耗时，即使是非常顺利地走完整个流程也得耗费半个月甚至更长的时间，如果中途出现一些状况的话，耗时就会更长，而且会给受教育程度偏低的海外劳工带来较大的麻烦，以他们的文化水平可能很难理解复杂的办理流程并完成有效申请。实际上，即使是对于部分受教育水平较高的海外劳工来讲，"参保证明"的办理流程也比较复杂难懂，不仅会严重削弱我国海外劳工办理"参保证明"的意愿与动力，而且会导致一些海外劳工放弃申请办理"参保证明"，减少我国社会保障双边协定的惠及人数，影响我国社会保障双边协定的实施效果，进而给我国社会保障国际合作带来诸多挑战。

五是尚未建立反馈机制。当前，在社会保障国际合作领域，我国人力资源和社会保障部尚未建立反馈机制，主要体现在两个方面：一是人力资源和社会保障部与已办理社会保险"参保证明"的海外劳工缺少沟通，海外劳工难以反馈他们在办理社会保险"参保证明"后可能遭遇的困境，也缺乏对于他们在国内是否继续参加社会保险、缴纳社会保险费用等情况的跟踪与调查；二是人力资源和社会保障部与缔约国相关部门的定期交流不畅，根据我国现有社会保障双边协定的有关规定，我国人力资源和社会保障部应当与缔约国相应部门建立定期交流机制，双方定期互相

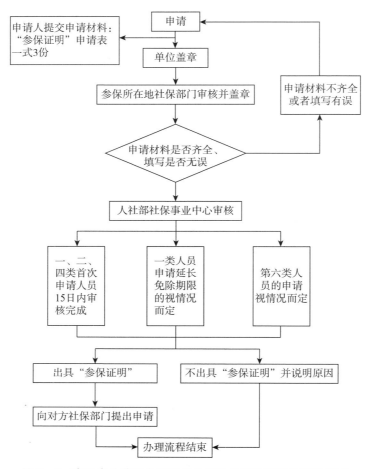

图6-4 中国海外劳工办理相关免缴社会保险证明的流程示意

资料来源：笔者根据《人力资源社会保障部办公厅关于实施中丹社会保障协定的通知》（人社厅发〔2014〕42号）所做。

通报社会保障双边协定的实施情况，就社会保障双边协定实施过程中出现的情况和问题进行反馈与沟通，且将本国社会保障法律法规的修订或者增补情况及时通告对方。然而，在实际工作过程中，我国人力资源和社会保障部门不仅未能及时向缔约国通报社会保障双边协定的实施情况，而且未能针对社会保障双边协定实施过程中出现的问题与对方进行有效沟通，也没有把我国社会保障法律法规的修订或者增补情况及时告知对方，进而给社会保障双边协定的有效运行与健康发展带来了诸多不利影响（见图 6 - 5）。

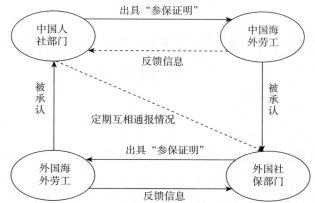

图 6 - 5　尚未建立反馈机制的中国社会保障国际合作示意

注：虚线表示尚未实现；实线表示已实现。

第七章　社会保障国际合作的国际
经验及其启示

他山之石，可以攻玉。任何一项社会制度或者公共政策的有效运行与长远发展，不仅需要立足于本国或者本地区的政治、经济、社会、历史和文化发展等基本国情，而且需要学习与借鉴其他国家或者地区的先进经验和有益教训，取人之长，补己之短。尤其是对于社会保障国际合作这种"舶来品"而言更应如此。再加之如前所述，当前我国社会保障国际合作刚刚步入初步发展时期，正处于从"牙牙学语"走向"蹒跚学步"和从"懵懂无知"走向"有所收获"的阶段，尚存在政府重视程度有限、社会保障制度不健全、往来的劳工数量不对称、没有充分利用利益杠杆、海外劳工的社会保障权益保护意识不强、对国际劳工标准的重视程度不够、社会保障国际合作的相关立法滞后以及社会保障国际合作的配套设施不足等多重困境与局限，从而使得学习与借鉴其他国家或者地区的先进经验和有益教训显得尤为重要与迫切。

根据全球各国社会保障国际合作的发展态势和典型国家在这一领域的主要实践以及经验教训，笔者选择了欧盟、美国、印度和菲律宾四个国家或者地区作为我国学习与借鉴其他国家或者地区先进经验和有益教训的对象。选择这四个国家或者地区作为学习与借鉴的对象，主要是基于以下三方面的考虑。首先，欧盟和美国、印度和菲律宾分别代表了在社会保障国际合作领域发展较好的发达国家与发展中国家。欧盟和美国的社会保障国际合作正处于成熟完善的发展阶段，而作为海外劳工输出大国的印度和菲律宾的社会保障国际合作则处于快速上升阶段，我们既要学习与借鉴发达国家在这一领域的成功经验，也要研究与吸收发展中国家在这一领域的有益做法。其次，在社会保障国际合作领域，欧盟、美国、印度和菲律宾都具有自身特色，具有一些独特的经验。欧盟不仅是社会保障国际合作的发源地，而且是社会保障国际合作发展最好和最完善的地区，是其他国家或者地区学习与借鉴的蓝本；美国不仅是世界上最大的海外劳工输入国，而且是全球重要的海外劳工输出国之一，海外劳工的往来异常活跃和频繁，它在社会保障国际合作领域积累了许多成功经验；印度作为全球最重要的海外劳工输出国之一，通过修改国内社会保障法律等措施在社会保障国际合作领域积累了一些宝贵的经验；而菲律宾作为全球最大的海外劳工输出国之一，通过采取与其他国家签署社会保障国际协定和一些单边措施，在海外劳工社会保障权益保护方面积累了诸多有益的经验。最后，从社会保障国际合作领域的文献资料来看，研究欧盟的文献最多，无论是中文文献还是英文文献，几乎有一半以上的文献是在研究欧盟的社会保障国际合作问题，美国的社会保障国际合作问题也受到了较多研究者的关注，还有一部分文献涉及了印度和菲律宾等发展中国家的社会保障国际合作问题，研究其他国家社会保障国际合作问题的文献相对较少。

一　欧盟社会保障国际合作的主要经验

欧洲的统一思潮由来已久①，并在第二次世界大战结束后进入高潮。1950 年 5 月 9 日，法国外长罗贝尔·舒曼提出欧洲煤钢共同体计划，主张建立一个超国家的煤钢行业共同体。1951 年 4 月 18 日，法国、联邦德国、意大利、荷兰、比利时和卢森堡六国在

---

① 欧洲"统一"的观念在历史上是一种乌托邦式的梦想，起初只朦胧地散见在人们的脑子里，法兰西人、日耳曼人、意大利人、盎格鲁－撒克逊人……至少觉得彼此都生活在亚欧大陆的一角，他们的祖先都通过拉丁文读过《圣经》，他们是受过高级教育的人，直到十六七世纪还在使用拉丁文著文立说和通信。从 20 世纪初起，欧洲人开始提出"欧洲联邦"、"泛欧联邦"、"泛欧主义"、"欧洲合众国"的设想和各种提法。由于出现了战争，每一次战后都会增加这种欧洲联邦的呼声，人们认为，如果欧洲是一个联邦或者合众国的话，就不会出现战争。

巴黎签署了《关于建立欧洲煤钢共同体的条约》（简称《巴黎条约》），创建了欧洲煤钢共同体，标志着欧洲一体化进程的开始。1955 年 6 月 1 日，在墨西拿会议上，欧洲六国提出应当将建立煤钢共同体的原则推广到其他经济领域，并建立统一的共同市场。于是，1957 年 3 月 25 日，欧洲六国在罗马签署了《建立欧洲原子能共同体条约》和《建立欧洲经济共同体条约》（统称为《罗马条约》），启动了欧洲的经济一体化进程。《罗马条约》将实现"货物、人员、服务与资本的自由流动"作为实现"内部统一大市场"的基本内容①，其他各项政策的制定与执行皆是围绕这四大自由要素展开的。在这四大自由要素中，人员的自由流动是最重要的，尽管它难以像资本和货物的自由流动那样对经济发展起到立竿见影的效果，但是它与资本和货物的自由流动息息相关，因为只有实现了人员的自由流动，才可能真正实现资本和服务的自由流动，欧洲的"内部统一大市场"才有可能真正实现。

然而，人员的流动亦是四大自由要素中最困难的。因为其中的"劳动者"作为最活跃的生产要素，是一种非常特殊的生产要素，它除了具备一般生产要素的共同特征外，还具有其他生产要素所不具备的特征和所不需要的特殊要求。尤其是要实现劳动者的跨国流动，就必须保证劳动者的跨国流动不会对他们已经或者正在获得的社会保障权益造成损害②，即原有的社会保障关系能够在新的就业国家获得承认和延续，而且新的就业国的福利待遇应当大于或者等于原就业国，否则就会严重削弱劳动者自由流动的意愿和动力。要想实现跨国劳动者社会保障关系的转移接续，就必须在国家之间开展社会保障权益国际协调。于是，伴随着越来

① 刘世元：《欧盟关于人员自由流动的立法特点及其启示》，《国际经贸探索》2006 年第 6 期；邵景春：《欧洲联盟的法律与制度》，北京：人民法院出版社，1999：243。

② 关信平、黄晓燕：《欧盟社会保障一体化：必要性与条件分析》，《欧洲》1999 年第 4 期；陈立泰、熊厚：《欧盟社会保障政策对就业的抑制效应及其对中国的启示》，《甘肃社会科学》2007 年第 1 期；李靖堃：《从经济自由到社会公正——欧盟对自由流动劳动者社会保障的法律协调》，《欧洲研究》2012 年第 1 期。

越多的劳动者在欧盟各成员国之间跨境流动，就必然会出现海外劳工社会保障权益保护问题，社会保障国际合作应运而生。

（一）　欧盟社会保障国际合作的思路

随着欧洲经济一体化进程的逐步推进，愈来愈多的劳动者跨境流动成为海外劳工，他们在欧共体各成员国境内的流动越来越频繁与活跃，由于他们的社会保障溢出了国境，就必然会遭遇社会保障双重覆盖与双重缴费问题或者社会保障双重缺失问题抑或是社会保障待遇支付障碍问题，不仅会严重损害他们的社会保障权益，而且会显著削弱他们的流动意愿和积极性，不利于欧洲统一大市场的最终建立。事实上，欧共体各成员国为了维护本国国民的社会保障权益，皆对跨国劳动者设置了入境限制、职业资格限制以及居住设置等诸多障碍和壁垒[①]。不过，在欧共体创建伊始，创建者们就睿智地指出社会保障将会对跨国劳动者的自由流动造成阻碍，必须采取有效措施解决这一问题。例如，《罗马条约》着重强调："理事会针对委员会的提案应采取一致行动，在社会保障领域采取保证劳动者迁徙自由的必要措施。最终，它应做出安排为迁徙劳动者及其家属提供保护。"[②] 在处理这一问题上，当时欧共体主要有两种选择：一是趋同（Harmonization），即欧共体发挥超国家组织的作用，通过干预各成员国的内部政策与社会制度[③]，制定欧共体层面上统一的社会保障法律法规来取代各成员国已有的社会保障法律法规，创建统一的社会保障制度安排，让跨国劳动者在一体化的社会保障制度内自由流动；二是协调（Coordination），即欧共体在尊重各成员国基本国情和不改变各成员国现有社会保障制度安排的前提下，寻求制定统一的社会保障协调

---

① Larkin P. Policy of Inconsistency and Hypocrisy: United Kingdom Social Security Policy and European Citizenship [J]. *Journal of Social Welfare & Family Law*, 2009, 31 (1): 33 – 45.

② 戴炳然：《欧洲共同体条约集》，上海：复旦大学出版社，1993：95。

③ Berghman J. Social Security in a European Perspective: Present and Future Challenges [J]. *Social Protection & the European Economic & Monetary Union*, 1996: 35 – 47.

原则与规范，以确保各成员国在社会保障领域的"个体行为"不会对跨国劳动者的社会保障权益造成消极影响。欧共体各成员国政府经过激烈争论和多轮博弈后，最终选择了"协调"的做法，即在尊重各成员国的基本国情和已有的社会保障制度安排的基础上，各成员国政府仍然可以自主决定本国社会保障制度的项目设定、覆盖人群、享受条件、缴费标准、待遇计算以及福利支付等核心内容和关键问题，不过必须严格遵守欧盟在跨国劳动者社会保障权益保护问题上设立的共同原则与主要规范，以确保各成员国不尽相同的社会保障制度不会损害跨国劳动者的社会保障权益。毋庸置疑，这是欧共体深思熟虑后做出的理性选择。

第一，欧共体并不具备实行社会保障政策一体化的政治基础。要想实现社会保障政策一体化，欧共体就必须创建统一的社会保障制度安排来取代各成员国现有的社会保障制度安排，毫无疑问，单一的成员国并不具备这样的权能，这就要求欧共体具备超越各成员国政府的决策权和行政管辖权，像一个主权国家政府那样可以独立自主地进行管辖与决策。然而，令人遗憾的是，一直以来社会政策都是欧共体缺乏权能的领域，各成员国政府自始至终都将社会政策视为本国内政，不允许欧共体进行干涉和染指①。自创建伊始，欧共体在社会政策领域实行的就是"一致通过"原则，成员国享有"一票否决"权，任何一项社会政策提案，只要有某一个成员国不赞成或者投反对票，该项提案就会流产。故而，在很大程度上讲，欧共体在社会政策领域的决策权主要掌握在各成员国政府手中。尽管 1986 年 2 月欧共体制定的《单一欧洲法案》将"有效多数"表决机制引入了工作环境、劳动者健康与安全等

① Reyes, Carlos. European Portability Rules for Social Security Benefits and Their Effects on the National Social Security Systems [J]. Discussion Papers SFB International Tax Coordination No. 1, SFB International Tax Coordination, Vienna: WU Vienna University of Economics and Business, 2004; Hantrais, L. *Social Policy in European Union*: *3nd* [M]. New York: Palgrave Macmillan, 2007: 25; Steven Vansteenkiste. The complex Art of Social Security Coordination [J]. *Journal of European Social Policy*, 1998, (8): 173 – 176.

社会政策领域的决策程序①，且 1992 年 2 月 7 日欧共体各国签署的《马斯特里赫特条约》和 2007 年 12 月 13 日欧盟各国缔结的《里斯本条约》拓展了"有效多数"表决机制在欧盟社会政策领域的适用范围，具体包括劳动者健康与安全、劳动者自由流动、职业培训与认证以及自由创业等②，但是在社会保障、税收以及国防等事关各成员国主权的领域，仍然实行的是"一致通过"原则③，成员国依然享有"一票否决"权。

　　第二，欧共体各成员国之间的社会保障制度和经济社会发展水平存在不同程度的差异，而且许多成员国的社会保障政策正处于不断改革与完善之中。不仅欧洲各民族国家的创建时间要远远早于欧共体，而且在欧共体创建之前欧洲国家就形成了相对完善的社会保障制度体系，许多国家甚至已经建成了"福利国家"。一方面，欧共体各成员国在社会保障制度与政策方面存在一定的甚至是较大的差异，即使是作为欧共体六大创始国的法国、联邦德国、意大利、比利时、荷兰和卢森堡，皆为欧洲大陆发达国家，它们在社会保障的制度模式、筹资渠道、待遇支付以及经办管理等方面仍然存在不同程度的差异，根据埃斯平·爱德森在《福利资本主义的三个世界》中的划分，法国、联邦德国和意大利属于保守主义福利国家，而荷兰和比利时则更像是或者说更接近社会民主主义福利国家（见表 7-1），而且在 20 世纪 70 年代中东石油价格飙升引发世界经济危机后，许多福利国家的财政收入入不敷出，难以支撑高水平的福利体系，欧共体的一些成员国被迫开始进行福利体系改革，各国改革的时间、步伐和程度也存在不同程度的差别。另一方面，欧共体各成员国的经济和社会发展水平存在不同程度的差异，即使是六大创始国同为欧洲大陆发达国家，它们在经济结构、劳动力市场以及社会发展等方面也很不平衡，譬如联邦德国和法国的经济社会发展水平要相对高于其他四国。

---

① 王世洲主编《欧洲共同体法律的制定与执行》，北京：法律出版社，2000：11。

② 田德文：《欧盟社会政策与欧洲一体化》，北京：社会科学文献出版社，2005：16。

③ 石晨霞：《欧盟社会政策研究》，武汉：武汉大学出版社，2016：49。

此外，随着欧盟的东扩南拓，各成员国之间的经济社会发展水平和社会保障水平的差距逐步拉大，尤其是2004年以来大批东欧国家的加入，使得这些差距愈加明显[①]，甚至引发了一定程度的"社会倾销"问题，这就必然阻碍和羁绊欧洲社会保障政策的一体化进程。

表 7 – 1   以综合的去商品化为标准的福利国家排序

福利国家类型	国家	去商品化评分
自由主义福利国家	澳大利亚	13.0
	美国	13.8
	新西兰	17.1
	加拿大	22.0
	爱尔兰	23.3
	英国	23.4
保守主义福利国家	意大利	24.1
	日本	27.1
	法国	27.5
	德国	27.7
	芬兰	29.2
	瑞士	29.8
社会民主主义福利国家	奥地利	31.1
	比利时	32.4
	荷兰	32.4
	丹麦	38.1
	挪威	38.3
	瑞典	39.1

资料来源：埃斯平·爱德森：《福利资本主义的三个世界》，苗正民、滕玉英译，北京：商务印书馆，2010：68~69。

---

① 关信平、郑飞北：《〈社会政策议程〉、欧盟扩大与欧盟社会政策》，《南开学报》2005年第1期。

（二）欧盟社会保障国际合作的法律基础

经过半个多世纪的发展，欧盟社会保障国际合作逐步形成了以基础条约、二级立法（社会保障协调条例）和欧洲法院的判例法为基础的独具特色的法律体系。在这一法律体系中，基础条约、二级立法（社会保障协调条例）和欧洲法院的判例法相互制约、相得益彰，为解决欧盟境内跨国劳动者的社会保障问题提供了强有力的法律保障。

1. 基础条约：欧盟社会保障国际合作的基本法律

基础条约处于欧盟法律位阶体系的最顶端，具有至高无上的法律地位和法律效力，相当于欧盟的宪法，是欧盟创制其他法律法规的主要依据和根本标准，主要由欧盟各成员国缔结的各类条约、补充条约以及法案构成，譬如《建立欧洲煤钢共同体条约》《建立欧洲经济共同体条约》《建立欧洲原子能共同体条约》《布鲁塞尔条约》《单一欧洲法案》《欧洲联盟条约》《欧洲联盟运行条约》《阿姆斯特丹条约》《尼斯条约》以及《里斯本条约》，等等。这些条约、补充条约和法案大致可以分为五类：一是创建欧共体（欧盟）的条约；二是发展和完善欧共体（欧盟）制度与组织结构的条约；三是针对第一类条约的补充条约；四是适用于新入盟成员国的条约；五是上述四类条约的附件①。这些基础条约从不同的视角对欧盟跨国劳动者的社会保障权益保护做出了规定，为之后跨国劳动者社会保障权益保护的立法与执行创造了条件，奠定了基础。譬如，《建立欧洲煤钢共同体条约》第 69 条第 4 款明确规定："在不妨碍对边境工人采取特别措施的情况下，成员国应禁止国民与移民工人间在工作条件上的一切歧视；它们尤其应当致力于在它们之间解决任何有待解决的事务，以保证社会保险

---

① European Union. Primary Law［EB/OL］. http：∥europa. eu/legistion_ summaries/in-stitutional_ affaies/d-ecision-making_ process/114530_ en. htm, 2012 – 12 – 08.

制度安排不会阻碍劳动力的自由流动。"① 又比如,《欧洲共同体条约》第 42 条(现《欧洲联盟运行条约》第 48 条)着重提出:"欧洲理事会和议会应当按照普通立法程序,在社会保障领域采取有助于劳动者自由流动所必需的措施,为此,它们应当为跨国劳动者及其家属提供以下制度安排:一是为获得并保留获得福利的权利和核算福利待遇数额的目的,应当把依据各国法律分别计算的所有参保期限累计计算;二是向居住在各成员国境内的个人支付福利待遇。"② 显然,基础条约中的相关法律条款为欧盟社会保障国际合作的兴起与发展奠定了坚实的法律基础。

2. 二级立法:欧盟社会保障国际合作的核心法律

对于欧盟社会保障国际合作问题,基础条约中的相关条款仅仅提供了原则性和框架性的粗线条式规定,并没有提供具体的实施细则,同时这些法律条款零散地分布在各项基础条约之中,不仅难以形成一个统一的体系,而且这种粗线条式的原则性和框架性规定显得比较抽象,缺乏实际可操作性。于是,欧盟出台了许多二级立法(社会保障国际合作领域主要是条例),制定了与基础条约中的原则性规定相配套的实施条例,简称"欧盟社会保障协调法令"。具体说来,半个多世纪以来,欧盟社会保障协调法令主要经过了三代。

第一代是《欧共体 3/1958 号条例》和《欧共体 4/1958 号条例》。为了促进劳动者的自由流动,欧共体必须保证劳动者不会因为跨国流动而丧失已经或者正在获得的社会保障权益。于是,1958 年 9 月 25 日,欧共体委员会制定了《欧共体 3/1958 号条例》,几个月后出台了其实施条例《欧共体 4/1958 号条例》,二者皆从 1959 年 1 月 1 日起生效。自此,欧盟第一代社会保障协调法令横空出世,欧

---

① 戴炳然:《欧洲共同体条约集》,上海:复旦大学出版社,1993:42。Roberts S. "Our View Has Not Changed": The UK's Response to the Proposal to Extend the Coordination of Social Security to Third Country Nationals [J]. *European Journal of Social Security*, 2000, 2 (2): 189 – 204.

② 《欧洲联盟基础条约——经〈里斯本条约〉修订》,程卫东、李靖堃译,北京:社会科学文献出版社,2010:70。

盟各成员国之前签署的社会保障双边协定开始退居次要地位，对欧盟第一代社会保障协调法令发挥着补充与辅助的作用①。自 1959 年 1 月 1 日至 1972 年 10 月 1 日，尽管《欧共体 3/1958 号条例》由于内容不够完善和新情况、新问题层出不穷等原因共修订了 14 次②，处于不断修订与完善之中，但是它仍然在欧盟社会保障国际合作领域发挥着重要作用，有力地维护了欧盟跨国劳动者的社会保障权益。

　　第二代是《欧共体 1408/71 号条例》和《欧共体 574/72 号实施条例》。针对欧盟第一代社会保障协调法令——《欧共体 3/1958 号条例》和《欧共体 4/1958 号条例》在实施中出现的各种问题与矛盾，为了更好地协调欧盟海外劳工的社会保障权益，1971 年欧共体委员会制定了《欧共体 1408/71 号条例》和《欧共体 574/72 号实施条例》，自 1972 年 10 月 1 日起开始生效③。自 1972 至 2010 年的近 40 年间，《欧共体 1408/71 号条例》和《欧共体 574/72 号实施条例》作为欧盟第二代社会保障协调法令，在欧盟社会保障国际合作领域产生了深远影响。欧盟第二代社会保障协调法令不仅完全取代了欧盟各成员国之前签署的社会保障国际协定④，而且有效地确立了欧盟社会保障国际合作的主要原则、适用范围、保障项目、协调方式以及待遇支付等核心概念和关键问题，在欧盟社会保障国际合作历史上留下了浓墨重彩的一笔，具有里程碑式的重要意义。

　　第三代是《欧盟 883/2004 号条例》和《欧盟 987/2009 号实

---

① Pennings F. , Weerepas M. Towards a Convergence of Coordination in Social Security and Tax Law? [J]. *EC Tax Review*, 2006, 15 (4): 215 – 225.

② Commission Proposal Aimed at Determining the Content of Annex XI and Amending Several Provisions of Regulation 883/04 (COM (2006) 7 final; Commission Proposal Aimed at Determining the Content of Annexes II and X and Amending all the Annexes of Regulation 883/04 [COM (2007)] 376 Final.

③ Sakslin M. Social Security Co-Ordination-Adapting to Change [J]. *European Journal of Social Security*, 2000, (2): 169 – 187; Verschueren H. The Renewed EU Social Security Coordination in Regulation No. 883/2004 and Its Link with Bilateral Tax Agreements [J]. *EC Tax Review*, 2012, 21 (2): 98 – 111.

④ Pennings F. , Weerepas M. Towards a Convergence of Coordination in Social Security and Tax Law? [J]. *EC Tax Review*, 2006, 15 (4): 215 – 225.

施条例》。由于欧盟的不断东拓南扩，各成员国社会保障制度处于不断改革之中以及欧盟法院判例的日渐增多，欧盟第二代社会保障法令不得不进行频繁修订和更新，据统计，自1972年实施以来，它们共进行了39次修订和更新①，导致《欧共体1408/71号条例》和《欧共体574/72号实施条例》的内容愈来愈繁杂难懂，可操作性大幅度降低，运行成本显著提升，以至于其受到越来越多欧盟公民的诟病。于是，为了简化和改版《欧共体1408/71号条例》和《欧共体574/72号实施条例》，欧盟委员会和理事会制定了《欧盟883/2004号条例》和《欧盟987/2009号实施条例》，自2010年5月1日起开始生效②。事实上，《欧盟883/2004号条例》和《欧盟987/2009号实施条例》沿袭和继承了《欧共体1408/71号条例》和《欧共体574/72号实施条例》的绝大部分内容③，主要原则和特殊规定基本上保持不变，只是进行了一定程度的整合和小幅度的修改，使其更加的现代化、结构化和连贯化。具体说来，只是在以下几个方面具有一定程度的发展④。首先，最重要的发展之一是覆盖人群发生了变化，新条例将覆盖所有欧盟成员国公民，不仅包括经济活动人口，也包括非经济活动人口；其次，覆盖项目有一定的扩展⑤，不仅将生育福利由母亲扩展到父亲，而且引入了退休前救济福利项目，不过适用国家和人群有

---

① Commission Proposal Aimed at Determining the Content of Annex XI and Amending Several Provisions of Regulation 883/04［COM（2006）］7 Final；Commission Proposal Aimed at Determining the Content of Annexes II and X and Amending all the Annexes of Regulation 883/04［COM（2007）］376 final.

② Jorens Y., Van Overmeiren F. General Principles of Coordination in Regulation 883/2004［J］. *European Journal of Social Security*, 2009, (11): 47-79.

③ Verschueren H. The Renewed EU Social Security Coordination in Regulation No. 883/2004 and Its Link with Bilateral Tax Agreements［J］. *EC Tax Review*, 2012, 21 (2): 98-111.

④ Paskalia V. Co-ordination of Social Security in the European Union: An Overview of Recent Case Law［J］. *Common Market Law Review*, 2009, 46 (4): 1177-1218; Van Overmeiren F. General Principles of Coordination of Social Security: Ruminating ad Infinitum?［J］. *EUSA 2009 Biennial Conference*, 2009: 1-41.

⑤ 事实上，在覆盖项目扩展方面，新条例的结果是令人失望的。因为最初的要将新式社会保护项目（长期护理保险）纳入覆盖范围的目标并未实现。

限；最后，对一些重要条款进行了简化和修订①，以期增强其可操作性。此外，新条例还强化了原有社会保障协调的一些主要原则，例如非歧视性原则、参保时间累计计算原则，等等。

3. 判例法：欧盟社会保障国际合作的补充法律

随着欧盟劳动者跨国流动的规模越来越大，流动的频次越来越高，出现了许多始料未及的新情况、新问题和新矛盾，无论是基础条约还是欧盟第一代或者第二代抑或是第三代社会保障协调法令对此都疲于应付。事实上，任何法律法规都无法做到面面俱到、包罗万象，也就难以应对在实施过程中可能出现的各种情况和问题。于是，自1952年组建以来，欧洲法院在处理这些问题中发挥了不可或缺的重要作用，对欧盟第一代、第二代以及第三代社会保障协调法令的发展与完善产生了至关重要的影响②。一直以来，欧洲法院的主要使命就是监督欧盟基础条约和二级立法在各成员国的实施情况③，确保这些欧盟法律能够被各成员国政府严格遵守和有效执行。于是，作为这一使命的重要承担者，欧盟法院不仅要负责解释基础条约和二级立法等欧盟法律在实施过程中出现的各种问题，而且要判决跨国劳动者社会保障权益保护过程中出现的许多纠纷与利益矛盾。自从欧盟社会保障协调法令实施50多年以来，欧盟法院已经判决了超过600件与欧盟跨国劳动者社会保障权益保护有关的案件④。这些判决结果一旦成文就成为具有法律效力的判例法，对各成员国都具有约束力，各成员国必须严格

---

① 实际上，《欧盟883/2004号条例》也非常复杂，协调内容也一如既往的复杂难懂，与《欧共体1408/71号条例》相比，它在内容简化这一问题上并未做出实质上的改变。
② Malherbe K. Coordination of Social Security Rights in Southern Africa: Comparisons with (and Possible Lessons to Be Learnt from) the European Experience [J]. *Law Democracy & Development*, 2004, (8): 59 – 84.
③ Paskalia V. Coordination of Social Security in the European Union: An Overview of Recent Case Law [J]. *Common Market Law Review*, 2009, 46 (4): 1177 – 1218.
④ Verschueren H. The EU Social Security Coordination System: A Close Interplay between the EU Legislature and Judiciary [J]. *Japanese Journal of Industrial Health*, 2012, 6: 177 – 204.

遵守，而不能随意否定，进而逐步成为欧盟社会保障国际合作领域不可或缺的补充法律。换言之，判例法并非欧盟理事会和欧盟委员会等欧盟立法者所创建的，它的出现也并非欧盟立法者们的初衷，而是司法机构审理和判决案件的结果，其存在的基本依据——即使是再优良的法律法规，也不可能是白璧无瑕、十全十美的。

（三）欧盟社会保障国际合作的覆盖范围

从欧盟社会保障国际合作的覆盖范围来看，无论是覆盖空间，还是覆盖人群，抑或是覆盖项目，都经历了由小到大、由少到多、由窄到宽的发展过程。

（1）覆盖空间。从 1959 年 1 月 1 日到 1972 年 10 月 1 日，欧盟第一代社会保障协调法令只适用于法国、联邦德国、意大利、比利时、荷兰和卢森堡这六个创始国，因为直到 1973 年欧盟才进行了第一次扩大，丹麦、英国和爱尔兰加入欧盟，随后越来越多的国家陆续加入欧盟。从 1972 年 10 月 1 日至 2010 年 5 月 1 日，伴随着欧盟的六次扩大，欧盟第二代社会保障协调法令的适用空间范围也不断扩大，不仅适用于欧盟所有的 27 个成员国，而且适用于挪威、冰岛和列支敦士登这三个欧洲经济区国家和中立国瑞士。因为根据《欧洲经济区协议》① 和《欧盟瑞士协议》②，《欧共体 1408/71 号条例》也适用于上述四国③。从 2010 年 5 月 1 日开始，随着克罗地亚入盟带来的欧盟第七次扩大，欧盟第三代社会保障协调法令不仅适用于欧盟所有的 28 个成员国④，而且适用于

---

① 《欧洲经济区协议》于 1992 年 5 月 2 日在葡萄牙波尔图签署，1994 年元旦起生效。不过，在列支登士敦，欧洲经济区协议从 1995 年 5 月 1 日才开始生效。

② 瑞士作为一个欧洲贸易区国家，在全民公决后拒绝了欧洲经济区协议。于是，欧盟和瑞士在 1999 年签署了《欧盟瑞士协议》，主要内容是《欧共体 1408/71 号条例》和《欧共体 574/72 号实施条例》在瑞士全境适用。

③ Cornelissen R. Third-country Nationals and the European Coordination of Social Security [J]. *European Journal of Social Security*, 2008, 10（4）: 347 - 371.

④ 当地时间 2016 年 6 月 23 日，英国就是否留在欧盟举行全民公投，投票结果显示"脱欧"票数略微多于"留欧"票数，英国即将脱离欧盟。不过，鉴于英国政府与欧盟的脱欧谈判并未完成，所以本书依然将英国视为欧盟成员国。

列支敦士登和瑞士四国。由此可见，欧盟社会保障

覆盖空间范围是由小到大、日渐拓展的。

覆盖人群。自 1959 年 1 月 1 日开始生效至 1972 年 10 月

代之前，欧盟第一代社会保障协调法令主要覆盖的是跨国

及其家属。与欧盟第一代社会保障协调法令不同，自 1972
年 10 月 1 日生效后，欧盟第二代社会保障协调法令的覆盖人群是
不断扩展的，逐步由原先的跨国劳动者及其家属扩展至自雇职业
者、公务员群体和学生群体，最后扩展到部分第三国公民。不过，
第三国公民要想被欧盟第二代社会保障协调法令所覆盖，必须满
足以下两个条件：一是第三国公民必须在欧盟境内合法居住；二
是至少要在两个欧盟国家之间存在跨境情况①。与欧盟第二代社会
保障协调法令相比，欧盟第三代社会保障协调法令的适用人群范
围又有所扩展，它不仅适用于所有欧盟成员国公民，而且适用于
第三国公民。由此可见，欧盟社会保障国际合作的覆盖人群是由
少到多、不断扩展的。

（3）覆盖项目。自 1959 年 1 月 1 日开始生效至 1972 年 10 月
1 日被替代之前，欧盟第一代社会保障协调法令主要覆盖的项目是
养老保险、医疗保险和工伤保险等。与此不同，欧盟第二代社会
保障法令的覆盖项目比较广泛，几乎覆盖了《社会保障最低标准公
约》中规定的所有九项福利项目，具体包括：疾病福利、生育和产
假福利、病残津贴、老年津贴、遗属津贴、工伤和职业病福利、死
亡抚恤、失业津贴以及家庭津贴。与此类似，欧盟第三代社会保障
协调法令又有所扩展，它不仅包含了欧盟第二代社会保障协调法
令覆盖的所有福利项目，而且增加了退休前救济项目。不过，社
会救助和战争受害者福利等项目被明确排除在外②。由此可见，欧
盟社会保障国际合作的覆盖项目是由窄到宽、逐步拓展的。

---

① Jorens, Yves. *50 Years of Social Security Coordination—Past*, *Present*, *Future* ［M］.
Brussels: Publications Office of the European Union, 2010.

② Vander Mei A. P. India-EU Migration: The Social Security Rights of Indian Nationals
Moving to and within the European Union ［J］. Maastricht Faculty of Law Working Pa-
per, 2013 (2014 – 1).

（四）欧盟社会保障国际合作的主要机制

为了有效维护欧盟跨国劳动者的社会保障权益，欧盟社会保障协调法令不仅确立了社会保障国际合作的基本原则，而且明确了社会保障国际合作的具体操作办法，还规定了跨国劳动者社会保障待遇的发放程序，使得跨国劳动者享有的社会保障待遇不会差于自始至终在某一成员国就业的人员。

1. 欧盟社会保障国际合作的基本原则

根据欧盟社会保障协调法令的规定，欧盟社会保障国际合作的基本原则主要有五项，具体说来，包括非歧视原则、唯一国原则、工作地原则、积聚原则以及福利可输出原则。

一是非歧视原则。非歧视原则亦称平等对待原则或者国民待遇原则，是最基本且最重要的一项原则。非歧视原则是指欧盟境内的跨国劳动者只要是参加了某一成员国的社会保障制度，该成员国就应当让跨国劳动者享有和本国国民同样的社会保障待遇，其目的在于防止成员国对本国公民和其他成员国公民进行区别对待。非歧视性原则不仅禁止直接歧视，也禁止间接歧视[1]。直接歧视主要表现在对本国劳动者和他国劳动者设置不同的规则，譬如法律规定本国劳动者只要缴费满 10 年就可以享有养老金待遇，而外籍劳动者必须缴费满 20 年才能享有养老金待遇[2]。间接歧视主要体现在某一项规定从表面上看是中立的，但是事实上却对本国公民和外国公民进行区别对待，较多地有利于本国公民，而较少地有利于甚至是不利于外国公民，比如某国法律规定某项社会保障待遇的获得必须满足最低的居住年限[3]。这就意味着，欧盟成员

---

① Nickless J., Siedl H. *Coordination of Social Security in the Council of Europe: Short Guide* [M]. Council of Europe, 2004; Fick B., Flechas A. Social Security for Migrant Workers: The EU, ILO and Treaty-based Regimes [J]. *International Law: Revista Colombiana de Derecho Internacional*, 2007, (9): 45 – 86.

② 这种类型的歧视在《美国就业歧视法》中被称为"区别对待理论"。

③ 这种类型的歧视在《美国就业歧视法》中被称为"反向影响理论"。

国不得有意或者无意地基于国籍或者公民身份等原因对跨国劳动者进行直接或者间接歧视，拒绝或者减少跨国劳动者理应享有的社会保障权益。当然，没有无义务的权利，也没有无权利的义务，跨国劳动者享有社会保障待遇的前提是必须履行该成员国社会保障法律法规所规定的义务，主要是按时足额缴纳社会保障费（税）。非歧视原则是一项普惠性原则，不仅适用于欧盟境内所有的自由流动人员，而且适用于所有的社会保障项目。

二是唯一国原则。在欧盟成员国境内流动的跨国劳动者，在某一时间范围内只能适用于某一成员国的社会保障法律，被该成员国的社会保障制度所覆盖。在此期间，无论跨国劳动者的就业行为发生在多少个成员国境内，欧盟社会保障协调法令所覆盖的人群都必须严格遵守唯一国原则，只能被某一成员国的社会保障制度所覆盖。各成员国的社会保障法律法规对于社会保障参保资格的规定存在一定的甚至是较大的差异，例如有些成员国的社会保障参保条件是国籍，也有一些成员国的社会保障参保资格是居住时间，还有一些成员国的社会保障参保资格是在境内就业，这就可能会导致跨国劳动者在就业期间遭遇社会保障双重覆盖与双重缴费或者社会保障双重缺失情况。欧盟社会保障协调法令确立唯一国原则，就是为了尽可能地避免这些情况的发生。需要指出的是，唯一国原则并非意味着跨国劳动者一辈子只能被某一成员国的社会保障制度所覆盖，而是在同一时期内只能被纳入一个成员国的社会保障计划。唯一国原则也是一项普惠性原则，适用于所有的社会保障项目。

三是工作地原则。尽管唯一国原则要求在同一时间范围内，无论跨国劳动者的就业行为发生在多少个国家，他只能被纳入其中一个国家的社会保障计划，但是，此时跨国劳动者到底应该被哪个国家的社会保障制度所覆盖呢，或者说此时确定跨国劳动者被哪个国家社会保障制度所覆盖的方法是什么呢？唯一国原则并未做出明确的说明。于是，欧盟社会保障协调法令引入了工作地原则，无论跨国劳动者是否居住在工作地所在国，他都必须以工作地作为标准参加该国的社会保障计划，为该国的社会保障制度所覆盖。譬如，荷兰人约翰在荷兰工作和居住了 10 年，此时他被荷兰社会保障制度所覆盖，然后他与卢森堡的一个雇主签订了劳动合同，工作地迁移到了卢森堡，但是居住地仍然在荷兰，此时他就会被纳入卢森堡而非荷兰的社会保障计划。不过，需要注意的是，在瞬息万变的就业市场上，不可避免会出现在同一时段内某一劳动者在两个甚至是多个国家就业的情况，对于这一问题，欧盟社会保障协调法令也做出了特别的规定①，主要包括：①受雇于同一雇主，但是在不同成员国境内就业的跨国劳动者，对于这类跨国劳动者，如果他们有相当一部分工作（至少是 25%）是在居住国完成的话，那么他将适用于居住国的法律，反之，他们将适用于雇主公司注册或成立所在地国的法律；②被多个雇主或者在不同成员国设立或者注册公司的雇主雇用的跨国劳动者，对于这类跨国劳动者，如果他们的相当一部分工作内容是在居住国完成的话，那么他们将被居住国的社会保障制度所覆盖，如果情况不是这样，那么他们将被雇主公司登记或者注册所在地国的社会保障制度所覆盖；③跨国劳动者为同一雇主在两个甚至多个成员国就业，且雇主的公司是在非欧盟成员国境内注册的，对于此类跨国劳动者，他们将适用于其所居住的欧盟成员国的社会保障法律。

四是积聚原则。积聚原则是指跨国劳动者达到法定退休年龄后，在向欧盟某一成员国申请领取社会保障待遇时，该国在核算申领者是否符合必要的缴费年限或者居住年限抑或是就业年限时，必须将申领者在其他成员国获得的缴费年限或者居住年限抑或是就业年限考虑在内，以使得跨国劳动者获得相应的社会保障待遇。事实上，无论是欧盟成员国还是世界上其他国家，其社会保障法律法规一般都规定了社会保障待遇的最低领取条件，这一领取条

① Regulation C. No 1408/71 of 14 June 1971 on the Application of Social Security Schemes to Employed Persons, to Self-employed Persons and to Members of Their Families Moving within the Community [J]. *Official Journal of the European Communities*, 1971；Van der Mei A. P. India-EU Migration：The Social Security Rights of Indian Nationals Moving to and within the European Union [J]. Maastricht Faculty of Law Working Paper，2013（2014 – 1）.

件可能是最低居住年限，也可能是最低就业年限，还有可能是最低缴费年限。于是，当跨国劳动者曾在两个或者多个成员国就业后，在申请领取社会保障待遇时，就有可能出现在某国或者多国的缴费年限或者居住年限抑或是工作年限都无法满足相应国家社会保障待遇最低领取门槛的情况，此时，跨国劳动者可能会丧失部分甚至是大部分社会保障待遇，严重违背欧盟立法的初衷。于是，为了尽可能地避免上述情形的出现，欧盟社会保障协调法令引入了积聚原则，以保障跨国劳动者在两个甚至是多个国家就业时，其社会保障权益不会受到损害。需要指出的是，积聚原则适用于老年、遗属、残疾、死亡抚恤、失业、疾病和生育以及家庭津贴等项目①，不适用于工伤和职业病等项目。

五是福利可输出原则。这一原则意味着当跨国劳动者满足了社会保障待遇领取资格，向曾经的就业国申请领取社会保障待遇时，获得的社会保障待遇给付与其是否居住在社会保障待遇支付国无关。换言之，只要跨国劳动者达到了某一成员国的社会保障待遇领取条件，那么相应的社会保障待遇就必须按时且足额地支付给他，而不得以任何理由和任何方式进行克扣、拖欠或者拒付。实际上，包括欧盟成员国在内的许多国家的社会保障法律都有可能规定，社会保障待遇只能支付给在本国境内居住的申请者，即禁止福利输出。然而，欧盟跨国劳动者的一生可能曾在两个甚至是多个成员国境内就业，当其向曾经的就业国申请领取社会保障待遇时，他可能是居住在某一个曾经的就业国，也可能是居住在其他国家，此时他就有可能损失部分甚至是大部分应有的社会保障待遇。于是，为了最大限度地规避这一风险，欧盟社会保障协调法令提出了福利可输出原则，以有效地维护欧盟跨国劳动者应有的社会保障权益。福利可输出原则主要适用于长期社会保障项目，例如老年、残障和遗属等项目②。

① COUNCIL REGULATIONS（EEC）No. 1408/71 [J]. *The Law Relating to Social Security*，2001，（9）.

② REGULATION（EC）No 883/2004 OF THE EUROPEAN PARLIAMENT AND OF THE COUNCIL [J]. *Official Journal of the European Union*，2004（4）.

2. 欧盟社会保障国际合作的具体操作方法

上述的非歧视原则、唯一国原则、工作地原则、积聚原则以及福利可输出原则只是欧盟社会保障国际合作的基本原则，仅靠这五项基本原则尚不足以有效地维护欧盟跨国人员的社会保障权益。于是，欧盟社会保障协调法令针对不同的社会保障项目设计了不同的操作方法。为了深入地了解这些操作方法，本部分以下内容拟选择养老保险这一最重要的社会保障项目来进行剖析。具体说来，根据欧盟社会保障协调法令，跨国劳动者养老保险权益国际协调的具体操作方法主要包括暂时冻结、分别支付、最后接管、累计计算以及按比例支付。

一是暂时冻结。当欧盟跨国劳动者更换工作，将就业地由某一成员国迁移到另一成员国时，其在原就业地所在国的养老保险缴费记录将被继续保留在原地，这些养老保险缴费既不会转移到跨国劳动者新的就业地所在国，也不会马上支付给当事人，更不会被无故剥夺，而是被"暂时冻结"了，不过，它会被继续投资和获得收益。当跨国劳动者达到相应成员国的法定退休年龄时，这部分养老保险缴费将会按照相关规定转换成养老保险待遇支付给当事人。简言之，这实际上就是保留缴费记录且不转移社会保险基金，这不仅可以为跨国劳动者及其新的就业地所在国省去许多麻烦，节省时间与人力成本，而且容易为原就业所在地国所接受，可以显著减少欧盟开展社会保障国际合作的阻力与障碍。

二是分别支付。倘若跨国劳动者在欧盟某一个成员国参加养老保险制度的时间超过一年，那么当跨国劳动者达到该国社会保障法律规定的退休年龄时，他将会获得来自该国的一份养老金。譬如，某位跨国劳动者的职业生涯先后发生在德国、法国、捷克以及波兰，而且他在这四个欧盟成员国参加养老保险的时间都在一年以上，那么当他先后达到这四个国家社会保障法律规定的退休年龄时，将会分别获得这四个国家的养老金待遇。

三是最后接管。如前所述，跨国劳动者只有在欧盟某一成员国参加养老保险的时间超过一年，当他达到法定退休年龄时，才能从该成员国获得一份养老金待遇。倘若跨国劳动者在某一成员国参加养老保险的时间少于一年，那么他在该国的养老保险权益如何核算呢？或者说他可能会失去这份养老保险权益吗？为了应对这一问题，欧盟社会保障协调法令引入了最后接管这一做法，即对于跨国劳动者在某些成员国少于一年的养老保险参保时间，将由跨国劳动者退休前的最后一个就业所在地国负责接管。譬如，某一位跨国劳动者先后在德国、法国、意大利、捷克和奥地利5个国家就业和参加养老保险，他在这5个国家参加养老保险的时间分别为5年、8个月、7个月、6年和10年，最后在奥地利退休，那么他在法国和意大利的养老保险参保时间将由奥地利社会保障机构负责接管。

四是累计计算。由上文的积聚原则可知，许多欧盟国家的社会保障法律规定了社会保障待遇的最低领取条件，譬如当前德国养老金的领取资格是参保者年满67周岁，且最低缴费年限为5年①。由于跨国劳动者的流动性较强等原因，部分跨国劳动者就有可能达不到某些成员国社会保险的最低领取条件。为了应对这一问题，欧盟社会保障法令引入了参保时间累计计算这一做法，即当跨国劳动者在某一成员国的养老保险参保时间小于该国法律规定的最低参保年限时，那么可以将他在其他成员国参加养老保险的时间进行合并计算，以帮助其获得合理的养老保险待遇。譬如，某位跨国劳动者在比利时和德国参加养老保险计划的时间分别为15年和4年，此时他达到了比利时的养老保险最低参保年限，却没有达到德国的养老保险最低参保年限，于是在核算他的养老金待遇时，应当将他在德国和比利时的参保时间累计计算，以使得其既能从比利时又能从德国获得相应的养老金待遇。

五是按比例支付。由上述分析可知，当欧盟跨国劳动者在某些成员国的养老保险参保时间低于这些国家的法定最低缴费年限

---

① 姚玲珍编著《德国社会保障制度》，上海：上海人民出版社，2011：47；陶凤、初晓彤：《延迟退休至69岁，德国救得了养老金吗》，《北京商报》2016年8月18日。

时，可以将他们在其他成员国的养老保险参保时间进行累计计算。那么，此时跨国劳动者的养老金将由谁来支付呢？是由其中的某一个国家单独承担还是由全部相关国家共同承担呢？为此，欧盟社会保障协调法令引入了按比例支付的做法，即曾在两个或者多个欧盟成员国参加养老保险的跨国劳动者的养老金待遇将由这些国家共同支付，支付的原则是根据跨国劳动者在这些国家的参保时间来按比例支付。譬如，倘若爱尔兰人汤姆先后在爱尔兰、瑞士、荷兰和卢森堡四国就业并参加养老保险，参保时间分别为 5 年、7 年、8 年和 10 年，那么根据累计计算原则，他在退休前参加养老保险的累计年限为 30 年。于是，当他达到法定退休年龄申请领取养老金待遇时，爱尔兰将会先计算出假设他的 30 年参保时间都发生在爱尔兰应当获得的养老金总额 $P_爱$，随后按照他参加该国养老保险的实际时间（5 年）计算出实际应当支付的养老金数额，具体核算方法为：$Q_爱 = (5/5 + 7 + 8 + 10) * P_爱$；与此类似，瑞士将会先计算出他的 30 年参保时间都发生在瑞士应当获得的养老金总额 $P_瑞$，随后根据他参加该国养老保险的实际时间（7 年）核算出实际应当支付的养老金数额，具体核算方法为：$Q_瑞 = (7/5 + 7 + 8 + 10) * P_瑞$；同理，荷兰应当实际支付的养老金数额为：$Q_荷 = (8/5 + 7 + 8 + 10) * P_荷$；最后，卢森堡应当支付的实际养老金数额为：$Q_卢 = (7/5 + 7 + 8 + 10) * P_卢$。因此，这位欧盟跨国劳动者最终能够获得的养老金总额为：$Q = Q_爱 + Q_瑞 + Q_荷 + Q_卢 = (5/5 + 7 + 8 + 10) * P_爱 + 7/5 + 7 + 8 + 10) * P_瑞 + (8/5 + 7 + 8 + 10) * P_荷 + (7/5 + 7 + 8 + 10) * P_卢$。

倘若赋予按比例支付方法一个核算公式的话，这个公式可以表示为：

$$Q = \sum T_n * P_n / \sum T_n$$
$$= (T_1 * P_1 + T_2 * P_2 + \cdots + T_n * P_n) / T_1 + T_2 + \cdots + T_n。$$

其中，Q 为最终获得的养老金总额，T 为在不同国家的养老保险参保年限，P 为不同国家假设参保人的累计参保年限都发生在本国时计算出来的养老金数额。显然，按比例支付方法不仅让相关成员国承担了合理的支付责任，而且使得跨国劳动者获得了应有的养老金待遇，兼顾了各方的利益，较好地体现了公平与正义原则。

3. 欧盟海外劳工社会保障待遇的发放程序

虽然通过上述基本原则和具体操作方法，确定了欧盟跨国劳动者能够最终获得的社会保障待遇金额，但是跨国劳动者最终获得这些社会保障待遇还必须有一系列的程序。为了深入了解这些程序，本部分内容以养老保险这一最重要的社会保险项目为例进行剖析。

首先，当事人提出申请。当欧盟跨国劳动者就业多年达到法定退休年龄，想要领取养老金待遇时，首先要向最后就业所在地国的社会保险经办机构提出申请，在规定时间内提交各种申请材料，并且有义务提供其在整个职业生涯内的就业和养老保险参保情况。

其次，最后就业所在地国进行信息汇总。最后就业所在地国的社会保险经办机构在收到当事人提交的养老金待遇领取申请后，必须全面收集并记录申请人的姓名、出生年月、性别、社会保障卡号、居住地址以及养老金支付的金融机构等信息，然后将这些信息会同当事人的申请材料一起发送给当事人曾经就业和参保的其他国家的社会保险经办机构。然后，每一个收到信息的参保国家的社会保险经办机构都必须在规定时间内反馈该申请者在本国的就业和养老保险缴费情况以及其他必要情况。随后，最后就业地所在国的社会保险经办机构要对其他参保国家的反馈信息进行整理和汇总，并向所有参保国家的社会保险经办机构提供申请者完整的养老保险参保记录。

再次，各参保国家社会保险经办机构分配支付金额。各参保国家根据申请者完整的养老保险参保记录，按照本国社会保障法律的规定，分别核算出申请者在本国享有的养老金待遇数额，即假设该申请者的全部养老保险参保期限都发生在本国境内时，申请者能够从本国领取的养老金总额，然后再根据按比例支付方法计算，该比例等于申请者在本国的养老保险参保时间和全部养老保险参保时间之比，核算出申请者可以从本国领取的实际养老金待遇金额。

复次，各参保国家比较支付程序。由于有些跨国劳动者可能在某些成员国的养老保险参保时间达到了领取该国全额养老金的参保期限，倘若此时仍然按比例支付的话，跨国劳动者的养老金就会遭受重大损失，不符合公平原则。于是，各参保国家不仅要计算出本国应当向申请者支付的实际养老金数额，而且还要核算出按照本国的社会保障法律法规的规定，只考虑申请者在本国的养老保险缴费记录时，本国所要支付的养老金数额，然后将两个养老金数额进行对比，将数额较高的那项支付给申请者，即待遇就高不就低。譬如，某跨国劳动者在法国和西班牙分别参加养老保险 38 年和 4 年，根据法国社会保险法律法规的规定，全额养老金所需的缴费年限为 37.5 年[①]，此时该跨国劳动者能够获得法国的全额养老金。但是，倘若此时仍然采取按比例支付方法，那么法国社会保障机构支付给该跨国劳动者的养老金数额仅为全额养老金的 90.5%，他将会遭受不必要的重大损失。此时，法国社会保障机构就应当向他支付全额养老金，西班牙社会保障机构根据累计计算和按比例支付原则向其支付养老金，具体金额为 $Q_{西} = (4/38 + 4) * P_{西}$。

最后，各参保国家发放养老金。经过上述步骤后，按照跨国劳动者申请领取养老金待遇时提供的银行账户，各参保国家向其支付养老金待遇。此时，无论养老金申请者是否居住在本国境内或者欧盟其他成员国境内，各参保国家都应当按时足额地向申请者发放养老金，不得以任何理由和任何形式拖欠、克扣或者拒付。于是，对于欧盟海外劳工养老金待遇的发放程序，我们可以用图 7 - 1 来表示。

---

① 仇雨临、黄小勇：《欧盟新老成员国养老保险制度改革比较》，《欧洲研究》2007 年第 4 期；魏南枝、何建宇：《制度碎片化与财政困境——法国养老保险制度改革及其对中国的启示》，《国家行政学院学报》2015 年第 2 期。

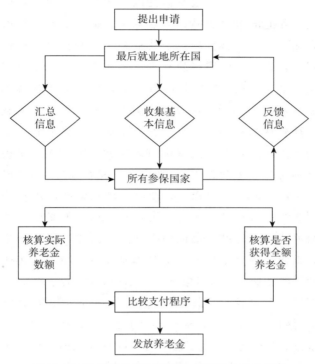

图 7 - 1　欧盟海外劳工养老金待遇发放流程示意

二　美国社会保障国际合作的主要经验

　　自从 1935 年 8 月 14 日美国总统富兰克林·罗斯福签署《社会保障法案》，建立美国现代社会保障制度以来，历经多次修订与完善，美国的社会保障项目不断增多，保障范围逐步扩大，制度日臻完善。在此基础上，美国逐步建立了包括公共退休养老保障、雇主退休养老保障、医疗保障、失业保障、社会慈善制度、社会福利制度以及商业保险在内的社会保障制度基本框架①。具体说来，美国社会保障制度涵盖了一系列的社会救助、社会保险和社

---

　　① 李超民编著《美国社会保障制度》，上海：上海人民出版社，2009：12—16。

会福利计划，举其要者，主要包括以下内容：老年、残障和遗属保险；老年和残障健康保险；失业保险；工伤保险；收入补充保障；家庭临时紧急救济计划；公共救助和福利性服务；各州援助医疗计划；各州儿童健康保险计划。事实上，大多数美国公民认为社会保障是关于老年、残障和遗属保险以及老年和残障健康保险的国家计划①，其他项目如失业保险、工伤保险以及家庭津贴等并不属于社会保障内容。于是，一般情况下，美国的社会保障税主要是老年、残障和遗属保险税与老年和残障健康保险税，二者的税率分别为 12.4% 和 2.9%，皆由雇主和雇员共同承担②。

　　第二次世界大战结束以后，经济全球化进程不断加快，世界各国之间的经济与贸易往来日益密切，劳动者的跨国流动日渐活跃与频繁。美国作为世界上最强大的发达国家，不仅是全球最大的海外劳工输入国，也是全球重要的海外劳工输出国之一，国内外海外劳工的流动与往来日渐频繁。2015 年 5 月 28 日，美国人力资本研究所发布的《人们去哪里寻找工作：劳动力跨国流动报告》显示，美国约有十分之一（9.1%）的劳动者正在考虑跨出国门去其他国家就业和谋生③。由于海外劳工的社会保障溢出了国界，美国海外劳工的社会保障面临诸多困境，譬如社会保障双重覆盖与双重缴费、社会保障双重缺失以及社会保障待遇支付障碍等，不仅严重损害了海外劳工的社会保障权益，而且会显著削弱跨国企业的国际竞争力，引起了美国政府、跨国企业以及跨国劳动者的普遍关注。于是，为了维护海外劳工的社会保障权益和增强跨国企业的国际竞争力，自第二次世界大战结束尤其是 20 世纪 70 年代以来，美国开始启动社会保障国际合作进程，就海外劳工的社会

①　William M. Yoffee. *International Social Security Agreements：Totalization，Equality of Treatment，and other Measures to Protect International Migrant Workers* ［M］. Washington：U. S. Government printing office，1974：5.

②　Christians A. Taxing the Global Worker：Three Spheres of International Social Security Coordination ［J］. *Virginia Tax Review*，2006，26（2）：1 - 46.

③　Tara M. Sinclair. Where People Search for Jobs：Cross-Border Labor Mobility Report ［EB/OL］. http：//www. hci. org/hr-research/where-people-search-jobs-cross-border-labor-mobility-report.

保障问题与其他国家进行协商与谈判，签署社会保障双边协定。
经过数十年的不懈努力，美国政府不仅有效维护了大多数海外劳
工的社会保障权益，而且在社会保障国际合作领域积累了诸多成
功经验。

（一）美国开展社会保障国际合作的主要背景

任何一项社会政策或者制度的应运而生与有效实施皆有相应
的国内与国际背景。毋庸置疑，美国开展社会保障国际合作亦是
如此。具体而言，美国进行社会保障国际合作的背景主要包括海
外劳工的社会保障权益受损严重、跨国企业的国际竞争力遭到削
弱以及欧盟国家迫切希望与美国开展社会保障国际合作三个方面。

1. 海外劳工的社会保障权益受损严重

自20世纪40年代中后期以来，随着经济全球化和世界经济一
体化进程的迅猛推进，美国和其他国家的经济与贸易往来日益频
繁，与此相伴随，去其他国家就业和谋生的美国海外劳工数量日渐
增多。根据美国人口普查局的数据，1970年有520000名美国公民在
其他国家就业和谋生，然而在10年前，这一数据仅为290000①。换
言之，在短短的10年间，美国海外劳工的数量就急剧增加了
79.3%。从各机构估算的数据来看，2006年在海外就业和居住的
美国公民数量为400万到1000万②。其中，最具有说服力的数据
来自美国国务院，它推测2006年在海外居住和就业的美国公民的
真实数量很可能是在500万至600万，他们分布在全球160个国家
或者地区，但是主要集中在西半球和欧洲国家③。

根据美国法律的规定，老年、残障和遗属保险以及老年和残
障健康保险项目覆盖所有的海外劳工，不仅包括来美国就业和谋

① U. S. Bureau of Census. *Mobility of the Population of the United States*, *March 1970 to March 1971* [M]. Washington: U. S. Govt. Print. Off. , 1972.
② Bondhus J. A. Americans Working and Living Abroad: Tax Implications for US Citizens [J]. *Rapid City*, 2010.
③ 资料来源：U. S. State Department Website: http://www.state.gov/。

生的海外劳工，也包括去其他国家就业和谋生的美国海外劳工[1]。同时，向在本国就业和谋生的外籍劳工征收社会保障税（费），让他们为本国社会保障制度所覆盖，以便给予其国民待遇，是很多发达国家和部分发展中国家的普遍做法。因此，在数以百万计的美国海外劳工中会有一部分人遭遇社会保障双重覆盖与双重缴费问题，不仅需要基于同一份薪资待遇向原籍国缴纳老年、残障和遗属保险税以及老年和残障健康保险税，而且必须按照东道国的法律规定缴纳社会保障费（税），给他们带来了巨大的缴费压力。譬如，1970 年的 520000 名海外劳工中就至少有 143000 名海外劳工既向美国社会保障机构缴纳了老年、残障和遗属保险税以及老年和残障健康保险税，而且向东道国社会保障机构缴纳了法定社会保障费（税）[2]。更为糟糕的是，根据各国的社会保障法律规定，美国和其他大多数国家的社会保险都有相应的最低缴费年限，这就有可能导致尽管美国海外劳工在原籍国和东道国都曾按时且足额地缴纳社会保险费（税）多年，但是其在某国或者两国的社会保险缴费年限都没有达到法定最低缴费年限，以至于其只能获得其中某国或者是无法获得任何一国的社会保障待遇，从而蒙受巨大的经济损失。随着海外劳工规模的逐步扩大，美国海外劳工的社会保障权益受损问题日渐凸显，逐步引起了美国政府和社会各界的高度关注与重视。

2. 跨国企业的国际竞争力遭到削弱

19 世纪 90 年代后期，美国开始对外进行大规模投资[3]，第一次世界大战后，美国由全球最大的债务国摇身一变成为最大的债

---

① Butcher P., Erdos J. International Social Security Agreements: The U. S. Experience. [J]. *Social Security Bulletin*, 1988, 51 (9): 4 – 12.

② William M. Yoffee. *International Social Security Agreements: Totalization, Equality of Treatment, and other Measures to Protect International Migrant Workers* [M]. Washington: U. S. Government printing office, 1974: 2.

③ Mira Wilkins. *The History of Foreign Investment in the United States: 1914 – 1945* [M]. MA. Cambridge: Harvard University Press, 2004.

权国。第二次世界大战结束以来，随着国民经济的持续稳定增长，美国的对外投资遍布全球且规模急剧扩大，对外直接投资的流量和存量分别由 1985 年的 134 亿美元和 2384 亿美元快速增加到 2015 年的 2999 亿美元和 50406 亿美元（见表 7 - 2），30 年间分别增了约 21 倍和 20 倍。在美国对外投资过程中，实力雄厚的跨国企业是主要载体。自 20 世纪 40 年代中后期以来，美国不仅是全球最大的资本输出国，而且拥有全世界最多且实力最强大的跨国企业。伴随着这些跨国企业在全球各地不断地"攻城略地"，越来越多的美国劳动者被派遣到全球各地就业。譬如，在欧洲复兴计划（马歇尔计划）的作用下，美国对西欧各国的投资金额不断增多、投资领域不断拓展，带动了很多美国劳动者被派遣到西欧各国就业。根据有关部门的统计，美国的派遣人员主要是薪酬待遇相对较好的技术人员和管理人员，尽管他们在被派遣国的就业时间不长，但是他们在返回美国再就业前往往曾在多个国家就业①。

表 7 - 2 1982 ~ 2015 年美国对外直接投资的流量与存量情况

单位：亿美元

年份	对外投资流量	对外投资存量	年份	对外投资流量	对外投资存量
1982	—	2078	1998	1328	10007
1985	134	2384	1999	1509	12160
1990	240	4305	2000	1392	13162
1991	330	4678	2001	1140	14604
1992	390	5021	2002	1197	16165
1993	500	5643	2003	1519	17696
1994	460	6129	2004	2293	21608
1995	955	6990	2005	154	22417
1996	849	7952	2006	2166	24773
1997	1145	8713	2007	3138	29940

① William M. Yoffee. *International Social Security Agreements：Totalization，Equality of Treatment，and other Measures to Protect International Migrant Workers*［M］. Washington：U. S. Government printing office，1974：3.

年份	对外投资流量	对外投资存量	年份	对外投资流量	对外投资存量
2008	3118	32325	2012	3289	44100
2009	2481	35650	2013	3383	45797
2010	3289	37419	2014	3369	48294
2011	3966	40500	2015	2999	50406

资料来源：（1）Jenniges D. & Fetzer J. Direct Investment Positions for 2015：Country and Industry Detail［EB/OL］. https：//www. bea. gov/scb/pdf/2016/07% 20July/0716 _ direct _ investment _ positions. pdf；（2）UNCTAD. World Investment Report（1991 – 2016）［EB/OL］. http：//worldinvestmentreport. unctad. org/downloads/。

如前所述，美国跨国企业的外派员工不仅被美国社会保障制度所覆盖，还很有可能被纳入东道国的社会保障计划，向东道国缴纳社会保障税（费），由此就会出现社会保障双重覆盖与双重缴费问题，给跨国企业及其派遣员工带来巨大的缴费压力。而且，当雇员被派遣到其他国家就业时，跨国企业往往必须保证其税后收入不会减少。此时，跨国企业不仅需要适当提升派遣员工的薪资待遇，而且必须承担派遣员工的海外社会保障缴费，这就会显著增加跨国企业的生产与运营成本。有研究指出，根据一些国家的税率，社会保障双重覆盖与双重缴费问题导致跨国企业的国外社会保障支出大幅度增加，有些甚至高达雇员工资总额的65% ~ 70%[1]，给跨国企业带来了沉重的缴费负担，极大地增加了其生产与运营成本。换言之，海外劳工遭遇的社会保障双重覆盖与双重缴费问题，显著增加了美国跨国企业的海外社会保障支出，大幅度压缩了美国跨国企业的利润空间，严重削弱了其国际竞争力。

3. 西欧国家迫切希望与美国开展社会保障国际合作

自从 1492 年 10 月 12 日哥伦布发现美洲新大陆以来，欧洲人就

---

[1] U. S. International Social Security Agreements［EB/OL］. https：//www. ssa. gov/international/agreements_ overview. html. 周慧文：《国际间社会保障协定及在我国的应用》，载《探索与创新——浙江省劳动保障理论研究论文精选》（第三辑）2003 年。

开始源源不断地移民北美，在随后的四五百年间，数以千万计的欧洲人移居北美，北美与欧洲国家的经济贸易往来日益密切。尤其是第二次世界大战结束以来，美国与西欧国家的经济和贸易往来愈加密切。在欧洲复兴计划（马歇尔计划）实施的 1948~1951 年，美国通过经济合作组织以金融、技术和设备等形式总共向西欧各国提供了 130 亿美元的援助①，由此不仅有力地促进了西欧各国经济的重建与复兴，而且带动了诸多海外劳工在美国与西欧各国之间往来。随着西欧各国经济的复兴，尤其是欧共体的横空出世与茁壮成长，西欧各国与美国的经济贸易往来更加频繁，美国与西欧国家的投资也开始由主要是美国向西欧各国的单向投资转向美国和西欧各国之间相互投资，而且相互之间的投资金额逐步增加，投资空间不断扩展。与此相伴随，美国与西欧国家之间出现了大规模的海外劳工往来。譬如，在 1970 年前后，联邦德国、英国、法国和意大利与美国之间出现了大量的跨国劳动者往来②。虽然许多国家会为非本国公民的外籍工人或者其他国家派遣到本国短期就业的外派工人提供一定时段的社会保障费用豁免，但是美国却反其道而行之，要求大多数在美国就业的外籍工人参加美国的老年、遗属和残疾保险计划以及医疗保险计划③。于是，在美国就业和谋生的西欧各国海外劳工就不可避免地会遭遇社会保障双重覆盖与双重缴费问题以及社会保障待遇支付障碍问题，不仅使得西欧各国海外劳工的社会保障权益受损严重，而且极大地增加了西欧国家跨国企业的生产与运营成本，显著地削弱了其国际竞争力。故而，自 20 世纪 50 年代以来，西欧国家就开始积极寻求与美国开展社会保障双边谈判，并表现出极大的兴趣，迫切希望与美国尽快缔结社会保障双边协定，以有效维护其海外劳

---

① 周宝根、刘启：《以满足受援国需求为先——马歇尔计划的经验与教训》，《国际经济合作》2009 年第 11 期；王新谦：《马歇尔计划与美国的实用主义》，《当代世界与社会主义》2013 年第 4 期。

② William M. Yoffee. *International Social Security Agreements：Totalization，Equality of Treatment，and Other Measures to Protect International Migrant Workers* ［M］. Washington：U. S. Government printing office，1974：2.

③ Butcher P. ，Erdos J. International Social Security Agreements：The US Experience ［J］. *Social Security Bulletin*，1988，(9)：4 – 12.

工的社会保障权益、增强其跨国企业的国际竞争力。

（二） 美国社会保障国际合作的主要实践

自 20 世纪 40 年代后期以来，随着美国对外投资规模的逐步扩大和跨国企业业务拓展步伐的不断加快，流向其他国家就业和谋生的美国海外劳工日益增多，其中有相当一部分海外劳工会无可避免地遭遇社会保障双重覆盖与双重缴费问题，也有一部分海外劳工可能会遭遇社会保障待遇支付障碍问题，不仅给美国海外劳工带来了巨大的缴费压力和严重的经济损失，而且显著地增加了美国跨国企业的海外社会保障开支，极大地削弱了它们的国际竞争力，进而损害了美国的国家利益和国际形象。于是，为了有效地解决海外劳工遭遇的社会保障双重覆盖与双重缴费或者社会保障待遇支付障碍问题，美国政府开始关注和重视海外劳工社会保障权益保护问题，并逐步启动了社会保障国际合作进程。自从1948 年以来，美国政府先后与 15 个经济贸易联系密切的国家①签署的《友好通商航海条约》或者《军事和经济关系条约》都包含了明显的社会保障内容，尽管只有 11 份条约真正有效实施，但是每一份条约都有一个单独的段落涉及海外劳工的工伤保险问题②。这些条约在一定程度上缓解了美国海外劳工的社会保障双重覆盖与双重缴费或者社会保障待遇支付障碍问题。

不过，随着美国与其他国家往来海外劳工规模的日渐扩大，海外劳工遭遇的社会保障双重覆盖与双重缴费或者社会保障待遇支付障碍问题日益严重，跨国企业承受的额外缴费压力越来越大，

---

① 与美国签署《友好通商航海条约》的 14 个国家分别为（签署年份/生效年份）：意大利（1948/1949）、乌拉圭（1949/）、爱尔兰（1950/1950）、希腊（1951/1954）、以色列（1951/1954）、哥伦比亚（1951/）、丹麦（1951/）、日本（1953/1953）、联邦德国（1954/1956）、海地（1955/）、尼加拉瓜（1956/1958）、荷兰（1956/1957）、韩国（1956/1957）和巴基斯坦（1959/1961）。与美国签署《军事和经济关系条约》是越南，条约签署年份和生效年份皆为 1961 年。

② William M. Yoffee. *International Social Security Agreements：Totalization，Equality of Treatment，and Other Measures to Protect International Migrant Workers* ［M］. Washington：U. S. Government printing office，1974：62.

这些非专业性条约在处理此类问题上显得左支右绌、顾此失彼。即使美国政府和相关国家政府在不断地修订与完善这些条约，增加海外劳工社会保障权益保护方面的内容，例如美国政府与意大利政府于 1951 年签署了《美国与意大利友好通商航海条约补充协议》（以下简称《协议》），协议第 7 条款涉及了海外劳工老年、遗属和残障保险的参保时间累计计算和按比例支付等内容①，但是仍然显得捉襟见肘、疲于应付，无法有效缓解美国海外劳工遭遇的社会保障双重覆盖与双重缴费或者社会保障待遇支付障碍问题。于是，在经过多年酝酿和多轮谈判之后，美国和意大利于 1973 年 3 月 23 日签署了社会保障双边协定②，这是美国与其他国家签署的第一项社会保障双边协定，真正拉开了美国社会保障国际合作的序幕，具有里程碑式的意义。社会保障双边协定，在美国一般被称为"累计协议"（Totalization Agreements），为美国的老年、遗属和残障等保险项目和其他国家的相应保险项目提供有效的协调作用。美国缔结社会保障协定主要有两个目的：一是消除海外劳工的社会保障双重覆盖与双重缴费问题，减轻海外劳工及其雇主的缴费压力，增强跨国企业的国际竞争力；二是解决海外劳工的社会保障待遇支付障碍问题，帮助那些曾在两个或者多个国家就业和参保，但是在某国或者任何一国的缴费年限都无法满足对象国社会保障待遇最低缴费年限的海外劳工获得合理的社会保障待遇。

为了推动社会保障国际合作进程，使美国更好地与其他国家签署社会保障双边协定，有效缓解美国海外劳工遭遇的社会保障双重覆盖与双重缴费或者社会保障待遇支付障碍问题，1977 年美国国会通过了《社会保障法修正案》（以下简称《法案》），授权

---

① U. S. Department of State. Friendship, Commerce and Navigation, Agreement Between the United States of America and Italy Supplementing the Treaty of Februry 2, 1948, Treaties and Other International Acts Series（TIAS）4685［Z］. Washington: Govt. Print. Off., 1961.

② Sullivan L. A. A Totalization Agreement between the United States and Mexico: An Opportunity for Improved Relations and Mutual Benefit［J］. *LBJ JOURNAL OF PUBLIC AFFAIRS*, 2005, 18（1）: 18 – 35.

美国政府与其他国家签署社会保障双边协定的权能。不过，签署后的社会保障双边协定必须接受国会的审议，《法案》第 233（E）条要求总统向国会提交社会保障双边协定文本和一份评估报告，这份评估报告的主要内容：一是准确测算将会有多少人从协定中受益；二是这份协定生效后将会对社会保障财政产生多大的影响①。社会保障双边协定文本由总统提交给国会后，如果没有遭到参议院或者众议院的反对，那么它将在六十天后自动生效。考虑到本国海外劳工高度集中在欧洲国家就业和谋生，美国政府在社会保障双边谈判过程中重点瞄准欧洲国家，寻求早日与它们缔结社会保障双边协定。于是，自 1973 年以来，经过将近半个世纪的努力，美国与经济贸易往来比较密切的许多国家缔结了社会保障双边协定。到目前为止，美国已经和意大利、德国、瑞士、加拿大、比利时、挪威、英国、瑞典、西班牙、法国、荷兰、葡萄牙、奥地利、芬兰、爱尔兰、卢森堡、希腊、智利、韩国、澳大利亚、日本、墨西哥、丹麦、捷克、波兰、斯洛伐克、匈牙利以及巴西 28 国签署了社会保障双边协定，逐步构建了一张严密的社会保障国际合作网。具体情况如表 7 - 3 所示。

表 7 - 3　美国已签署的社会保障双边协定情况
（截至 2016 年 12 月 31 日）

国家	签署时间	生效时间	覆盖的社会保障项目
意大利	1973.03.23	1978.11.01	养老、残障、遗属、社会保障税
德国	1976.01.07	1979.12.01	养老、残障、遗属、社会保障税
瑞士	1979.07.18	1980.11.01	养老、残障、遗属、社会保障税
加拿大	1981.03.11	1984.08.01	养老、残障、遗属、社会保障税
比利时	1982.02.19	1984.07.01	养老、残障、遗属、社会保障税
挪威	1983.01.13	1984.07.01	养老、残障、遗属、社会保障税
英国	1984.02.13	1985/1988※	养老、残障、遗属、社会保障税

① Nuschler D., Siskin A. Social Security Benefits for Noncitizens: Current Policy and Legislation [C]. Congressional Research Service, Library of Congress, 2007.

续表

国家	签署时间	生效时间	覆盖的社会保障项目
瑞典	1985.03.27	1987.01.01	养老、残障、遗属、社会保障税
西班牙	1986.09.30	1988.04.01	养老、残障、遗属、社会保障税
法国	1987.03.02	1988.07.01	养老、残障、遗属、社会保障税
荷兰	1987.12.08	1990.11.01	养老、残障、遗属、社会保障税
葡萄牙	1988.03.30	1989.08.01	养老、残障、遗属、社会保障税
奥地利	1990.07.13	1991.11.01	养老、残障、遗属、社会保障税
芬兰	1991.06.03	1992.11.01	养老、残障、遗属、社会保障税
爱尔兰	1992.04.14	1993.09.01	养老、残障、遗属、社会保障税
卢森堡	1992.02.12	1993.11.01	养老、残障、遗属、社会保障税
希腊	1993.06.22	1994.09.01	养老、残障、遗属、社会保障税
智利	2000.02.16	2001.12.01	养老、残障、遗属、社会保障税
韩国	2000.03.13	2001.04.01	养老、残障、遗属、社会保障税
澳大利亚	2001.09.27	2002.10.01	养老、残障、遗属、社会保障税
日本	2004.02.19	2005.10.01	养老、残障、遗属、社会保障税
墨西哥	2004.06.29	尚未生效	养老、残障、遗属、社会保障税
丹麦	2007.06.13	2008.10.01	养老、残障、遗属、社会保障税
捷克	2007.09.07	2009.01.01	养老、残障、遗属、社会保障税
波兰	2008.04.01	2009.03.01	养老、残障、遗属、社会保障税
斯洛伐克	2012.12.10	2014.03.01	养老、残障、遗属、社会保障税
匈牙利	2015.02.03	2016.09.01	养老、残障、遗属、社会保障税
巴西	2015.06.30	尚未生效	养老、残障、遗属、社会保障税

注：（1）※消除社会保障双重覆盖的条款从 1985 年 1 月 1 日起生效，而参保时间累计计算方面的内容则从 1988 年 1 月 1 日开始生效；（2）"签署时间"和"生效时间"是原始协定签署和生效的时间，之后很多协定可能已经修订过多次。

资料来源：美国社会保障署网站，http：∥www. ssa. gov／。

　　从已签署社会保障双边协定的国家来看，最早与美国缔结社会保障双边协定的是欧洲国家，而且在美国社会保障双边协定的 28 个缔约国中，有多达 21 个是欧洲国家，主要是因为这些欧洲国家的社会保障制度建立比较早，它们的社会保障制度比较成熟与完善，而且社会保障国际合作滥觞于 20 世纪初的欧洲国家，到 20

世纪 70 年代时，它们已经在社会保障国际合作领域积累了许多成功经验，再加之长期以来美国与欧洲国家之间互有大量的海外劳工往来，所以众多欧洲国家就自然而然地成为最先与美国签署社会保障双边协定的国家。亚洲国家的社会保障国际合作起步较晚，直到 20 世纪 90 年代末期，像韩国和日本这样的经济发达国家才开始重视社会保障国际合作问题，开始寻求与其他国家进行社会保障双边谈判，以期签署社会保障双边协定。而且，需要指出的是，直到目前为止，偌大的亚洲只有韩国和日本与美国签署了社会保障双边协定，而作为海外劳工输出大国的印度、菲律宾、中国和孟加拉等亚洲国家仍然尚未与美国这个全球最大的海外劳工输入国签署社会保障双边协定。

从覆盖的社会保障项目来看，美国与其他国家签署的社会保障双边协定并没有覆盖《社会保障最低标准公约》所规定的大部分社会保障项目，只覆盖了养老保险、残障保险、遗属保险以及社会保障税，主要是因为养老保险、残障保险和遗属保险等社会保险项目属于长期缴费型项目，讲究权利与义务相统一，待遇核算方式相对简单，待遇的可携带性较强，能够较好地体现社会保障的公平与正义理念。同时，美国与其他国家签署的社会保障双边协定都没有覆盖医疗保险项目，主要是因为美国的医疗保险与其他国家的医疗保险存在较大的差异，它主要覆盖的是 65 周岁以上的老年人和残疾人，65 周岁以下的美国人主要是购买商业医疗保险，这就使得美国的医疗保险无法与其他国家的医疗保险实现对接。此外，不同国家之间的医疗成本和医疗质量存在一定的甚至是较大的差异，这也是不同国家签署医疗互惠协定的重要障碍之一。故而，当前大多数国家之间签署的社会保障双边协定都明确将医疗保险项目排斥在外，只有欧盟国家之间、欧盟与马格里布国家①之间签署的社会

---

① 马格里布是非洲西北部的一个地区，阿拉伯语意为"日落之地"，在古代原指阿特拉斯山脉至地中海海岸之间的地区，有时也包括穆斯林统治下的西班牙部分地区，后来逐渐演变成为摩洛哥、阿尔及利亚和突尼斯三国的代称。

保障双边协定包含了医疗保险条款①。

特别需要指出的是，在时任美国总统乔治·布什和墨西哥总统韦森特·福克斯的推动下，美国与墨西哥早在 2004 年 6 月 29 日就签署了社会保障双边协定，但是这份协定一经签署就遭到了部分国会议员、政府官员、利益团体以及社会人士的强烈反对②，他们认为美国社会保障署在与墨西哥签署社会保障双边协定时远远低估了这项协定所带来的巨大成本，这项协定的成本是"高度不确定的"，而且其生效后将会显著降低墨西哥非法劳工在美国获得社会保障待遇的难度，是一种奖励墨西哥非法劳工的措施，有可能导致墨西哥非法劳工数量剧增。于是，美墨社会保障双边协定被束之高阁，至今尚未生效，仍然处于"审查"阶段，何时生效遥遥无期，进而成为一纸空文，聊胜于无。事实上，在美国，任何涉及墨西哥非法移民的行动或者措施都具有高度的政治敏锐性③。

（三）　美国社会保障国际合作的重要意义

经过将近半个世纪的不懈努力，通过与海外劳工往来频繁的国家签署社会保障双边协定等措施，美国在社会保障国际合作领域取得了巨大的成就，不仅有效维护了大多数海外劳工的社会保障权益，而且有力提升了跨国企业的国际竞争力，还加强了与缔约国之间的经贸往来。

1. 有效维护了海外劳工的社会保障权益

美国通过与其他国家签署社会保障双边协定等措施，使得大多数海外劳工获得了便携性的社会保障待遇，有效地保护了海外

① ILO. Social Security Coordination for non-EU Countries in South and Eastern Europe: A Legal Analysis [M]. Geneva: International Labour Organization, 2012.

② Anderson S. The Contribution of Legal Immigration to the Social Security System [J]. *National Foundation for American Policy*, 2005; O'Neil K, Hamilton K, Papademetriou D. Migration in the Americas [C]. Global Commission on International Migration, 2005.

③ Meyers, D. W. *International Agreements of the Social Security Administration* [M]. Washington DC: Migration Policy Institute, 2004.

劳工的社会保障权益。具体说来，主要体现在以下两个方面：一是有效缓解了海外劳工既要在东道国又要在原籍国缴纳社会保障费的双重缴费问题，大大减轻了海外劳工的缴费压力。为了实现这一目标，美国与其他国家签署的社会保障双边协定通过制度设计，允许海外劳工根据自身的具体情况选择一个联系最紧密的国家参保。同时，美国与部分西欧国家的社会保障协定还包括了社会保险费一次性偿付条款，即如果美国公民到西欧国家（例如德国）工作不足五年，当他们决定返回美国时，可以向德国申请退还已缴纳的社会保险费用。二是有效缓解了海外劳工的社会保障待遇支付障碍问题，使得在某国或者任何一国的缴费年限都无法满足对象国社会保障法定最低缴费年限的海外劳工获得了合理的社会保障待遇，极大地降低了此类海外劳工的经济损失。为了实现这一目标，美国与其他国家签署的社会保障双边协定允许海外劳工将他们在美国和缔约国的社会保障参保时间进行累计计算，以满足美国或者缔约国领取社会保障待遇的资格年限，进而获得相应的社会保障待遇。需要注意的是，美国社会保障法律规定，要想通过参保时间累计计算原则来获得美国的社会保障待遇，海外劳工至少必须满足 6 个季度的缴费年限①。此外，为了防止劳动者有意识地通过拆分在多个国家的就业和参保时间来获得高额福利，美国法律还引入了"意外扣除"条款，倘若某位海外劳工在社会保障国际协定的两个或者多个缔约国都获得了社会保障待遇领取资格，那么在向其支付社会保障待遇时，美国社会保障署将会根据其从其他缔约国获得的社会保障待遇数额进行一定程度的削减②。通过这些规定与措施，早在 1986 年就有超过 20 万名美国海外劳工从社会保障双边协定中受益，受益金额高达 579 百万美元（见表 7-4）。到 2000 年时，美国已经使得 68% 以上的海外劳工

① Lewis M. P. Addressing Inequities in the Collection of Social Security Taxes for US Citizens Working Abroad [J]. *San Diego Law Review*, 2000, 37 (1): 853-892.

② Christians A. Taxing the Global Worker: Three Spheres of International Social Security Coordination [J]. *Virginia Tax Review*, 2006, 26 (2): 81-123.

获得了便携性的社会保障待遇①，有效地维护了大多数海外劳工的社会保障权益。

表 7 - 4　1986 年美国海外劳工从社会保障双边协定受益的情况

单位：人，百万美元

国家	受益人数	总受益额	国家	受益人数	总受益额
联邦德国	110292	360	瑞士	669	2
加拿大	34499	80	瑞典	461	2
意大利	21889	69	法国	—	—
英国	33485	58	西班牙	—	—
比利时	3343	8	合计	204638	579

注：①从加拿大养老金计划和魁北克养老金计划中受益的人被计算了两次；②包括从加拿大养老金计划中受益的 6500 万美金和魁北克养老金计划中受益的 1500 万美金；③ "—" 表示无数据。

资料来源：Butcher P. , Erdos J. International Social Security Agreements：The U. S. Experience. [J]. *Social Security Bulletin*, 1988, 51 （9）：4 - 12。

2. 有力提升了跨国企业的国际竞争力

美国与其他国家缔结社会保障双边协定也有利于降低跨国企业的经营成本，拓展跨国企业的利润空间和发展空间，显著提升其国际竞争力。对于跨国企业而言，它们千方百计走出国门进军国际市场的主要目的是提升国际竞争力，以获得尽可能多的利润。但是，跨国企业及其派遣员工走出国门时遭遇的社会保障双重覆盖与双重缴费问题显著增加了生产与运营成本，严重削弱了其国际竞争力。不过，当美国与其他国家签署社会保障双边协定后，这一问题就会迎刃而解。除与意大利签署的社会保障双边协定外，美国已签署的社会保障双边协定都涵盖了派遣人员条款，允许短期派遣的海外劳工，在不超过 5 年的时间段内，继续被原籍国的社

---

① Avato J. , Koettl J. , Sabates-Wheeler R. Social Security Regimes, Global Estimates, and Good Practices：The Status of Social Protection for International Migrants [J]. *World Development*, 2010, 38 （4）：455 - 466.

会保障制度所覆盖，而无须参加东道国的社会保障制度；当海外劳工的派遣时间超过 5 年时，那么他只需要参加东道国的社会保障制度，就可有效地解决跨国企业及其派遣员工所遭遇的社会保障双重覆盖与双重缴费问题，大大地节省了跨国企业的海外社会保障成本，有力地提升了跨国企业的国际竞争力。譬如，2003 年，巴恩哈特委员在众议院听证会上作证时强调，目前已签署的社会保障协定每年给美国雇主和雇员节约 8 亿美元左右的费用①。又比如，根据白宫的说法，在美国和巴西社会保障双边协定生效后的第一个六年中，美国和巴西企业将可以节省 9 亿美元的成本②。

3. 加强了与缔约国之间的经贸往来

美国与其他国家签署社会保障双边协定还加强了与缔约国之间的经贸往来，进一步改善了相互之间的国际关系。劳动者往来是国家之间经济与贸易合作的重要内容之一。对于海外劳工在跨国就业期间遭遇的社会保障双重覆盖与双重缴费或者社会保障待遇支付障碍问题，不仅美国政府关注，其他国家政府也重视。美国通过与其他国家缔结社会保障双边协定，不仅能够有效缓解美国海外劳工遭遇的社会保障双重覆盖与双重缴费问题或者社会保障待遇支付障碍问题，而且有助于缓解在美国就业的缔约国海外劳工遭遇的相同困境，有效维护双方海外劳工的社会保障权益，促进劳动力的有序流动，进而维护有关各方的国家利益。换言之，国家之间签署社会保障双边协定实际上是一个互利共赢的过程，因此也有些国家将社会保障双边协定称为"互惠协定"（Reciprocal Agreements）。如表 7 - 4 和表 7 - 5 所示，在美国与其他国家签署社会保障双边协定后，不仅美国海外劳工从中获益良多，而且

---

① J. S. Childers. Touching the Third Rail: An Analysis of Social Security and the Recently Revealed US-Mexico Social Security Totalization Agreement [J]. Penn State International Law Review, 2007, 26 (2): 227 – 250.

② United States: New Social Security Agreements Signed but not yet in Force [EB/OL]. http://www.pwc.com/gx/en/services/people-organisation/newsletters/global-watch/new-us-social-security-agreements-signed-but-not-yet-force.html, 2015.

缔约国的海外劳工也受益颇多。于是，在互利共赢的基础上增强了美国与缔约国之间的经济贸易往来。

表 7 - 5　2009 年美国社会保障双边协定惠及的外籍劳工情况

单位：人，百万美元

国家	受益人数	受益金额	国家	受益人数	受益金额
澳大利亚	1930	4.85	日本	29712	73.96
奥地利	1411	3.65	卢森堡	66	0.22
比利时	848	2.07	荷兰	2921	6.90
加拿大	50130	109.8	挪威	4195	9.95
智利	112	0.27	波兰	142	0.24
捷克	4	0.0086	葡萄牙	2114	5.45
丹麦	134	0.29	韩国	1035	2.49
芬兰	315	0.78	西班牙	2894	6.41
法国	5048	13.49	瑞典	2691	5.86
德国	21047	59.24	瑞士	4506	10.39
希腊	3809	8.53	英国	16987	51.80
爱尔兰	2279	5.89	斯洛伐克	—	—
意大利	9536	22.03	合计	163866	404.57

资料来源：OASDI Current-Pay Benefits：International Agreements ［J］. Annual Statistical Supplement，2010。

（四）　美国社会保障国际合作的主要经验

1300 多年前，唐太宗李世民曾说过："以铜为镜，可以正衣冠；以古为镜，可以知兴替；以人为镜，可以明得失。"[①] 这就告诉我们在制定社会政策或者采取行动之前必须认真地总结和吸取前人的经验与教训，站在前人的肩膀上向前发展，才有可能少走弯路，避免重蹈覆辙，才有可能事半功倍。如前所述，在社会保障国际合作领域，美国不仅取得了巨大的成就，而且积累了许多

---

① 刘昫等撰《旧唐书》，北京：中华书局，1975。

成功的经验。具体而言，美国在社会保障国际合作领域的成功经验主要体现在以下四个方面。

1. 社会保障国际合作必须瞄准重点国家

在社会保障双边协定签署之前，国家之间往往需要经过激烈博弈和多轮谈判，过程相对曲折而又漫长，需要耗费较多的时间成本和费用成本，而且社会保障双边协定签署后也需要一定的执行成本，所以在政府资源有限的前提下，要想尽可能多地维护本国海外劳工的社会保障权益，在社会保障国际合作过程中就必须有的放矢，主要瞄准重点国家。换言之，在社会保障国际合作过程中，不能"眉毛胡子一把抓"，而应该分主次、抓重点，唯有如此，才能费力小、收效大。由前述分析可知，根据美国国务院的统计数据，当前美国总共有 500 万—600 万海外劳工分布在全球 160 个国家或者地区，几乎遍布全球各地。倘若美国政府采取全面撒网战略，不分主次地选择与具有本国海外劳工的所有国家或者地区进行社会保障双边谈判，那么不仅过程漫长、费用高昂，而且实际效果难以预料，甚至很可能会出现事倍功半的结果。于是，美国政府充分利用本国海外劳工主要分布在西半球和欧洲国家这一关键信息，在社会保障双边谈判中重点瞄准欧洲国家，与众多欧洲国家成功地签署了社会保障双边协定，使得其自 1973 年以来尽管仅仅与 28 个国家签署了有效的社会保障双边协定，但是仍然有效维护了本国大多数海外劳工的社会保障权益，实现了事半功倍的效果。

2. 社会保障国际合作应当与经贸政策有机结合

从本质上讲，劳动者跨国就业是国家之间经济与贸易合作的重要内容之一。在很大程度上而言，社会保障国际合作属于国家之间的经济与贸易合作的重要延伸内容。社会保障国际合作和国家之间的经济与贸易政策属于相互促进关系，一方面，如果国家之间的经济与贸易往来密切的话，将有助于两国之间社会保障国际合作的顺利开展；另一方面，倘若两国之间的社会保障国际合作发展良好，也可以促进两国之间的经济与贸易合作。于是，为了减少社会保障双边谈判的障碍，有效维护海外劳工的社会保障权益，社会保障国际合作应当与国家之间的经贸政策有机结合。如前所述，自 1948 年以来，美国与意大利、联邦德国以及丹麦等 15 个经济与贸易往来密切的国家签署的《友好通商航海条约》中就包含了社会保障国际合作方面的内容，每一项条约都有一个单独的段落涉及海外劳工的工伤保险问题，而且随后美国与这些国家签署的相关补充协议开始涉及参保时间累计计算和按比例支付等海外劳工社会保障权益保护方面的重要内容，为它们之间社会保障双边协定的最终签署奠定了坚实的基础。在美国于 20 世纪 70 年代初启动社会保障国际合作事宜之后，其中的许多国家就自然而然地成为美国社会保障双边协定最早的一批缔约国。

3. 社会保障国际合作的方式应当多样化

海外劳工是一个异质性较强的群体，由于他们的工作经历和自身境遇各不相同，他们的社会保障权益保护需求存在一定的甚至是较大的差异。譬如，社会保险费用互免主要适合外派劳工，对于其他海外劳工而言，其他合作方式可能更有效。为了尽可能地满足海外劳工多样化的社会保障权益保护需求，有效维护海外劳工的社会保障权益，社会保障国际合作的方式应当多样化。换言之，国家之间签署的社会保障双边协定，不仅应当包括社会保险参保时间累计计算和社会保障待遇按比例支出等内容，而且应当包括社会保险费用互免和社会保险费用一次性偿付等内容，才能最大限度地满足海外劳工多种多样的社会保障权益保护需求。由前述分析可知，在美国与其他国家签署的社会保障双边协定中，既包含了社会保险参保时间累计计算和社会保障待遇按比例支付等条款，又包括了社会保险费用返还和社会保险费用互免等内容，尽可能地涵盖了海外劳工不尽相同的情况，最大限度地满足了海外劳工的社会保障权益保护需求，进而有效地维护了大多数美国海外劳工的社会保障权益。

4. 社会保障国际合作应当淡化政治色彩

如前所述，劳动者跨国就业是国家之间经济与贸易合作的重要内容，社会保障国际合作是国家之间的经济与贸易政策的重要延伸内容，它的经济色彩应当远远浓于政治色彩。倘若社会保障国际合作的政治色彩浓于经济色彩，那么它就有可能会面临诸多难以预料的情况，变得不可控制，稍有不慎就会前功尽弃、功亏一篑。由前述分析可知，早在 2004 年 6 月 29 日，美国就与墨西哥签署了社会保障双边协定，但是由于任何涉及墨西哥非法劳工的社会政策或者行动在美国都具有高度的政治敏锐性，这项协定一经签署就引发了政策制定者、游说团体、社会公众以及新闻媒体的高度关注，许多国会议员、政府官员以及利益团体纷纷发表反对意见，从而使得这项社会保障双边协定至今尚未提交国会审议，仍然处于审查阶段，而且未来较长一段时间都很可能难以生效。因此，为了尽可能地减少国家之间开展社会保障双边谈判和签署社会保障双边协定的障碍，社会保障国际合作就应当淡化政治色彩，强化经济色彩，主要从经济与贸易合作的角度来考虑这一问题，真正意识到国家之间签署社会保障双边协定是一个互惠共赢的过程，不仅可以维护对方国家海外劳工的社会保障权益，而且能够有效维护本国海外劳工的社会保障权益，进而有效推动社会保障国际合作进程。

三 印度社会保障国际合作的主要经验

自从 1947 年摆脱英国长达 300 多年的殖民统治实现独立以来，在历届印度政府的不懈努力下，通过颁布实施《1948 年各邦职工保险法》、《1952 年雇员公积金和综合福利法》、《1972 年养老金支付法》以及《2005 年全国农村就业保障法》等社会保障法律法规，印度的社会保障项目逐步增多，覆盖范围日益扩大，保障水平日渐提高，制度逐步走向完善。在此基础上，印度逐步建立了包括养老保障制度、医疗保障制度、非组织部门就业与医疗保障制度以及职工劳动保障制度在内的社会保障制度框架①。具体说来，印度的社会保障制度包含了诸多社会保险计划和社会救助与福利计划，举其要者，主要包括雇员公积金计划、雇员养老金计划以及各邦职工保险计划三项。换言之，养老保险和医疗保险是印度社会保障制度的主体内容。

二战后，在第三次科技革命的强力推动下，经济全球化和世界经济一体化深度发展，与此相伴随，资本和劳动者的跨国流动日渐活跃与频繁。尤其是 20 世纪 60 年代中后期以来，由于妇女总和生育率的不断走低和人口老龄化程度的日趋加重，诸多发达国家出现了日益严重的劳动力短缺问题，使得它们对海外劳工的依赖程度日渐提高。再加之 1973 年石油危机之后，石油价格暴涨，中东产油国的石油工业和建筑业蓬勃发展，迫切需要引入大量的海外劳工②。这二者的交汇使得全球海外劳工的就业空间加倍扩大。作为全球劳动力资源最丰富的国家之一，印度政府充分利用了这一难得的机遇，向西方发达国家和波斯湾国家输送了大量的海外劳工。自从 20 世纪 70 年代以来，在海外就业和谋生的印度海外劳工数量长期保持在 200 万人以上③。由于海外劳工离开了生于斯长于斯的原籍国，又暂时无法成为东道国国民，在社会保障属地原则或者国籍原则的作用下，他们的社会保障面临诸多困境，主要包括社会保障双重覆盖与双重缴费、社会保障双重缺失以及社会保障待遇支付障碍等，使得其社会保障权益严重受损。随着印度海外劳工规模的不断扩大，海外劳工遭遇的社会保障权益损害事件日渐增多，海外劳工社会保障权益保护问题日益凸显。为了维护本国海外劳工的社会保障权益，进入 21 世纪以来，印度政府大力推动社会保障国际合作进程，积极寻求与本国海外劳工的主要目的地国进行

---

① 李超民编著《印度社会保障制度》，上海：上海人民出版社，2016：90～360。

② Abraham R. India and Its Diaspora in the Arab Gulf Countries: Tapping into Effective 'Soft Power' and Related Public Diplomacy [J]. *Diaspora Studies*, 2012, 5 (2): 124 – 146.

③ 文富德：《印度企业"走出去"的政策与做法》，《南亚研究季刊》2003 年第 4 期；文富德：《印度企业"走出去"的经验与教训》，《当代亚太》2004 年第 5 期。

社会保障双边谈判，以期早日签署社会保障双边协定。经过将近20年的积极探索与大胆尝试，印度政府在社会保障国际合作领域取得了可喜的成就，与众多发达国家或者地区缔结了社会保障双边协定，不仅有效地维护了许多海外劳工的社会保障权益，而且在社会保障国际合作领域积累了一些宝贵的经验。

（一）印度社会保障国际合作的主要背景

作为全球最大的海外劳工输出国之一，印度政府大力推动社会保障国际合作具有深刻的国内和国际背景。具体说来，主要体现在海外劳工的社会保障权益受损严重、跨国企业的国际竞争力遭到削弱以及社会保障国际合作在全球发展良好三个方面。

1. 海外劳工的社会保障权益受损严重

2011年印度人口普查数据显示，全国人口总量为12.1亿，在过去的十年里年均增长1.76%，其中7.8亿为15～64岁的劳动适龄人口，占总人口的比例高达64.5%，人口年龄结构的中位数只有26.4岁，是全球人口结构最年轻的国家之一[1]。一直以来，作为人口快速增长的全球第二人口大国，由于印度的劳动力就业需求量要远远超出国内产业的容纳能力，印度政府始终将劳动力输出作为缓解国内就业压力和促进经济发展的重要措施。早在19世纪初尚在英国殖民统治时期，印度就开始向其他国家输出劳工，1947年独立建国后，印度向海外输出的劳工数量不断增多，比如自1993年至2004年的12年间，印度每年平均输出40万名左右的海外劳工（见表7-6），当前印度在海外的劳工总数在500万人以上[2]，主要分布在波斯湾国家、欧美发达国家和东南亚国家。这些海外劳工不仅有效地解决了东道国的劳动力短缺问题，促进了东

---

[1] 李涌平、江维：《印度2011年人口普查和展望》，《人口学刊》2013年第5期；李文静：《中印人力资本竞争力的比较分析》，《华东理工大学学报》（社会科学版）2016年第3期。

[2] Pradhan, S. *India's Economic and Political Presence in the Gulf: A Gulf Perspective* [R]. Abu Dhabi: Gulf Research Center, 2010.

道国经济社会的可持续发展，而且在一定程度上缓解了印度国内劳动力严峻的就业形势，还为印度带来了非常可观的外汇收入。

表 7 - 6　　1993～2004 年印度各邦的海外劳工数量及全国海外劳工总量

单位：人

	安德拉邦	卡纳塔克邦	喀拉拉邦	马哈邦	旁遮普邦	拉贾斯坦邦	泰米尔纳德邦	其他邦	总计
1993	35378	34380	155208	35248	14212	25243	70313	68156	438138
1994	34508	32266	154407	32178	12445	27418	70325	61638	425185
1995	30284	33496	165629	26312	11852	28374	65737	53650	415334
1996	29995	33761	167325	25214	11751	18221	64991	62956	414214
1997	38278	40396	156102	25146	12414	28242	63672	52174	416424
1998	30599	11535	91720	24657	26876	19824	69793	80160	355164
1999	18983	5287	60445	9871	15167	9809	47402	32588	199552
2000	29999	10927	69630	13346	10025	10170	63878	35207	243182
2001	37331	10095	61548	22713	12422	14993	61649	57913	278664
2002	38417	14061	81950	25477	19638	23254	79165	85701	367663
2003	65971	22641	92044	29350	24963	37693	89464	104330	466456
2004	72580	19237	63512	28670	25302	35108	108964	121587	474960

注：马哈邦是"马哈拉施特拉邦"的简称，位于印度西部，首府是孟买。

资料来源：Azeez A., Begum M. Gulf migration, Remittances and Economic Impact [J]. *Journal of Social Sciences*, 2009, 20 (1): 55 - 60。

　　然而，由于海外劳工的社会保障超越了国界，在社会保障属地原则或者国籍原则的作用下，他们的社会保障往往面临诸多困境，主要包括社会保障双重覆盖与双重缴费以及社会保障待遇支付障碍等，使得其社会保障权益遭受了严重损害。根据印度社会保障法律的规定，印度企业外派的员工必须参加本国的社会保障制度，按时足额缴纳雇员公积金计划费用和各邦职工保险计划费用，金额约为工资总额的 13.75%[①]。同时，将在本国就业的外籍

---

①　人力资源和社会保障部社会保障战略研究课题组、周弘主编《125 国（地区）社会保障资金流程图》，北京：中国劳动社会保障出版社，2011：418—423。

劳动者纳入社会保障计划，向他们征收社会保障税（费），给予他们国民待遇，让其享有相应的社会保障和公共服务，是大多数发达国家和一些发展中国家的流行做法。于是，在数以百万计的印度海外劳工中，就有一部分海外劳工不仅要向母国社会保障制度缴费，还不得不向东道国社会保障制度缴费。换言之，部分印度海外劳工将会遭遇社会保障双重覆盖与双重缴费问题，给他们造成了巨大的缴费压力。譬如，被印度雇主派遣到法国的员工，不仅要基于同一份工资向印度政府缴纳金额为工资总额 13.75% 的社会保障费用，还要向法国政府缴纳金额约为工资总额 22.5% 的社会保障税①。同时，也有一部分印度海外劳工在国外就业期间，尽管可能只需要向东道国社会保障制度缴费，但是由于劳工就业签证有效期限少于东道国社会保障制度的最低缴费年限，他们的这些缴费往往有去无回。譬如，许多在美国就业的印度软件工程师持有的是 H1B 签证，这个签证最长的有效期限是 6 年，但是美国社会保障法律规定，要想获得社会保障待遇，至少要缴费 10 年②。此外，还有一部分印度海外劳工先后在多个国家就业和参加社会保障计划，但是他们在某国或者多国的社会保障参保时间少于对象国社会保障待遇领取资格的最低缴费年限，导致其只能获得其中某国或者无法获得任何一国的社会保障待遇。这三种情况使得印度海外劳工的社会保障权益受损严重，譬如印度海外劳工每年向美国政府贡献 30 亿美元的社会保障费用③，但是基本上有去无回，引起了印度政府的高度重视和强烈不满。

2. 跨国企业的国际竞争力遭到削弱

自从 1957 年第一次在国外开办合营企业开始④，印度企业

---

① Mukherjee D. , Chanda R. Investment and Migration Linkages between India and the EU [J]. *IIM Bangalore Research Paper*, 2012 (371).

② Social Security for Indians in the US [N]. *The Economic Times*, 2006 – 12 – 05.

③ Indian Workers must Get Social Security Contributions Return: FM [N]. Qatar Tribune, 2015 – 04 – 17.

④ 方慧、张贝贝、张青：《中印对外直接投资的比较研究》，《山东大学学报》（哲学社会科学版）2009 年第 1 期。

"走出去"已经有长达 60 年的历史了。不过，在 20 世纪 90 年代中期之前，由于印度经济发展缓慢和政府对对外投资限制较多等原因，印度企业的对外投资（FDI）流量和存量一直维持在一个比较低的水平。20 世纪 90 年代初开始，印度开始实行以市场化、自由化、私有化和全球化为导向的经济改革，经济开始快速增长，与此相适应，印度企业的对外投资自 20 世纪 90 年代中后期开始快速增长，对外直接投资（FDI）的流量和存量分别由 1995 年的 1.19 亿美元和 2.64 亿美元快速增加到 2016 年的 51.20 亿美元和 1441.34 亿美元（见表 7 - 7），在短短 20 年的时间里急剧增长了 42 倍和 545 倍。根据印度财政部的数据，印度企业对外投资的最大目的地国是美国，随后是英国和法国等欧洲发达国家[①]，行业主要集中在制造业、信息技术服务业以及金融服务业等。此外，英国 Oxford Intelligence 研究报告显示，印度正在成为全球对外投资（FDI）的主要来源国之一，印度企业对外投资的流量与存量在未来五年内将会快速增长[②]。伴随着印度企业在全球各地不断地投资与并购，众多印度劳动者被雇主派遣到海外就业，再加之印度政府积极倡导跨国企业优先考虑雇用本国劳动力，使得印度劳动者源源不断地被雇主派遣到全球各地就业。

表 7 - 7　1995 ~ 2016 年印度对外直接投资（FDI）的流量与存量比较

单位：亿美元

年份	流量	存量	年份	流量	存量
1995	1.19	2.64	2004	22.22	65.92
2000	5.09	18.59	2005	29.78	95.69
2001	13.97	26.15	2006	96.76	129.64
2002	11.07	40.06	2007	136.49	294.12
2003	9.13	50.54	2008	211.47	617.65

---

① 蓝庆新、张雅凌：《印度对外直接投资的经验及对我国实施"走出去"战略的启示》，《东南亚纵横》2009 年第 3 期。
② 文富德：《印度企业加速"走出去"的主要原因与主要措施》，《南亚研究季刊》2009 年第 2 期。

年份	流量	存量	年份	流量	存量
2009	160.31	772.07	2013	16.79	1198.38
2010	159.33	969.01	2014	117.83	1295.78
2011	124.56	1112.57	2015	75.01	1389.67
2012	84.86	1181.67	2016	51.20	1441.34

资料来源：United Nations Conference on Trade and Development. World Investment Report（1996－2017）［EB/OL］. http：//unctad. org/en/pages/home. aspx。

由前述分析可知，被印度雇主派遣到其他国家就业的员工不仅要被印度社会保障制度所覆盖，还往往要被纳入东道国的社会保障计划，缴纳相应的社会保障费用，由此就会出现社会保障的双重覆盖与双重缴费问题，给外派员工及其派遣企业带来巨大的缴费压力。而且，由于被派遣劳动者往往背井离乡，需要克服诸多障碍，所以跨国企业起码应当保证他们的税后收入不会有所减少。于是，跨国企业不但要适当提高被派遣劳动者的工资待遇，而且必须承担员工在被派遣国的社会保障缴费，这就必然会极大地增加跨国企业的生产与运营成本，这给企业的竞争力带来显著的消极影响。譬如，当印度跨国企业将员工派遣到美国时，跨国企业不仅要向印度社会保障制度缴费，还必须向美国政府缴纳老年、残障和遗属保险费以及老年和残障医疗保险费，在 2006 年印度－美国首席执行官论坛上，印度方面估计每年至少为此付出 5 亿美元[①]，给印度跨国企业带来了巨大的社会保障缴费负担，极大地增加了其经营成本。进而言之，海外劳工遭遇的社会保障双重覆盖与双重缴费问题，给印度跨国企业带来了沉重的缴费负担，大大增加了跨国企业的生产运营成本，严重削弱了其国际竞争力。

3. 社会保障国际合作在全球发展良好

作为劳动者跨国就业和谋生的重要配套机制，社会保障国际

---

① Avato J., Koettl J. and Sabates-Wheeler R. *Definitions*, *Good Practices*, *and Global Estimates on the Status of Social Protection for International Migrants* ［M］. Washington, D. C.：The World Bank, 2009.

合作肇始于 20 世纪初的欧洲国家，并在随后的几十年里获得了长足的发展，即使是两次世界大战也无法阻挡欧洲国家签署社会保障双边协定的热情，轴心国之间和同盟国之间签署了大量的社会保障双边协定，有效地保护了缔约国海外劳工的社会保障权益。第二次世界大战结束后，欧盟国家通过实施欧盟社会保障协调法令以及与其他国家缔结社会保障双边协定等措施，有效地缓解了欧盟海外劳工可能遭遇的社会保障双重缴费与双重缴费或者社会保障待遇支付障碍问题，使得大多数欧盟海外劳工获得了便携性的社会保障权益。同时，社会保障国际合作开始扩展到大洋洲和北美洲地区，澳大利亚、新西兰、加拿大和美国等国家在随后的几十年间通过与其他国家签署社会保障双边协定等措施，也有效地保护了本国大多数海外劳工的社会保障权益。从 20 世纪 70 年代开始，社会保障国际合作开始延伸到拉美国家和北非国家。一些低收入或者中低收入国家通过与其他国家缔结社会保障双边协定等措施，使得本国大多数海外劳工的社会保障权益得到了有效维护。譬如，摩洛哥、阿尔及利亚和土耳其通过与其他国家签署社会保障双边协定，分别使得多达 89%、87% 和 68% 的本国海外劳工从中受益①。换言之，社会保障国际合作在全球发展良好，在解决海外劳工社会保障问题中发挥了积极作用，业已成为全球各国维护海外劳工社会保障权益的有效路径，获得了越来越多国家的认可与接纳。

（二）印度社会保障国际合作的主要实践

印度一直怀揣大国梦想，对成为世界一流大国梦寐以求。远在独立前夕的 1945 年，印度国大党领袖尼赫鲁就曾在《印度的发现》中明确提出："印度以它现在所处的地位，是不能在世界上扮演二等角色的。要么就做一个有声有色的大国，要么就销声匿迹。

---

① Sabates-Wheeler R., Koettl J. Social Protection for Migrants: The Challenges of Delivery in the Context of Changing Migration Flows [J]. *International Social Security Review*, 2010, 63 (3): 115-144.

中间地位不能引动我。我也不相信任何中间地位是可能的。"①
1947 年实现独立后，英·甘地和拉·甘地等印度历届政治精英都
继承和发展了尼赫鲁的理想，将大国战略作为印度的立国战略和
核心诉求，谋求成为有声有色的全球一流大国。2003 年底，印度
副总理阿德瓦尼在一次会议上直言："如果说 20 世纪属于西方，
那么 21 世纪将属于印度。我们的短期目标是成为像新加坡那样的
发达国家，长期目标是要与美国平起平坐。"② 为了实现大国战略，
印度政府必须充分利用好本国的各种优势资源。毫无疑问，作为
全球仅次于中国的超级人口大国，丰富的人力资源是印度谋求大
国地位的重要战略资源。而且，独立后的印度在信息技术、工程、
卫生、金融和管理等领域逐步建立起享誉全球的教育与培养体系，
在这些领域有着充沛的人才储备。此外，20 世纪 60 年代中后期以
来，欧美发达国家由于人口老龄化导致的劳动力短缺问题日趋严
重，再加上在石油美元的刺激下波斯湾国家大兴土木，迫切需要
引入大量的劳动力。印度政府充分抓住了这个有利契机，向发达
国家和波斯湾国家输出了大量的劳动力，并逐步将劳动力输出作
为国民经济与社会发展的重要战略。

随着劳动力输出规模的不断扩大，印度海外劳工遭遇的社会
保障权益损害事件逐步增多，突出表现为社会保障双重覆盖与双
重缴费以及社会保障待遇支付障碍两个方面。世纪之交，为了应
对这一问题，印度政府开始启动社会保障国际合作进程，并于
2004 年 5 月成立了"印度侨民事务部"，同年 12 月重新执政的国
大党政府将其更名为"海外印度人事务部"（the Ministry of Over-
seas Indian Affairs，简称 MOIA），开始全力推动社会保障国际合作
事宜。2006 年 6 月 26 日，在经过多轮谈判与讨价还价之后，印度
终于在社会保障双边协定方面实现了重大突破，与比利时签署了
该国历史上第一份社会保障双边协定，并于 2009 年 9 月 1 日开始

① 贾瓦哈拉尔·尼赫鲁：《印度的发现》，齐文译，北京：世界知识出版社，
1956：57。
② 吴永年、赵干城、马孆：《21 世纪印度外交新论》，上海：上海译文出版社，
2004：4。

生效①。随后，为了解决在法国就业的 285000 名印度海外劳工的
社会保障问题，印度政府于 2007 年启动了与法国政府的社会保障
双边谈判工作②。为了促成谈判，印度政府充分利用 11 亿人口的
庞大国内消费市场和高达数千亿美元的民用核能市场，将其作为
与法国进行社会保障双边谈判的重要筹码，以期推动印法社会保
障双边协定的顺利签署。当时，在印度诸多对外贸易伙伴国中，法
国仅排名第 15 位，在庞大的印度市场中只占有 1.8% 的份额，法国
总统萨科齐对此非常不满，提出到 2012 年两国的双边贸易额翻一
番，争取达到 120 亿欧元，并指出这是"最低限度"的目标③。于
是，在印度充分利用利益杠杆和法国迫切希望开拓印度市场的双
重作用下，印度和法国的社会保障双边谈判进程得以加快，两国
于 2008 年 9 月 30 日印度总理辛格访问法国期间正式缔结了社会保
障双边协定，并于 2011 年 7 月 1 日起生效。2007 年 11 月，印度政
府开始寻求与美国政府开展社会保障双边谈判，以尽快签署社会
保障双边协定，但是美国政府拒绝谈判，理由是印度没有相匹配
的社会保障法律来支撑谈判④。

　　为了增强与发达国家进行社会保障双边谈判的底气，印度政
府开始修订和完善本国的社会保障法律法规。2008 年，印度政府
对雇员公积金计划（EPF）这个最重要的社会保障项目的相关法律
《雇员公积金和综合福利法》进行了修订与完善，扩大了制度的人
员覆盖范围，将在印度就业的外籍劳动者无条件纳入其中，自
2008 年 11 月 1 日起生效⑤。之前，在印度就业的外籍劳工可以自

①　India, Belgium Conclude Agreement on Social Security ［N］. *Hindustan Times*, 2006 -
　　06 - 26.

②　Liz Mathew. India to Sign Bilateral Social Security Pact with France ［N］. *Silicon India
　　News*, 2008 - 09 - 19.

③　胡光曲:《法印或进入"蜜月期":印度步入核大国行列》,《环球时报》2008
　　年 10 月 17 日。

④　Sonu Iyer. Fresh Hope for the India-US Social Security Agreement ［EB/OL］. http://
　　www. livemint. com/Money/B3YouUfbXOjVJO36rqmibN/Fresh-hope-for-the-IndiaUS-
　　social-security-agreement. html.

⑤　Spiegel B. Analysis of Member States' Bilateral Agreements on Social Security with
　　Third Countries ［C］. European Commission, December, 2010.

由选择是否加入印度社会保障制度。但是，在这次社会保障法律修订后，不管外籍劳工愿意与否，他们都将被雇员公积金计划所覆盖，必须按时足额缴纳雇员公积金计划费用（见表7-8）。只有当外籍劳工的原籍国与印度签署社会保障双边协定后，按照协定内容的规定，才能享有社会保险费用豁免权。不过，当外籍劳工结束在印度的业务准备回国时，他们可以向印度政府申请退回已缴纳的社会保险费用。不久之后，为了减少社会保障基金的外流，印度政府对外籍劳工实施了更为严格的社会保障政策，规定对于来自非社会保障双边协定缔约国的劳动者，只有当他们年满58周岁时，才能够向印度政府申请退回雇员公积金计划的缴费，也只有当他们在印度就业和缴费至少10年后才能获得养老金待遇[①]。印度政府希望以此来增强自身在社会保障双边谈判过程中的底气，改变本国在与其他国家尤其是发达国家进行社会保障双边谈判时的被动地位。

表7-8　印度雇员公积金计划的现行费率

单位：%

	缴费账户			管理账户		合计
	公积金	养老金	保险储蓄	公积金	保险储蓄	
雇主	3.67	8.33	0.50	0.85	0.01	13.36
雇员	12.00	0.00	0.00	0.00	0.00	12.00
中央政府	0.00	1.16	0.00	0.00	0.00	1.16
合计	15.67	9.49	0.5	1.10	0.01	26.52

资料来源：Employees' Provident Fund Organization. Annual Reports（2015-2016）［EB/OL］. http://search. epfoservices. org: 81/Annual_ Reports/AR_2015-16. pdf。

　　印度通过修订社会保障法律将外籍劳动者强制纳入本国社会保障制度的做法，在很大程度上改变了其他国家尤其是发达国家在与印度开展社会保障双边谈判时漫不经心或者犹豫不决抑或是

[①]　Vikas Vasal. Time for Indo-US Social Security Pact ［N］. The Financial Express, 2015-02-24.

避重就轻的态度，有效减少了社会保障双边谈判的障碍与壁垒，使得印度社会保障国际合作的进程不断加快，比较顺利地与诸多发达国家和地区签署了社会保障双边协定。在印度将外籍劳动者强制纳入本国社会保障制度之前，印度仅仅与比利时、法国和德国三个国家签署了社会保障双边协定。然而，自从 2008 年印度修订社会保障法律强制外籍劳工参加本国社会保障制度以后，在 2009 年至 2014 年短短的 5 年间，印度就先后与 16 个发达国家或者地区签署了社会保障双边协定。截至 2016 年 1 月 1 日，印度先后与比利时、法国、德国、卢森堡、荷兰、瑞士、丹麦、韩国、捷克、匈牙利、挪威、加拿大、芬兰、瑞典、奥地利、澳大利亚、日本、葡萄牙以及魁北克 19 个国家或者地区签署了社会保障双边协定（见表 7－9），并正在紧锣密鼓地与美国和英国等国家进行社会保障双边谈判，有效地保护了许多海外劳工的社会保障权益。

表 7－9　印度已签署的社会保障双边协定情况
（截至 2016 年 1 月 1 日）

国家（地区）	签署时间	生效时间	覆盖的社会保障项目
比利时	2006.06.26	2009.09.01	养老、遗属、残障
法国	2008.08.30	2011.07.01	养老、遗属、残障
德国[①]	2008.10.08	2009.10.01	养老、遗属、残障
瑞士	2009.09.03	2011.01.29	养老、遗属、残障、医疗
卢森堡	2009.09.30	2011.06.01	养老、遗属、残障
荷兰	2009.10.22	2011.12.01	养老、遗属、残障
匈牙利	2010.02.04	2013.04.01	养老、遗属、残障
丹麦	2010.02.07	2011.01.01	养老、遗属、残障
捷克	2010.06.08	2014.09.01	养老、遗属、残障
挪威	2010.10.08	2015.01.01	养老、遗属、残障、医疗
德国[②]	2011.10.12	2017.05.01	养老、遗属、残障
韩国	2011.10.19	2011.11.01	养老、遗属、残障
芬兰	2012.06.06	2013.10.25	养老、遗属、残障
加拿大	2012.11.06	2015.08.01	养老、遗属、残障

续表

国家（地区）	签署时间	生效时间	覆盖的社会保障项目
日本	2012.11.16	2016.10.01	养老、遗属、残障
瑞典	2012.11.26	2014.08.01	养老、遗属、残障
奥地利	2013.02.04	2015.07.01	养老、遗属、残障
葡萄牙	2013.03.04	2017.05.08	养老、遗属、残障
魁北克③	2013.11.26	尚未生效	养老、遗属、残障
澳大利亚	2014.11.18	2016.01.01	养老、遗属、残障

注：①2008 年印度与德国签署的是主要针对外派人员的社会保险双边协定；②2011 年印度与德国签署的是综合社会保障双边协定；③魁北克是加拿大最大的省，享有高度自治权。

资料来源：Ministry of External Affairs of India. Social Security Agreements [EB/OL]. http://www.mea.gov.in/bilateral-documents.htm? dtl/26465/Social_Security_Agreements。

由表 7 - 9 可知，从社会保障双边协定的签署国家来看，与印度签署社会保障双边协定的都是发达国家或者地区，尽管 19 个国家和地区中有 15 个国家属于欧洲国家，但是这 19 个国家几乎囊括了全球具有发达国家分布的所有大洲——欧洲、北美洲、大洋洲和亚洲。不过，印度并未与作为本国海外劳工重要目的地的波斯湾国家签署社会保障双边协定，主要是因为波斯湾国家只向本国公民提供社会保障，明确将外籍劳动者排除在本国社会保障覆盖范围之外①，所以波斯湾国家与非波斯湾国家之间基本上不存在社会保障国际合作问题。从覆盖的社会保障项目来看，主要是养老保险、遗属保险和残障保险三项，只有与瑞士和挪威的社会保障双边协定涉及了医疗保险，如前所述，主要是因为养老、遗属和残障保险都属于长期缴费型项目，能够较好地体现权益与义务相统一原则，可携带性较强，便于进行社会保障权益国际协调，而各国之间的医疗保险制度、医疗成本以及医疗质量往往存在相对显著的差异，使得医疗保险项目协调起来异常困难，于是大多数

---

① Holzmann R., Koettl J., Chernetsky T. *Portability Regimes of Pension and Health care Benefits for International Migrants：An Analysis of Issues and Good Practices* [M]. Geneva：Global Commission on International Migration，2005.

国家签署的社会保障双边协定通常将其排除在外。

特别需要指出的是，虽然近年来印度先后与诸多发达国家签署了社会保障双边协定，取得了可喜的成就，但是印度尚未与美国和英国这两个印度海外劳工分布数量最多的发达国家签署社会保障双边协定。尽管 2007 年以来印度政府积极寻求与美国政府和英国政府进行社会保障双边谈判，迫切希望与它们签署社会保障双边协定，但是美国政府和英国政府并不积极也不情愿，谈判过程曲折漫长而又收效甚微，英国政府甚至在 2011 年初终止了谈判，主要是因为印度与美国和英国之间往来的劳工数量悬殊，社会保障双边协定的签署对印度十分有利，却对美国和英国非常不利。譬如，印度有数以百万计的海外劳工在美国就业，仅仅是那些持有短期工作签证的海外劳工每年就要向美国政府缴纳 10 亿美元的社会保障税，而在印度就业的美国海外劳工数量并不多，每年只向印度政府缴纳 1.5 亿美元的社会保障费①，二者存在着巨大的差距。美国政府和英国政府一致认为，倘若与印度签署了社会保障双边协定，那么它们的社会保障基金将要遭受巨大的损失。故而，可以预见的是，在未来较长一段时间内，印度与美国和英国签署社会保障双边协定的可能性不大。

（三） 印度社会保障国际合作的重要意义

经过十余年的不懈努力和积极探索，印度与诸多发达国家或者地区签署了社会保障双边协定，在社会保障国际合作领域取得了较大的进展，这无论是对于印度海外劳工还是跨国企业来讲，抑或是对于印度经济发展而言，都具有重要意义。

1. 维护了海外劳工的社会保障权益

印度通过与其他国家签署社会保障双边协定等措施，使得在这些缔约国中就业的印度海外劳工能够获得便携性的社会保障权

---

① Amiti Sen. Indians in US May Get to Bring Back Social Security Contribution ［N］. *The Economic Times*, 2011 - 07 - 20.

益（见表 7 - 10），在很大程度上缓解了他们可能遭遇的社会保障双重覆盖与双重缴费或者社会保障待遇支付障碍问题，有效地保护了他们的社会保障权益。仔细阅读印度已签署的社会保障双边协定文本可以发现，这些协定的主要内容基本一致，在它们生效后基本上能够让印度海外劳工获得以下社会保障待遇[①]：一是平等对待，在缔约国就业的印度劳动者与缔约国劳动者享有同等的社会保障待遇，缔约国不能区别对待、厚此薄彼；二是福利可输出，当印度海外劳工的参保年限满足了缔约国社会保障的法定最低缴费年限，达到法定退休年龄后，无论他是选择居住在缔约国还是印度抑或是与缔约国签署了社会保障国际协定的其他国家，都能按时足额地获得社会保障待遇；三是社会保险费用互免，对于派遣时间不超过 5 年的海外劳工，继续参加印度的社会保障制度就行，当派遣时间超过 5 年时，只需参加缔约国的社会保障制度，即使是印度企业把海外劳工从第三国派遣至缔约国，这些海外劳

表 7 - 10　部分社会保障双边协定可能惠及的印度劳动者人数

单位：人

序号	签署时间	国家（地区）	受益人数	序号	签署时间	国家（地区）	受益人数
1	2006	比利时	10404	10	2010	匈牙利	1026
2	2008	法国	19000	11	2010	挪威	7718
3	2011	德国	97865	12	2012	加拿大	184320
4	2009	卢森堡	500	13	2012	芬兰	5016
5	2009	荷兰	35000	14	2012	瑞典	15349
6	2009	瑞士	17403	15	2012	日本	28047
7	2010	丹麦	8100	16	2013	葡萄牙	7244
8	2010	韩国	11180	17	2013	奥地利	13000
9	2010	捷克	1800	18	2014	澳大利亚	241000

资料来源：Ministry of External Affairs（India）. Population of Overseas Indians（Compiled in December, 2017）［EB/OL］. http：//mea. gov. in/images/attach/NRIs-and-PIOs_1. pdf。

[①]　Ministry of External Affairs of India. Social Security Agreements ［EB/OL］. http：//www. mea. gov. in/bilateral-documents. htm? dtl/26465/Social_ Security_ Agreements.

工也能享有上述待遇；四是参保时间累计计算，当海外劳工在某国或者两国的缴费年限低于对象国社会保障制度的法定最低缴费年限时，可以将他在其他缔约国获得的参保时间进行合并计算，以帮助其获得合理的社会保障待遇（见表7－11）。

表 7－11 印度海外劳工可以从社会保障双边协定获得的主要待遇

单位：月

国家	平等对待	福利可输出	参保时间累计计算	社会保险费用互免
比利时	√	√	√	60
法国	√	√	√	60
德国	√	—	—	48
卢森堡	√	√	√	60
荷兰	√	√	—	60
瑞士	—	—	—	72
丹麦	√	√	√	60
韩国	√	√	√	60
捷克	√	√	√	60
匈牙利	√	√	√	60
挪威	√	√	√	60
芬兰	√	√	√	60
加拿大	√	√	√	60
日本	√	√	√	60
瑞典	√	√	√	24
奥地利	√	√	√	60
葡萄牙	√	√	√	60
魁北克	√	√	√	60
澳大利亚	√	√	√	60

注：第五列的数字表示社会保险费用互免的月数。

资料来源：Ministry of External Affairs（India）. Social Security Agreements ［EB/OL］. http：∥www. mea. gov. in/bilateral-documents. htm？dtl/26465/Social_ Security_ Agreements。

2. 增强了跨国企业的国际竞争力

印度与 19 个发达国家或者地区签署社会保障双边协定，这对于印度跨国企业而言是一个重大利好，因为这些社会保障双边协定的签署有助于减少它们的海外社会保障支出，提升它们的利润空间和发展空间，增强其国际竞争力。对于跨国企业来讲，它们千方百计地走出国门，开拓国际市场的主要目的就是获得尽可能多的利润，并增强自身的国际竞争力。不过，由于跨国企业的员工和业务跨越了国界，跨国企业及其派遣员工不可避免地会遭遇社会保障的双重覆盖与双重缴费问题。而社会保障作为一种社会工资，将会显著地增加跨国企业的劳动力成本支出，极大地压缩跨国企业的利润空间和发展空间，严重削弱它们的国际竞争力。不过，在印度与其他国家缔结社会保障双边协定后，这些问题将会迎刃而解。如上所述，在印度已经签署的 19 份社会保障双边协定中，都包括了"派遣工人条款"，即当派遣工人的派遣时间不超过 5 年，那么他继续参加印度的社会保障制度就行，无须加入缔约国的社会保障制度；当派遣工人的派遣时间超过 5 年时，他只需要参加缔约国的社会保障制度，从而在很大程度上缓解了跨国企业及其派遣员工可能遭遇的社会保障双重覆盖与双重缴费问题，显著地减少了跨国企业的海外社会保障支出，可以大为提升它们的利润空间和发展空间，进而有效增强其国际竞争力。

3. 拓展了劳动者的境外就业空间

印度与其他国家或者地区签署社会保障双边协定，还有助于拓展印度劳动者的境外就业空间。在社会保障双边协定签订之前，无论是对于海外劳工来讲，还是对于跨国企业而言，社会保障的双重覆盖与双重缴费问题都是一个难以回避的棘手问题。对于海外劳工而言，基于同一份薪酬待遇的社会保障双重覆盖与双重缴费将会极大地增加他们的缴费压力，不仅会减少他们的可支配收入，而且会降低他们的流动意愿与动力。有研究指出，社会保障的双重覆盖与双重缴费问题是阻碍劳动者跨国流动的重要因素，反之，可携带性强的社会保障则会促进劳动者的跨国流动①。此时，对于跨国企业而言，雇用母国的劳动者将很有可能遭遇社会保障双重覆盖与双重缴费问题，极大地增加企业的生产运营成本，严重压缩企业的利润空间，于是作为应对之策，理性的选择是主要雇用东道国的劳动者而少雇用母国的劳动者，这就必然会减少母国劳动者的就业机会，压缩他们的就业空间。不过，当社会保障双边协定签署后，跨国企业和海外劳工可能遭遇的社会保障双重覆盖与双重缴费问题将会得到有效缓解，这不仅有助于增强劳动者的跨国流动意愿与动力，而且有利于提升跨国企业雇用母国劳动者的意愿，增加母国劳动者的就业机会，进而拓展其境外就业空间。

（四）印度社会保障国际合作的主要经验

印度既是全球最大的海外劳工输出国之一，也是全球最大的发展中国家之一，印度在社会保障国际合作进程中面临的问题与障碍，很可能是其他发展中国家正在或者将要遭遇的困境与矛盾，故而它在克服这些困难过程中取得的实践经验就显得弥足珍贵，可以为其他国家提供重要参考与有益借鉴。

1. 提高政府对社会保障国际合作的重视程度

作为唯一拥有权力和资源代表公共利益开展广泛行动的社会机构②，政府在社会保障国际合作进程中发挥着主导作用，无论是社会保障双边谈判的发起与开展，还是社会保障双边协定的起草与签署，抑或是社会保障双边协定的实施与修订，都必须在政府的主导下进行，其他机构不具备这个权能。当一国政府对于社会保障国际合作高度重视，对于社会保障双边协定的战略意义以及

---

① Duleep H. Social Security and the Emigration of Immigrants. [J]. *Social Security Bulletin*, 1994, 57 (1): 37 - 52; AC d'Addio, M. C. Cavalleri. Labour Mobility and the Portability of Social Rights in the EU [J]. *CESifo Economic Studies*, 2014.

② Gilbert, N., & Terrell. P. *Dimensions of Social Welfare Policy* (2th ed.) [M]. Boston: Allyn & Bacon, 1986.

社会保障双边谈判的复杂性与艰巨性具有充分认识时，这个国家的社会保障国际合作进程往往较快，也能取得不错的成就，反之，就会拖慢社会保障国际合作进程。由前述分析可知，印度政府高度重视社会保障国际合作，在将劳动力输出确定为国家经济社会发展重要战略后不久，就将社会保障国际合作视为劳动力输出战略的重要配套措施，并于2004年成立了海外印度人事务部来全力推动，这就是印度政府在短短的十来年时间里能够在社会保障国际合作领域取得重要进展的关键原因。换言之，为了加快社会保障国际合作进程，以更好地保护本国海外劳工的社会保障权益，就必须提高政府对于社会保障国际合作的重视程度。

2. 充分利用利益杠杆，促进社会保障双边协定的顺利签署

从本质上讲，社会保障国际合作是一个激烈的利益博弈过程，就是要改变在东道国和原籍国之间已经形成的不合理的海外劳工社会保障利益与责任分配格局，让东道国与原籍国相对公平合理地分享和承担海外劳工社会保障的利益与责任，这就必然会存在一定的利益障碍，尤其是对于海外劳工往来数量不对称的两个国家而言，甚至会存在较大的利益障碍。显然，当一个发展中国家与一个发达国家进行社会保障双边谈判时，往往就会出现这种情况，由于从发展中国家流向发达国家的劳工数量较多，而从发达国家流向发展中国家的劳工数量较少，双方海外劳工在社会保障缴费金额上存在一定的甚至是较大的差距，使得发达国家在社会保障双边协定缺位的情况下获益甚多。作为既得利益者，在面对发展中国家寻求社会保障双边谈判时，发达国家必然是不情愿的，至少是不积极的。于是，要想推动社会保障国际合作进程，就必须充分利用利益杠杆，有效利用本国的各种优势资源，使得社会保障双边协定的签署所带来的利益与责任分配格局的改变在对方国家可接受的范围之内，不至于给对方国家的整体利益带来难以接受的影响。对于众多发展中国家而言，在与发达国家进行社会保障双边谈判的过程中，就必须充分利用国内的消费市场和投资机会等各种优势资源作为利益杠杆，使

得发达国家由社会保障双边协定的签署所带来的利益损失，能够从双方的贸易与投资合作中获得平衡与弥补。印度政府正是充分利用庞大的国内消费市场和巨大的民用核能市场这块任何发达国家都无法忽视的"大蛋糕"，将其作为与法国和其他发达国家进行社会保障双边谈判的重要筹码，有效减少了双边谈判过程中存在的利益障碍，比较顺利地与诸多发达国家缔结了社会保障双边协定。

3. 完善社会保障法律，增强在社会保障双边谈判中的底气

如前所述，国家之间开展社会保障国际合作实际上是一个利益博弈过程，其主要目的在于改变业已形成的不合理的海外劳工社会保障责任与利益分配格局。当发展中国家寻求与发达国家进行社会保障双边谈判时，由于双方之间的海外劳工往来数量很可能不对称，发达国家是主要的劳工输入国，而发展中国家则为主要的劳工输出国，再加上大多数发展中国家的社会保障制度尚不够完善，往往尚未将外籍劳动者强制纳入本国社会保障制度，导致发达国家在社会保障双边协定缺位的情况下获益甚多。因此，作为海外劳工社会保障利益分配格局中的既得利益者，发达国家往往不情愿甚至是拒绝与发展中国家开展社会保障双边谈判，或者说至少是不积极的。于是，在与发展中国家开展社会保障双边谈判的过程中，发达国家要么避重就轻，要么刻意拖延，甚至直接终止谈判，使得发展中国家的诸多努力付诸东流。对于发展中国家而言，要想改变这一不利态势，一条重要的途径就是修订和完善本国的社会保障法律，将在本国就业的外籍劳动者强制纳入社会保障计划，这样或许无法迫使发达国家与发展中国家签署社会保障双边协定，但是可以在很大程度上改变发达国家漫不经心的态度，让它们开始关注并重视与发展中国家的社会保障双边谈判，由此在一定程度上改变发展中国家在谈判过程中的被动地位。自从美国政府以印度社会保障法律不健全为由拒绝谈判后，为了增强在社会保障双边谈判中的底气，印度政府对一些社会保障法律进行了修订和完善，将在本国就业的外籍劳动者无条件纳入印

度社会保障制度，不仅改变了许多发达国家在社会保障双边谈判过程中的不积极态度，而且迫使那些与印度经贸往来密切的发达国家逐步与其缔结了社会保障双边协定，有力地维护了众多海外劳工的社会保障权益。

四　菲律宾社会保障国际合作的主要经验

第二次世界大战结束以后，在第三次工业革命的大力推动下，贸易自由化和经济全球化深度发展，资本、货物以及服务的国际流动性日益提高，与此相伴随，劳动力的跨国流动也愈加活跃与频繁。尤其是 20 世纪 60 年代末期以来，伴随着妇女总和生育率的日渐走低和人口老龄化进入快车道，越来越多的发达国家开始出现劳动力短缺的窘境，迫切需要从其他国家引入大量的劳动力。同时，亚洲四小龙——韩国、新加坡、中国香港和中国台湾先后推行出口导向型经济发展战略，大力支持和发展劳动密集型产业，经济飞速发展，也需要输入大量的劳动力。再加之，1973 年中东石油危机爆发后，石油价格飙升，中东产油国在石油美元的刺激下大兴土木[1]，其蓬勃发展的石油化工产业、建筑业以及基础建设等迫切需要引进大量的劳动力。这三股劳动力需求的交汇使得全球海外劳工的就业机会不断增多，就业空间成倍扩大。与此同时，在经历了严重的粮食危机和能源危机之后，菲律宾面临着国民经济发展趋于停滞和社会动荡不安的双重困境[2]，劳动者就业异常困难，失业率居高不下。为了缓解日趋严重的国内失业问题和改善民众的生活状况，并推动国民经济发展，1974 年 5 月 1 日菲律宾总统费迪南德·马科斯颁布了《菲律宾劳动法典》，鼓励和倡导劳动者跨国就业，并明确提出劳务输出是菲律宾国民经济发展的

---

① Abraham R. India and its Diaspora in the Arab Gulf Countries：Tapping into Effective "Soft Power" and Related Public Diplomacy [J]. *Diaspora Studies*, 2012, 5（2）：124 – 146.

② 沈红芳：《菲律宾经济发展滞后及其原因探索》，《世界经济与政治》1994 年第7 期。

重要战略。于是，菲律宾海外劳工开始如潮水般地涌向中东产油国、欧美发达国家以及东亚和东南亚发达国家或者地区。从 20 世纪 70 年代末开始，菲律宾就成为全球重要的海外劳工输出国之一①。1997 年 8 月 3 日的亚洲开发银行报告显示，菲律宾拥有多达 420 万海外劳工分布在全球各地，是全球最大的海外劳工输出国之一②。

海外劳工离开土生土长的母国，在异国他乡就业和谋生，不可避免地会面临诸多困境。其中，一个不容忽视的困境就是海外劳工的社会保障问题。在社会保障属地原则或者国籍原则的作用下，由于海外劳工的社会保障溢出了国界，他们的社会保障面临诸多困境，譬如社会保障双重覆盖与双重缴费、社会保障双重缺失以及社会保障待遇支付障碍等，严重损害了其社会保障权益。随着劳动力输出规模的不断扩大，菲律宾海外劳工遭遇的社会保障权益损害事件与日俱增，使得海外劳工的社会保障权益保护问题愈渐凸显。于是，为了维护本国海外劳工的社会保障权益，20 世纪 70 年代末以来，菲律宾政府开始启动社会保障国际合作进程，积极寻求与本国海外劳工的主要目的地国进行社会保障双边谈判。经过将近 40 年的不懈努力，菲律宾在社会保障国际合作领域取得了较大的进展，与许多发达国家签署了社会保障双边协定，不仅有效地维护了众多海外劳工的社会保障权益，而且在社会保障国际合作领域积累了一些宝贵的实践经验。

（一）菲律宾社会保障国际合作的主要背景

作为亚洲最大和全球最重要的海外劳工输出国之一，菲律宾政府大力推动社会保障国际合作有着深刻的国内和国际背景。具体而言，主要包括海外劳工社会保障权益受损严重和社会保障国际合作在全球蓬勃发展两个方面。

---

① 刘昌明：《菲律宾海外劳务经营模式研究》，《亚太经济》2008 年第 4 期。
② 沈燕清：《从菲律宾的劳务输出看中新劳务合作》，《南洋问题研究》2004 年第 4 期。

1. 海外劳工社会保障权益受损严重

早在 20 世纪 60 年代，菲律宾劳动者就开始跨出国门，去异国他乡就业和谋生。20 世纪 60 年代初，印度尼西亚政府决定开发加里曼丹林场，需要大量劳动力，于是招募了一部分菲律宾劳动者。美越战争期间，美国在关岛、越南和泰国修建了大量的军事工程，需要大批劳动力，也招募了一部分菲律宾劳工。不过，菲律宾向世界各地大规模输出海外劳工始于 20 世纪 70 年代。自从 1974 年费迪南德·马科斯政府为了解决国内日益严峻的就业问题，将劳务输出确定为国民经济发展战略的重要组成部分，并制定了一系列的劳务输出政策之后，在政府的积极倡导和有效组织下，菲律宾劳工开始大规模地涌向波斯湾国家、西方发达国家以及东亚和东南亚发达国家或者地区。据统计，在 1975 ~ 1991 年，菲律宾每年输出的海外劳工数量就从 3.6 万人急剧增加至 70 万人[①]。自 20 世纪 90 年代起，菲律宾每年平均向全球各地输出 70 万名海外劳工[②]。如表 7 – 12 所示，从 1975 年至 2015 年，菲律宾每年输出的海外劳工数量从 36035 人急剧增加至 1844406 人，即快速增加了 50 倍多，年均增长 122.3%。根据海外菲律宾人委员会的统计数据，截至 2013 年底，共有 1023.86 万海外菲律宾人分布在全球 218 个国家和地区，占其总人口的 10% 左右，其中，永久性移民 4869766 人，所占的比例为 48%，临时性移民 4207018 人，所占的比例为 41%，非正规移民 1161830 人，所占的比例为 11%[③]。事实上，临时性移民和非正规移民中的绝大部分为海外劳工。换言之，当前菲律宾有 500 万左右的海外劳工分布在全球各地。这些海外劳工不仅在一定程度上缓解了东道国所面临的劳动力短缺困境，促

---

① 何平：《菲律宾劳务输出概述》，《东南亚纵横》1994 年第 1 期。

② Martin P., Abella M., Midgley E. Best Practices to Manage Migration: The Philippines [J]. *International Migration Review*, 2004, 38 (4): 1544 – 1559.

③ Commission on Filipinos Overseas. Stock Estimate of Overseas Filipinos as of December 2013 [EB/OL]. http://www.cfo.gov.ph/program-and-services/yearly-stock-estimation-of-overseas-filipinos.html.

进了东道国经济与社会的可持续发展，而且有效地缓解了菲律宾国内的就业压力，还给菲律宾带来了数额不菲的外汇收入。

表 7 - 12 1975~2015 年菲律宾的海外劳工输出情况

单位：人，%

年份	陆上雇佣者	海上雇佣者	总数	再雇佣者人数（所占的比例）
1975	12501	23534	36035	—
1976	19221	28614	47835	—
1977	36676	33699	70375	—
1978	50961	37280	88241	—
1979	92519	44818	137337	—
1980	157394	57196	214590	—
1981	210936	55307	266243	—
1982	250115	64169	314284	—
1983	380263	53594	434207	142980（37.6）
1984	300378	50604	350982	166884（55.6）
1985	320494	52290	372784	159679（49.8）
1986	323517	54697	378214	152812（47.2）
1987	382229	67042	449271	170267（44.5）
1988	385117	85913	471030	202975（52.7）
1989	355346	103280	458626	184913（52.0）
1990	334883	111212	446095	164883（49.2）
1991	489260	125759	615019	187943（38.4）
1992	549655	136806	686461	289062（52.6）
1993	550872	145758	696030	294645（53.5）
1994	564031	154376	718407	305012（54.1）
1995	488173	165401	653574	273984（56.1）
1996	484653	175469	660122	278592（57.5）
1997	559227	188469	747696	337780（60.4）
1998	638343	193300	831643	419128（65.7）

年份	陆上雇佣者	海上雇佣者	总数	再雇佣者人数（所占的比例）
1999	640331	196689	837020	403071（62.9）
2000	643304	198324	841628	398886（60.6）
2001	661639	204951	866590	390554（59.0）
2002	682315	209593	891908	393638（57.6）
2003	651938	216031	867969	372373（57.1）
2004	704586	229002	933588	419674（59.6）
2005	740632	247983	988615	450651（60.8）
2006	788070	274497	1062567	470390（59.7）
2007	811070	266553	1077623	497810（61.4）
2008	974399	261614	1236013	597426（61.3）
2009	1092162	330424	1422586	742447（68.0）
2010	1123676	347150	1470826	781710（79.6）
2011	1318727	369104	1687831	881007（66.8）
2012	1435166	366865	1802031	976591（68.0）
2013	1469179	367166	1836345	1004291（68.4）
2014	1430842	401826	1832668	943666（66.0）
2015	1437875	406531	1844406	922658（64.2）

注：（1）再雇佣者人数和所占的比例只针对陆上雇佣者；（2）"—"表示无数据。
资料来源：（1）Philippine Overseas Employment Administration（POEA）. Annual Report（1982 – 2014）［EB/OL］. http：// www. poea. gov. ph/annualreports/annualreports. html；（2）Philippine Overseas Employment Administration（POEA）. Compendium of OFW Statistics（2005 – 2015）［EB/OL］. http：//www. poea. gov. ph/ofwstat/ofwstat. html。

然而，由于逾越了民族国家的界限，在属地原则或者国籍原则的作用下，海外劳工的社会保障面临诸多困境。具体说来，主要包括以下几种情况：一是社会保障的双重覆盖与双重缴费问题。根据菲律宾社会保障法律的规定，菲律宾跨国企业外派的劳动者必须纳入本国的社会保障制度，按时足额缴纳社会保险费用。同时，向在本国境内居住和就业的外籍劳工征收社会保险费用，将他们纳入社会保障计划，让其享有国民待遇，这是许多西方发达国家和部分发展中国家的普遍做法。于是，在 500 万的菲律宾海外劳工中，就有一部分海外劳工不但会被原籍国的社会保障制度所覆盖，而且会被纳入东道国的社会保障计划。换言之，部分菲律宾海外劳工基于同一份工资，不仅要向原籍国缴纳社会保障费用，还要向东道国缴纳社会保障费用，给他们带来了巨大的缴费压力。二是社会保障的双重缺失问题。在属地原则的作用下，许多海外劳工在境外就业期间往往割裂了与原籍国的社会保障关系，此时他们既无法受到原籍国社会保障制度的保护，也可能会被东道国的社会保障制度拒之门外，例如波斯湾国家的社会保障制度只覆盖本国国民①。于是，许多菲律宾海外劳工在跨国就业期间，既不能被原籍国的社会保障制度所覆盖，亦无法被纳入东道国的社会保障制度，处于社会保障的"真空"状态。三是社会保障待遇的支付存在障碍。有一部分菲律宾海外劳工先后在菲律宾和其他国家就业和参加社会保障，但是他们在某国或者任何一国的社会保障缴费时间都少于当事国社会保障制度的法定最低缴费年限，以至于其只能获得某国甚至是无法获得任何一国的社会保障待遇。譬如，美国政府颁发给部分菲律宾海外劳工的 H－2A 签证的最长有效期限是 3 年②，而美国养老保险的最低缴费年限是 40 个季度（10 年）③，即使菲律宾海外劳工每年都按时足额地向美国政府缴纳社会保障税，也难以获得美国养老保险待遇的领取资格。以上三种社会保障困境使得菲律宾海外劳工遭受了巨大的损失，而且随着菲律宾海外劳工规模的不断扩大，他们遭受的损失日渐严重，引起了菲律宾政府的高度关注与重视。

---

① Sabates-Wheeler R., Koettl J. Social Protection for Migrants: The Challenges of Delivery in the Context of Changing Migration Flows [J]. *International Social Security Review*, 2010, 63 (3): 115 – 144.

② 吴伟东：《劳动力跨国就业的社会保障协调机制研究》，北京：知识产权出版社，2015：138。

③ Holzmann R., Koettl J., Chernetsky T. *Portability Regimes of Pension and Health Care Benefits for International Migrants: An Analysis of Issues and Good Practices* [M]. Geneva: Global Commission on International Migration, 2005.

2. 社会保障国际合作在全球方兴未艾

作为增强海外劳工社会保障权益便携性，维护海外劳工社会保障权益的最有效途径之一，社会保障国际合作自 20 世纪初在西欧国家诞生伊始，就引发了诸多欧洲国家的关注与重视，并在随后的几十年里获得了巨大的发展。即使是在两次世界大战期间，动荡的局势和纷飞的战火也无法阻碍欧洲国家对社会保障国际合作的热情与兴趣。据统计，两次世界大战期间，世界各国共签署了大约 150 项社会保障双边协定，其中许多社会保障双边协定是在协约国之间和轴心国之间以及同盟国之间缔结的[①]。第二次世界大战结束后，欧盟国家通过实施欧盟社会保障协调法令和与非欧盟国家签署社会保障双边或者多边协定等措施，使得绝大多数欧盟海外劳工获得了便携性的社会保障权益，有效地解决了他们可能遭遇的社会保障双重覆盖与双重缴费或者社会保障待遇支付障碍问题。随后，社会保障国际合作开始延伸至大洋洲国家和北美洲国家，在随后的几十年里，澳大利亚、新西兰、加拿大和美国通过与其他国家缔结社会保障双边协定等措施，也使得大多数的本国海外劳工获得了便携性的社会保障权益，有效地维护了他们的社会保障权益。自 20 世纪 70 年代以来，社会保障国际合作开始扩展至部分拉丁美洲国家和北非国家。一些低收入或者中低收入国家，譬如土耳其、阿尔及利亚和摩洛哥通过与本国海外劳工的主要目的地国进行社会保障双边谈判，签署社会保障双边协定等措施，成功地使 68%、87% 和 89% 的本国海外劳工获得了便携性的社会保障权益[②]，有效地缓解了海外劳工可能遭遇的社会保障双重缴费或者社会保障双重缺失抑或是社会保障待遇支付障碍问题。

---

① William M. Yoffee. *International Social Security Agreements: Totalization, Equality of Treatment, and Other Measures to Protect International Migrant Workers* [M]. Washington: U. S. Government printing office, 1974: 31.

② Avato J., Koettl J., Sabates-Wheeler R. Social Security Regimes, Global Estimates, and Good Practices: The Status of Social Protection for International Migrants [J]. *World Development*, 2010, 38 (4): 455–466.

进而言之，自 20 世纪初在西欧国家诞生以后，社会保障国际合作获得了长足的发展，在保护海外劳工社会保障权益方面发挥了至关重要的作用，获得了越来越多国家的认可与接纳。

（二）菲律宾社会保障国际合作的主要实践

自从 20 世纪 70 年代初劳务输出被菲律宾政府确定为缓解国内就业压力和促进经济发展的一剂良药后，历届菲律宾政府都将劳务输出作为国民经济发展战略的重要组成部分，并制定了一系列配套政策来开拓海外劳务市场，并取得了较大的成就。正如 1976 年菲律宾总统费迪南德·马科斯在评价菲律宾劳务输出政策的国际和国内成就时所宣称："我们不仅在国内的新兴行业，而且在国际劳动力市场上为国民提供就业机会，菲律宾人的智慧和技术正在全球许多地方变得越来越重要，回流的菲律宾劳工也正在推动国内技术的进步。"① 伴随着越来越多的菲律宾劳动者走出国门，在全球各地就业和谋生，他们遭遇的权益损害事件也在日益增多，并在 20 世纪 80 年代初期开始凸显。其中，一个突出问题就是社会保障权益损害。值得赞赏的是，菲律宾政府很早就关注到了这一问题，并于 20 世纪 70 年代末期开始积极寻求与海外劳工的主要东道国（如美国、日本和沙特阿拉伯等）开展社会保障双边谈判，但是由于双方海外劳工往来数量悬殊等原因，这些东道国并不积极也不情愿，甚至直接拒绝与菲律宾政府进行社会保障双边谈判②，使得菲律宾政府的诸多努力付诸东流。

为了改变这种窘境，菲律宾政府开始转变思路，另辟蹊径，在寻求社会保障双边谈判方面，不再只瞄准输入菲律宾劳工最多的那几个国家，而是开始寻求与既有菲律宾劳工输入，又有谈判

---

① Catholic Institute for International Relations（CIIR）. *The Labour Trade：Filipino Migrant Workers Around the World* [M]. London：Catholic Institute for International Relations，1987.

② Gonzalez J. L. Domestic and International Policies Affecting the Protection of Philippine Migrant Labor：An Overview and Assessment [J]. *Philippine Sociological Review*，1996，44（1）：162 – 177.

意愿的东道国进行社会保障双边谈判。经过一段时间的不懈努力，菲律宾政府终于在社会保障双边谈判方面取得了重大突破，与奥地利政府在 1980 年 12 月 1 日签署了社会保障双边协定，1982 年 4 月 1 日起生效，这是菲律宾签署的第一份社会保障双边协定。随后，菲律宾政府启动了与英国、法国、德国、意大利以及加拿大等国的社会保障双边谈判进程。在经过多轮谈判与激烈博弈之后，菲律宾先后在 1985 年、1988 年和 1990 年与英国、西班牙和法国签署了社会保障双边协定，取得了一些成就。不过，这与菲律宾海外劳工数量的迅猛增长相比，就显得明显滞后，难以有效地满足菲律宾数以百万计海外劳工日益增长的社会保障权益保护需求。于是，为了减少与其他国家签署社会保障双边协定的障碍，加快社会保障国际合作进程，菲律宾政府开始逐步重视国际劳工组织制定的国际劳工公约和建议书，不仅加入和认可了许多国际劳工公约，而且积极地把国际劳工公约的主要原则融入社会保障双边协定的草案之中[1]，还把国际劳工组织确定的国际劳工标准作为菲律宾劳动与社会保障立法的重要参照，使其形式和内容皆与国际劳工标准比较接近[2]。同时，在社会保障双边谈判过程中，菲律宾政府充分利用菲律宾海外劳工技能较高、英语流利且善于适应各种文化而备受东道国雇主青睐的优势[3]，力求促成社会保障双边协定的签署。经过 30 多年的积极争取和不懈努力后，菲律宾政府先后与奥地利、英国、西班牙、法国、加拿大、魁北克、比利时、荷兰、瑞士、希腊、以色列、葡萄牙、德国、瑞典以及日本 15 个发达国家和地区缔结了社会保障双边协定（见表 7-13），并在马不停蹄地与美国、意大利、澳大利亚以及韩国等多国进行社会保障双边谈判，力求尽快与其缔结社会保障双边协定，构建合理严密的社会保障国际合作网，以有效地维护大多数海外劳工的社会保障权益。

---

① Battistella G., Asis M. *Country Migration Report: The Philippines 2013* [R]. International Organization for Migration, 2013.

② 张伟：《外国劳动法和劳动行政管理》，北京：中国劳动出版社，1990：14。

③ Go SP. Fighting for the Rights of Migrant Workers: The Case of the Philippines [J]. *Migration for Employment: Bilateral Agreements at a Crossroad*, 2004: 187-202.

表 7 – 13　菲律宾已签署的社会保障双边协定情况

国家（地区）	签署时间	生效时间	覆盖的社会保障项目
奥地利	1980.12.01	1982.04.01	老年、残障、遗属、工伤
英国	1985.02.27	1989.09.01	老年、残障、遗属、工伤
西班牙	1988.05.21	1989.10.01	老年、残障、遗属、工伤、疾病、生育
法国	1990.02.07	1994.11.01	老年、残障、遗属
加拿大	1994.09.09	1997.03.01	老年、残障、遗属
魁北克	1996.10.23	1998.10.01	老年、残障、遗属、儿童福利
比利时	2001.12.07	2002.03.04	老年、残障、遗属
荷兰	2001.04.10	2003.10.01	老年、残障、遗属
瑞士	2001.09.17	2002.03.04	老年、残障、遗属
希腊	2009.03.20	—	老年、残障、遗属
以色列	2009.03.23	—	老年、残障、遗属
葡萄牙	2010.03.28	—	老年、残障、遗属
德国	2014.09.29	—	老年、残障、遗属
瑞典	2015.10.15	—	老年、残障、遗属、工伤
日本	2015.10.19	—	老年、残障、遗属

资料来源：（1）Hirose, Kenichi. Social Security Coordination for non-EU Countries in South and Eastern Europe：A Legal Analysis［M］. Geneva：Internatinal Labour Organization, 2012；（2）菲律宾劳动和就业部网站，http：//www. dole. gov. ph/。

　　从社会保障双边协定的缔约国来看，与菲律宾签署社会保障双边协定的都是发达国家和地区，除以色列和日本属于亚洲国家外，其他都是欧洲和北美发达国家或者地区。不过，到目前为止，菲律宾尚未与本国海外劳工的重要目的地海湾国家中的任何一国签署社会保障双边协定，这主要是因为海湾国家的社会保障制度只覆盖本国国民，明确将外籍劳工排除在外①，因此它们基本上不存在社会保障国际合作问题。从覆盖的社会保障项目来看，主要

————————

① Sabates-Wheeler R. , Koettl J. Social Protection for Migrants：The Challenges of Delivery in the Context of Changing Migration Flows［J］. *International Social Security Review*, 2010, 63（3）：115 – 144.

是老年、残障和遗属三项，很少有社会保障双边协定涉及医疗保险项目，主要是因为老年、残障和遗属保险属于长期缴费型项目，讲究权利与义务相统一，待遇计算相对容易，便携性较强，便于开展社会保障权益国际协调。

特别需要指出的是，为了最大限度地维护海外劳工的社会保障权益，菲律宾政府除积极主动地与本国海外劳工的主要目的地国进行社会保障双边谈判，寻求签署社会保障双边协定之外，还在缺乏海外劳工东道国承担责任的情况下，采取措施为海外劳工提供社会保护。具体说来，主要有两个方面：一是设立海外劳工自愿保险计划，扩大国内社会保障制度的覆盖范围，将海外菲律宾人覆盖在内[1]。1995 年，菲律宾社会保障制度为海外菲律宾人开设了一个常规覆盖或者基本保险计划，海外菲律宾人自愿加入；2002 年，它为海外菲律宾人开设了另一个社会保险计划，即 Flexi 基金计划，这是一个养老金储蓄计划。实际上，自愿性保险计划对于在波斯湾国家就业的菲律宾海外劳工尤为有用，通过自愿保险计划，在波斯湾国家就业的菲律宾海外劳工可以继续向母国社会保险制度缴费，避免了社会保障的双重缺失问题。2012 年，菲律宾社会保障制度拥有 738000 名海外菲律宾人成员[2]。二是建立海外劳工福利基金，为海外劳工及其家属提供社会保护[3]。1997 年，菲律宾海外劳工福利管理局设立了海外劳工福利基金，资金主要来源于会员缴纳的会费、投资收益以及其他收入，为海外劳工及其留守家属提供遗属、残疾和遣送回国费用补贴等待遇。当前，菲律宾海外劳工福利基金已经成为全球最大的移民福利基金，拥有将近 160 万名会员[4]，越来越多的菲律宾海外劳工及其家属从

① Ruiz N. G. Managing Migration: Lessons from the Philippines [J]. World Bank Other Operational Studies, 2008; Battistella G, Asis M. Country Migration Report: The Philippines 2013 [R]. International Organization for Migration, 2013.

② Domingo, R. W. 2012 SSS Reports Surge in OFW Contributions [EB/OL]. http://business.inquirer.net/72057/sss-reports-surge-in-ofw-contributions.

③ Sabates-Wheeler R., Waite M. Migration and Social Protection: A Concept Paper [J]. Journal of Analytical Atomic Spectrometry, 2010, 12 (12): 1105 – 1110.

④ Ms. Vivian Tornea, National Conference on International Migration Data, 24 October 2012.

中受益（见表 7 - 14）。

表 7 - 14　2006 ~ 2010 年菲律宾海外劳工福利基金
遣送回国计划惠及的人数

单位：人

遣送回国计划	2006	2007	2008	2009	2010
就地遣返援助	12000	9419	8026	9252	6992
紧急遣返计划（机票）	6834	1446	571	1903	2294
机场救助	11759	5597	5538	6962	6719
中途回国住宿	5030	1821	1924	2231	2870
医疗转诊	284	45	79	93	7
国内交通补助	6945	307	761	973	1162

资料来源：Overseas Workers Welfare Administration（OWWA）. Annual Report 2010 ［EB/OL］. http：//www. owwa. gov. ph/? q = content/annual-reports。

（三）菲律宾社会保障国际合作的重要意义

经过 30 多年的锐意进取和不懈努力，菲律宾政府先后与 15 个发达国家和地区缔结了社会保障双边协定，在社会保障国际合作领域取得了可喜的成绩，这无论是对于菲律宾海外劳工还是菲律宾政府来讲，都具有重要意义。

1. 维护了海外劳工的社会保障权益

菲律宾通过与其他国家签署社会保障双边协定等措施，使得在这些缔约国中就业和谋生的菲律宾海外劳工有机会获得便携性的社会保障权益，有效地维护了他们的社会保障权益。具体说来，主要体现在以下几个方面：一是有效地缓解了部分菲律宾海外劳工既要在东道国又要在原籍国缴纳社会保障费用的社会保障双重覆盖与双重缴费问题，极大地减轻了他们的缴费压力。菲律宾与其他国家签署的社会保障双边协定都包含了"外派工人条款"，当海外劳工的派遣时间不超过 24 个月且不是去替换另一个到期的派遣劳工时，他继续参加菲律宾的社会保障制度就行，当海外劳工的派遣时间超过 24 个月时，他只需要参加缔约国的社会保障制度。二是有效地缓解了部分菲律宾海外劳工可能遭遇的社会保障双重缺失问题。当菲律宾与其他国家签署社会保障双边协定后，在这些缔约国中就业的菲律宾海外劳工往往能够被纳入社会保障计划，而且当他们工作期满决定返回菲律宾时，有权要求缔约国退还他们已缴纳的社会保险费用。三是有效地解决了部分海外劳工可能遭遇的社会保障待遇支付障碍问题，使在某国或者任何一国的社会保障参保年限都难以满足当事国社会保障制度最低参保年限的菲律宾海外劳工获得了合理的社会保障待遇。菲律宾与其他国家签署的社会保障双边协定基本上包含了参保时间累计计算和福利可输出条款，当菲律宾海外劳工的参保时间低于某国或者任意一国的社会保障最低参保时间时，可以将海外劳工在其他缔约国获得的参保时间合并计算，以使得其获得社会保障待遇领取资格。于是，通过这些规定与措施，菲律宾已签署的社会保障双边协定就可以惠及相当一部分海外劳工（见表 7-15），有效地维护了他们的社会保障权益。

表 7-15　菲律宾现有的社会保障双边协定可能惠及的劳动者人数

单位：人

序号	签署时间	国家（地区）	受益人数	序号	签署时间	国家（地区）	受益人数
1	1980	奥地利	4504	9	2001	瑞士	7534
2	1985	英国	56416	10	2009	希腊	61625
3	1988	西班牙	10578	11	2009	以色列	34400
4	1990	法国	39170	12	2010	葡萄牙	1990
5	1994	加拿大	94910	13	2014	德国	11194
6	1996	魁北克	—	14	2015	瑞典	2067
7	2001	比利时	5408	15	2015	日本	19385
8	2001	荷兰	5450	合计			354631

资料来源：Commission on Filipinos Overseas. Stock Estimate of Overseas Filipinos as of Dec. 2013 ［EB/OL］. http：// www. cfo. gov. ph/program-and-services/yearly-stock-estimation-of-overseas-filipinos. html。

2. 拓展了劳动者的境外就业空间

作为劳动力输出的重要配套措施之一，菲律宾与其他国家签署的社会保障双边协定生效后，还能增加菲律宾海外劳工的就业机会，有力地拓展菲律宾劳动者的境外就业空间。在社会保障双边协定签署之前，由于海外劳工在境外就业可能遭遇社会保障双重覆盖与双重缴费问题，为了降低生产与运营成本，跨国企业往往不得不减少雇用或者派遣母国的劳动者，而且社会保障的便携性差也会严重降低海外劳工的流动积极性与流动意愿①。然而，在菲律宾与其他国家签署社会保障双边协定之后，这些问题都将会得到很大程度上的缓解，从而必然会增加和拓展菲律宾海外劳工的就业机会与就业空间。或许，对于全球大多数国家来讲，劳动者的境外就业机会和就业空间尽管不是无足轻重的，但是也不至于是至关重要的。然而，对于菲律宾这个国土面积只有 30 万平方公里，但是人口总量接近 1 亿且劳动适龄人口所占的比例高达 67.5% 的西太平洋岛国而言②，劳动者的境外就业空间是举足轻重的，甚至是生死攸关的。因为劳务输出早已成为菲律宾国民经济的重要支柱产业，它不仅关乎 10% 的菲律宾人口就业（见表 7 - 16），而且

表 7 - 16　2000 ~ 2013 年海外菲律宾人数量及其占菲律宾总人口的比例

单位：人，%

年份	永久性移民	临时性移民	非正规移民	合计	占总人口的比例
2000	2551549	2991125	1840448	7383122	9.5
2001	2736528	3049622	1625936	7412086	9.3
2002	2807356	3167978	1607170	7582504	9.4
2003	2865412	3385001	1512765	7763178	9.4
2004	3204326	2899620	1039191	7143137	8.5
2005	3407967	2943151	626389	6977507	8.1

① AC d'Addio, M. C. Cavalleri. Labour Mobility and the Portability of Social Rights in the EU [J]. *CESifo Economic Studies*, 2015, 61 (2): 346 - 376.

② 数据来源：菲律宾国家统计局网站，http://www.psa.gov.ph/。

续表

年份	永久性移民	临时性移民	非正规移民	合计	占总人口的比例
2006	3568388	3093921	621713	7284022	8.3
2007	3693015	3413079	648169	7754263	8.8
2008	3907842	3626259	653609	8187710	9.1
2009	4056940	3864068	658370	8579378	9.3
2010	4423680	4324388	704916	9452984	10.2
2011	4867645	4513171	1074972	10455788	11.0
2012	4925797	4221041	1342790	10489628	10.8
2013	4869766	4207018	1161830	10238614	10.4

资料来源：（1）Commission on Filipinos Overseas. Stock Estimate of Overseas Filipinos as of Dec. (2000 – 2013) ［EB/OL］. http：//www. cfo. gov. ph/program-and-services/yearly-stock-estimation-of-overseas-filipinos. html；（2）Philippine Statistics Authority. Philippine Statistical Yearbook ［EB/OL］. http：// www. psa. gov. ph/products-and-services/publications/philippine-statistical-yearbook。

在很大程度上关乎菲律宾国民经济的生存与发展。规模庞大的海外菲律宾人每年为菲律宾带回相当于其国内生产总值10%左右的外汇收入（见图7-2），几乎相当于菲律宾国内1200万人从事农

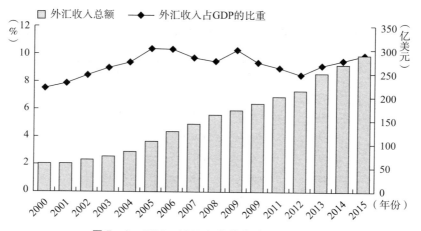

图 7-2　2000～2015 年菲律宾外汇收入及其
占 GDP 的比重

资料来源：菲律宾中央银行网站，http：//www. bsp. gov. ph/。

林牧副渔业的总收入①，这些外汇收入不仅降低了菲律宾的国际收入赤字，而且是拉动国内消费、促进经济发展的重要杠杆。故而，劳动者的境外就业空间对于菲律宾而言至关重要，牵一发而动全身。

（四） 菲律宾社会保障国际合作的主要经验

作为全球少有的将劳务输出作为国民经济重要支柱产业的国家，在政府的高度重视和不断努力下，菲律宾不仅在社会保障国际合作领域取得了较大的成就，而且积累了一些有益的经验，值得其他国家学习与借鉴。

1. 社会保障国际合作须由原籍国去积极推动

在社会保障国际合作领域，发展中国家在寻求与发达国家进行社会保障双边或者多边谈判时常常处于被动的弱势地位，因为从发展中国家流向发达国家的海外劳工人数往往较多，而从发达国家流向发展中国家的海外劳工人数较少，二者之间存在一定的甚至是巨大的差距，所以在双方尚未签署社会保障国际协定的情况下，发达国家的社会保障基金可以获得发展中国家海外劳工及其企业的巨额社会保障缴费，而且基本上不用承担任何责任与风险，即海外劳工及其雇主相当于发达国家社会保障基金的"净贡献者"。作为既得利益者，面对发展中国家寻求社会保障双边谈判时，发达国家往往是不情愿的，至少是不积极的。而且，社会保障双边协定一旦签署，还有可能在一定程度上削弱发达国家跨国企业的国际竞争力，并有可能对发达国家的就业市场带来一定的冲击，故而，在与发展中国家开展社会保障双边谈判的过程中，发达国家要么漫不经心，要么避重就轻，要么顾左右而言他，要么敷衍塞责，甚至是随意中断谈判进程，时常让发展中国家措手不及、前功尽弃。有鉴于此，在社会保障国际合作过程中，发展

---

① Martin P, Abella M, Midgley E. Best practices to Manage Migration: The Philippines [J]. *International Migration Review*, 2004, 38 (4): 1544 – 1559; Burgess M R, Haksar M V. Migration and Foreign Remittances in the Philippines [R]. International Monetary Fund, 2005.

中国家应当主动出击、积极推动，不仅要对社会保障双边谈判的复杂性与艰巨性做好充分的思想准备，而且要知己知彼，充分了解自身和对方国家的优势与劣势，分步骤分阶段有计划地与发达国家进行社会保障双边谈判，以求有所突破。菲律宾政府在开展社会保障国际合作之初，也遭遇了本国海外劳工的主要目的地国拒绝与其进行社会保障双边谈判的窘境，随后菲律宾政府改变了策略，积极主动地寻求与既有菲律宾海外劳工输入，又有一定谈判意愿的发达国家进行社会保障双边谈判，并最终取得了突破性进展。进而言之，社会保障国际合作须由发展中国家去积极推动，以求获得突破。

2. 重视国际劳工标准，减少社会保障国际合作的障碍

在社会保障国际合作领域，国际劳工组织发挥着重要作用。国际劳工组织主要是通过制定和出台国际劳工公约和建议书等方式来进行国际劳工立法，出台国际劳工标准，确定劳工保护的基本标准和最低标准，以实现对海外劳工合法权益的有效保护。作为联合国保护劳工权益的专门机构，国际劳工组织制定的国际劳工公约在全球范围内具有极高的权威性和广泛的影响力，许多国际劳工公约尤其是核心劳工公约已经成为海外劳工权益保护的国际通用标准，获得了大多数国家的批准与认可。倘若某一个国家高度重视国际劳工标准，批准并生效了许多国际劳工公约，那么它在海外劳工权益保护方面就实现了与国际接轨，在社会保障国际合作方面就宛如获得了一张"特别通行证"，可以减少很多谈判障碍与矛盾。正是认识到了这一点，菲律宾政府在开展社会保障国际合作过程中高度重视国际劳工标准，在原来的基础上批准了许多国际劳工公约，并且将许多国际劳工标准作为本国劳动与社会保障立法的重要参照，使得其在海外劳工社会保障权益保护的许多方面实现了与国际接轨。从表7-17和7-18可知，自20世纪90年代以来，菲律宾政府批准了许多新的国际劳工公约，尤其是在国际劳工组织出台的八大核心劳工公约方面，菲律宾政府全部予以批准和认可，而且还批准了一些与移民和社会保障相关的

国际劳工公约，这就有效地减少了菲律宾与其他国家进行社会保障双边谈判的障碍与壁垒，推动了其社会保障国际合作进程。换言之，必须重视国际劳工标准，才能有效减少社会保障国际合作进程中的障碍与矛盾。

表7-17　八大核心劳工公约及菲律宾的批准情况（截至2017年1月）

号码	出台时间	公约名称	已批准国家总数	菲律宾的批准情况	批准时间
C29	1930	强迫劳动公约	178	已批准	2005.07.15
C87	1948	结社自由及保护组织权公约	153	已批准	1953.12.29
C98	1949	组织权和集体谈判权公约	164	已批准	1953.12.29
C100	1951	男女工人同工同酬公约	172	已批准	1953.12.29
C105	1957	废止强迫劳动公约	175	已批准	1960.11.17
C111	1958	消除就业和职业歧视公约	173	已批准	1960.11.17
C138	1973	最低就业年龄公约	168	已批准	1998.06.04
C182	1999	禁止和立即消除最恶劣形式的童工公约	180	已批准	2000.11.28

资料来源：国际劳工组织官网，www.ilo.org/。

表7-18　菲律宾批准的与移民和社会保障相关的国际劳工公约（截至2017年1月）

号码	出台时间	公约名称	已批准国家总数	菲律宾的批准情况	批准时间
C17	1925	工人事故赔偿公约	74	已批准	1960.11.17
C19	1925	事故赔偿同等对待公约	121	已批准	1994.04.26
C97	1949	迁徙就业公约（修正）	49	已批准	2009.04.21
C118	1962	社会保障同等待遇公约	38	已批准	1994.04.26
C143	1975	移民工人（补充条款）公约	23	已批准	2006.09.14
C157	1982	维护社会保障权利公约	4	已批准	1994.04.26
C189	2011	关于家庭工人体面劳动的公约	23	已批准	2012.09.05

资料来源：国际劳工组织官网，www.ilo.org/。

3. 社会保障国际合作必须坚持"两条腿走路"

由于发展中国家与发达国家之间往来的海外劳工数量存在一定的甚至是较大的差距，发展中国家在与发达国家进行社会保障双边或者多边谈判过程中面临诸多困境，严重影响其社会保障国际合作进程，难以有效维护海外劳工的社会保障权益。而且，波斯湾国家的社会保障制度明确将海外劳工排除在外，也有些发展中国家由于社会保障制度发展滞后难以与海外劳工的东道国进行社会保障双边谈判，这是众多发展中国家在社会保障国际合作过程中面临的共同困境。对此，菲律宾政府一方面积极地与本国海外劳工的重要目的地国进行社会保障双边谈判，以求签署社会保障双边协定；另一方面菲律宾政府别出心裁、另辟蹊径，在缺乏东道国承担责任的情况下，通过设立自愿性保险计划和海外劳工福利基金来为那些在尚未与菲律宾缔结社会保障双边协定的国家就业的海外劳工提供一定的社会保障，不仅有效维护了在社会保障双边协定缔约国就业的菲律宾海外劳工的社会保障权益，而且使得数以百万计的其他类型菲律宾海外劳工获得了一定的社会保护。换言之，在社会保障国际合作领域，与大多数发展中国家往往只寻求与其他国家缔结社会保障国际协定的"一条腿走路"不同，菲律宾政府采取的是"两条腿走路"，不仅努力寻求与其他国家缔结社会保障国际协定，而且在力所能及的范围内单方面为海外劳工提供一定的社会保护，取得了较好的效果，极力地维护了尽可能多的海外劳工的社会保障权益，非常值得其他发展中国家学习与借鉴。换言之，对于许多发展国家而言，要想尽可能地维护海外劳工的社会保障权益，在社会保障国际合作过程中应当坚持"两条腿走路"。

五　各国社会保障国际合作实践的主要启示

社会保障国际合作自 20 世纪初在西欧国家应运而生以来，经过一百多年的探索与磨砺，已经在全球实现了长足的发展。不过，在发达国家与发展中国家之间，社会保障国际合作的发展很不平衡。对于发达国家来说，社会保障国际合作已经走向成熟甚至是反思与调整的阶段，它们在这一领域积累了许多宝贵的经验；而对于发展中国家而言，有一些国家的社会保障国际合作正处于快速发展阶段，虽然遭遇了许多挫折，面临诸多困境，但是也取得了一些可喜的成就，积累了一些有益的经验，还有许多国家的社会保障国际合作正处于起步抑或是尚未起步阶段。尽管我国与发达国家和众多发展中国家的经济社会条件存在一定的甚至是较大的差异，但是经济与社会发展的基本规律是基本相同的，无论是欧盟和美国等发达国家或者地区在社会保障国际合作过程中面临的问题，还是同为海外劳工输出大国的菲律宾与印度等发展中国家在社会保障国际合作进程中遭遇的困境，都有可能是我国正在或者将要遭遇的问题，故而它们在解决这些问题过程中所积累的实践经验必然会给我国社会保障国际合作带来一些重要启示。具体而言，主要体现在以下几个方面。

（一）加强政府的重视程度

无论是从作为发达国家代表的欧盟和美国的经验来看，还是同为海外劳工输出大国的印度和菲律宾等发展中国家的经验来讲，一国的社会保障国际合作要有所发展和有所成就，就必须加强政府的重视程度。因为，在社会保障国际合作领域，政府毫无疑问发挥着至关重要的主导作用。无论是发起社会保障双边谈判之前的准备工作，还是社会保障双边谈判的有序进行，或者是社会保障双边协定的顺利签署，抑或是社会保障双边协定的最终生效与有效执行，都必须由一国政府去推动与完成，其他任何机构或者组织都无权也无能力进行。欧盟和美国的社会保障国际合作之所以能够取得巨大的成就，并不断走向成熟与完善，很大程度上是因为欧盟和美国政府的高度重视，并积极主动地与海外劳工的目的地国进行社会保障双边谈判。显然，印度和菲律宾等发展中国家能够突破与发达国家进行社会保障双边谈判的重重障碍，并在社会保障国际合作领域取得可圈可点的成就，也是和政府的高度重视密切相关的。甚至可以说，为了推动社会保障国际合作进程，印度政府和菲律宾政府在与发达国家的社会保障双边谈判过程中使出了浑身解数。然而，反观我国的情况不难发现，当前我国政府对于社会保障国际合作问题还不够重视，主要表现在对海外劳工社会保障权益保护问题的认识不足和对外劳务合作的主管部门设置不合理等方面。故而，为了推动我国社会保障国际合作进程，必须加强政府的重视程度。

（二）完善相关的法律法规

其他国家的经验表明，一国社会保障国际合作的有效运行与健康发展，必须具备完善的社会保障法律法规，否则，它将弊病百出、矛盾丛生、举步维艰。无论是欧盟和美国等发达国家社会保障国际合作的发展历程，还是印度和菲律宾等发展中国家社会保障国际合作的发展进程都可以很好地体现这一点。事实上，这与立法先行是西方发达国家社会保障制度发展与完善的成功经验是一脉相承的。不过，与社会保障国际合作相关的社会保障法律法规是比较复杂的，它不仅要求试图推动社会保障国际合作进程的国家完善国内社会保障制度的基本法律法规，而且要出台关于将在本国就业和谋生的外籍劳工纳入社会保障计划方面的法律，譬如印度通过修订社会保障法律无条件地将外籍劳工纳入本国社会保障制度，还有可能需要出台社会保障国际合作方面的专门法律，譬如欧盟出台的《欧共体1408/71 号条例》和《欧盟 883/2004 号条例》等。当然，从实际情况来看，西方发达国家在社会保障国际合作领域的法律完善程度要远远高于发展中国家，这是许多发展中国家在与发达国家开展社会保障双边谈判过程中底气不足的重要原因，也是发展中国家社会保障国际合作面临诸多困境的关键因素，我国概莫能外。故而，我国要想在社会保障国际合作领域取得更大的突破，就应当尽快完善社会保障国际合作领域的法律法规，使我国社会保障国际合作"有法可依"。

（三）瞄准主要劳工输入国

无论是从欧盟和美国等西方发达国家的成功经验来说，还是从印度和菲律宾等发展中国家的有益经验来看，要想提高社会保障国际合作的效率，实现事半功倍，那么就必须瞄准本国海外劳工的主要目的地国。因为任何国家的海外劳工都是一个异质性很强的群体，由于他们各自之间的经济条件、资源禀赋、职业技能、兴趣爱好以及人际关系都存在一定的甚至是较大的差异，他们往往在综合考虑自身的实际情况后流向不同的国家或者地区，以至于分布在全球各个角落。譬如，根据美国国务院的统计数据，美国的 500 万—600 万海外劳工分布在全球 160 个国家和地区，几乎可以说是遍布全球。倘若美国政府在进行社会保障国际合作时"眉毛胡子一把抓"，寻求与所有有本国海外劳工分布的 160 个国家和地区进行社会保障双边谈判，那么不仅费时费力费钱，而且效果很有可能不尽如人意。于是，美国政府根据本国海外劳工主要分布在西半球和欧洲国家这一特点，在社会保障双边谈判中瞄准本国海外劳工的主要目的地国，通过与 20 多个国家签署社会保障双边协定就有效地维护了大多数海外劳工的社会保障权益，获得了事半功倍的效果。欧盟、印度和菲律宾的做法也大抵如此，而且它们都取得了不错的成绩。因此，我国要想在社会保障国际合作过程中提高效率，更好地维护海外劳工的社会保障权益，也必须瞄准本国海外劳工的主要目的地国。

（四）合作方式应当多样化

在社会保障国际合作领域，一个显而易见且不容忽视的普遍事实是，国家之间所签署的社会保障国际协定要想有效维护尽可能多的海外劳工的社会保障权益，获得良好的运行效果，社会保障双边协定引入的合作方式应当多样化，不仅要包含社会保险费用互免，而且要涵盖参保时间累计计算，还应当囊括福利可输出和社会保险费用返还，等等。因为如上所述，任何一个国家的海外劳工都是一个异质性很强的群体，他们各自之间的就业期限、跨国经历、资源禀赋、年龄结构、家庭结构以及身体状况都存在一定的甚至是较大的差异，这使得他们的社会保障权益保护需求往往存在不同程度的差异。譬如，对于外派海外劳工来讲，可能社会保险费用互免是最可取的，而对于其他类型海外劳工而言，或许参保时间累计计算和福利可输出才能实现利益最大化，此外，对于另外一些海外劳工而言，抑或社会保险费用返还才是最佳的选择。换言之，唯有社会保障国际合作的方式多样化，才能有效地满足海外劳工各不相同的社会保障权益保护需求，实现利益的最大化。无论是作为发达国家的欧盟和美国，还是作为发展中国家的印度与菲律宾，它们与其他国家缔结的社会保障双边或者多边协定，都包含了社会保障费用互免、参保时间累计计算、福利可输出以及社会保险费用返还等多种合作方式，从而有效地满足了海外劳工多样化的社会保障权益保护需求。故而，我国要想有效地满足海外劳工差异化、多层次的社会保障权益保护需求，最大化地保护他们的社会保障权益，就必须坚持社会保障国际合作方式的多样化。

（五） 充分利用利益杠杆

国外经验表明，尤其是发展中国家的经验显示，在社会保障国际合作领域，发展中国家与发达国家进行社会保障双边或者多边谈判时，要想实现谈判成功，要善于利用利益杠杆，"迫使"发达国家与其缔结社会保障双边或者多边协定，否则就很有可能出现谈判过程曲折而又进展甚微的尴尬局面。因为在社会保障国际合作过程中，由于从发展中国家流向发达国家的海外劳工数量要远远多于从发达国家流向发展中国家的海外劳工数量，在社会保障双边协定签署之前，发展中国家的海外劳工为发达国家贡献了大量无风险的社会保障资金，作为既得利益者，发达国家是倾向于维持现状，不愿意签署社会保障双边协定的。于是，为了"迫使"发达国家签署社会保障双边协定，发展中国家必须充分利用国内消费市场和投资机会等优势资源作为利益杠杆。譬如，印度在与法国等发达国家进行社会保障双边谈判时，为了减少谈判的障碍，实现谈判成功，充分利用了本国广阔的国内消费市场和诱人的投资机会以及法国开拓印度市场的迫切需求，将其作为双边谈判的筹码和杀手锏，相对顺利地与法国签署了社会保障双边协定。与印度等发展中国家相比，我国拥有更加广阔的国内消费市场和更加诱人的投资机会，同时大多数发达国家都有开拓和抢占中国庞大市场的迫切愿望，这是我国与其他国家进行社会保障双边或者多边谈判时的重要王牌，应当充分利用。换言之，为了推动社会保障国际合作进程，我国政府应当学会充分利用利益杠杆。

（六）　重视国际劳工标准

一些发展中国家的经验表明，在社会保障国际合作过程中，要想有效减少社会保障双边谈判的障碍与限制，尽快实现社会保障双边协定的签署，一个重要的途径就是重视国际劳工标准，加快批准和认可相关的国际劳工公约。作为维护海外劳工权益领域影响最大和权威性最高的国际组织，国际劳工组织制定和颁布的许多国际劳工公约和建议书，尤其是八大核心劳工公约，已经成为海外劳工权益保护的国际标准。事实上，由于许多发展中国家批准的国际劳工公约数量偏少且执行效果欠佳，主要的海外劳工输入国在海外劳工权益保护方面对它们设置了不少的障碍。正因为认识到了这一点，菲律宾开始重视国际劳工标准，批准和认可了许多国际劳工公约，尤其是对于八大核心劳工公约全部予以批准，有效地减少了菲律宾在与其他国家尤其是发达国家开展社会保障双边谈判过程中的障碍与壁垒。进而言之，为了减少我国在与其他国家尤其是发达国家开展社会保障双边谈判时的障碍与限制，我国政府应当加强对国际劳工标准的重视，在综合考虑基本国情的基础上批准更多的国际劳工公约，以有效地推动我国的社会保障国际合作进程。

第八章　完善中国社会保障国际
合作的主要建议

英国知名社会政策学家蒂特姆斯（Titmuss）曾指出，社会政策是一种以社会问题为导向，以问题解决为手段，以增进公民福祉、引导社会变迁为主要目的的积极制度设置[①]。也有美国社会政策学者进一步指出，一直以来社会政策的制定都主要是基于以下问题的回答：社会问题或者需求如何才能获得最优化的应对[②]。换言之，社会政策学科既要重视"是什么"和"为什么"——分析问题和解释问题，更要重视"怎么办"——解决问题，以谋求改善公民福利、增进民众福祉。于是，寻找社会问题的最优解一直以来都是社会政策分析的出发点和落脚点。进而言之，分析我国社会保障国际合作的发展现状、面临的主要问题与成因以及典型国家的实践经验，主要目的在于对其进行改进和完善，推动我国社会保障国际合作的发展与完善，以有效地维护大多数海外劳工的社会保障权益。事实上，随着经济全球化的深度发展和国家对外开放战略的深入推进，我国对外劳务输出的规模将不断扩大，海外劳工的规模亦将日趋庞大，各类纷争与事故发生的可能性会逐步加大，海外劳工面临的社会保障权益损害事件会越来越多，遭受的损失愈来愈严重。那么，如何有效维护海外劳工的社会保障权益，降低他们在异国他乡就业和谋生时的社会保障权益损失，是国家和社会必须关注并解决的重要而又紧迫的问题。本章将从

---

① Titmuss, R. *Social Policy: An Introduction* [M]. London: Allenand Unwin, 1974.

② Hall, A. L. & Midgley, J. *Social Policy for Development* [M]. London: SAGE Publications, 2004.

我国社会保障国际合作的发展现状、存在的主要问题及其形成原因出发，在结合我国基本国情的基础上，积极借鉴典型国家在社会保障国际合作领域的主要实践经验，提出一些具有针对性的对策建议，以期对完善我国社会保障国际合作政策有所裨益。

一　发挥政府的主导作用

当前，我国社会保障国际合作存在的诸多问题与政府的重视程度不够具有莫大的联系，倘若我国政府对社会保障国际合作仍不重视，那么这些问题日积月累，可能积重难返，并且其负面影响将随着我国海外劳工规模的不断增大而日益放大。故而，必须增强我国政府对于社会保障国际合作的重视程度，充分发挥政府的主导作用。因为在现代社会中，政府是唯一具有资源和权力为公共利益而开展广泛行动的社会机构。无论是欧盟和美国等发达国家在社会保障国际合作领域的成功经验，还是印度和菲律宾等发展中国家在社会保障国际合作领域的有益经验，都明确无误地说明了这一点。更重要的是，按照社会保障权理论，我国政府不仅要重视和维护国内劳工的社会保障权，而且应当关注和保护海外劳工的社会保障权，因为这既关系到海外劳工的生老病死等重要问题，也关乎我国的国家利益和国际形象。具体而言，在社会保障国际合作过程中，发挥政府的主导作用可以从以下三个方面着手。

（一）加深对社会保障国际合作的认识

在"走出去"战略和"一带一路"倡议的带动下，劳务输出已经成为我国国民经济发展的重要内容之一，不仅在一定程度上缓解了我国严峻的就业形势，而且给我国带来了可观的外汇收入，还在一定程度上缓解了部分群体的贫困状况。然而，一直以来，在开展对外劳务合作过程中，我国政府主要着眼点于劳务输出创造的经济利润，忽略了劳务输出还涉及劳动者的社会保障权益保护等重要问题。为了解决这一问题，必须加深我国政府对于社会保障国际合作的认识，不仅要关注劳务输出所创造的经济利润，而且更应当关注海外劳工的社会保障权益保护等重要问题，充分认识到社会保障国际合作的重要性与必要性，提高对海外劳工社会保障权益保护问题的重视程度，以有效维护我国数以百万计海外劳工的社会保障权益，增进他们的福祉。

（二）提升我国社会保障国际合作的战略地位

当前，对于劳动者社会保障权益保护问题，无论是我国的中央政府还是各级地方政府，关注的重点和焦点都是国内劳动者的社会保障权益保护问题，很少涉及海外劳工社会保障权益保护问题。然而，伴随着"走出去"战略和"一带一路"倡议的有效实施和深入推进，越来越多的我国企业开始走出国门，向国际市场进军，迫切希望开拓国际市场，对外投资的规模不断扩大（见表8-1），与此相适应，我国跨国企业外派的海外劳工数量不断增多

表 8 - 1　2000—2015 年我国外商直接投资（FDI）流出量情况

单位：10 亿美元，%

年份	我国 FDI 流出量	我国 FDI 流出量增长率	我国 FDI 流出量全球排名	我国 FDI 流出量占全球 FDI 流出总量的比例
2000	6.2	—	—	0.1
2001	7.8	25.8	—	0.1
2002	27.0	246.2	—	0.4
2003	29	5.5	—	0.5
2004	55.3	90.7	—	0.9
2005	122.6	123.0	—	1.7
2006	211.6	72.6	13	2.3
2007	265.1	25.3	—	1.3
2008	559.1	110.9	—	3.0
2009	565.3	1.1	5	5.1
2010	688.1	21.7	5	5.2
2011	746.5	8.5	6	4.4

续表

年份	我国 FDI 流出量	我国 FDI 流出量增长率	我国 FDI 流出量全球排名	我国 FDI 流出量占全球 FDI 流出总量的比例
2012	878	17.6	3	6.3
2013	1078.4	22.8	3	7.6
2014	1231.2	14.2	3	9.1
2015	1456.7	18.3	2	9.9

资料来源：（1）United Nations Conference on Trade and Development. World Investment Report（2001 – 2016）［EB/OL］. http：∥unctad. org/en/Pages/DIAE/World% 20Investment% 20Report/World_ Investment_ Report. aspx；（2）商务部、国家统计局、国家外汇管理局：《2003 – 2015 年度中国对外直接投资统计公报》［EB/OL］，http：∥fec. mofcom. gov. cn/article/tjsj/。

（见图 8 – 1）。如前所述，海外劳工的东道国和原籍国的社会保障法律往往会产生一定的冲突与矛盾，使得跨国企业和外派劳工会遭遇社会保障的双重覆盖和双重缴费问题，不仅给海外劳工带来了巨大的缴费压力，而且极大地提升了跨国企业的生产与运营成本，严重削弱了其国际竞争力。为了有效地解决这一问题，增强我国政府对于社会保障国际合作的重视程度，就应当提升社会保

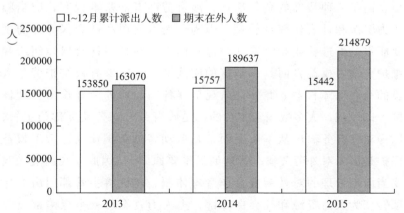

图 8 – 1　2013—2015 年我国外派人员数量前 20 名的企业派出人员情况

资料来源：文月：《2013 年中国对外劳务合作发展述评》，《国际工程与劳务》2014 年第 3 期；文月：《2014 年中国对外劳务合作发展述评》，《国际工程与劳务》2015 年第 3 期；文月：《2015 年中国对外劳务合作发展述评》，《国际工程与劳务》2016 年第 3 期。

障国际合作的战略地位,将社会保障国际合作确定为"走出去"战略和"一带一路"倡议的重要配套措施,充分利用政府大力实施"走出去"战略和"一带一路"倡议的有利契机,推动我国社会保障国际合作的发展与完善,有效解除我国跨国企业和海外劳工面临的社会保障风险,维护他们的社会保障权益,增强跨国企业的国际竞争力,进而为"走出去"战略和"一带一路"倡议的深入实施保驾护航。

(三) 合理设置对外劳务合作的主管部门

根据《对外劳务合作管理条例》第 4 条的规定,我国对外劳务合作的政府主管部门是商务部,但是商务部的主要职能和人员队伍高度集中在经贸合作方面,并不擅长处理海外劳工权益保护问题。但我国海外劳工遭遇的许多纠纷和矛盾与社会保障权益保护问题密切相关,在面对此类问题时,商务部往往有心无力,难以为我国海外劳工提供及时有效的保护。故而,为了完善我国社会保障国际合作,就必须合理设置对外劳务合作的主管部门,鉴于对外劳务输出并不等同于商品输出或者技术输出抑或是资本输出,而是一种特殊的贸易活动,涉及劳动者的基本权利,应当归人力资源和社会保障部管理。因为,人力资源和社会保障部的主要职责是促进就业和完善社会保障体系,在处理社会保障纠纷和维护劳动者权益方面具有丰富的实践经验,能够有效维护劳务人员的社会保障权益。此外,纵观全球各国的对外劳务输出管理体制可以发现,大多数国家实行的都是政府劳工(劳动)部门主管,因为对外劳务输出从本质上而言是劳动者的跨国流动,劳工权益保护是国家对外劳务输出管理的最重要原则[1]。因此,我国应当改变当前不合理的对外劳务合作管理体制,建议将主管部门由商务部转变为人力资源和社会保障部,由人力资源和社会保障部负责我国的对外劳务合作监督管理工作,并效仿印度和菲律宾等海外

---

[1] 常凯:《论海外派遣劳动者保护立法》,《中国劳动关系学院学报》2012 年第 1 期。

劳工输出大国的有益做法，设立专门的机构（如海外劳工管理局）为海外劳工提供社会保障权益保护等服务，国务院外交、公安、商务、交通运输、住房城乡建设、渔业以及工商行政管理等部门在各自的职责范围，负责对外劳务合作监督管理的相关工作（见图8-2），协助人力资源和社会保障部做好对外劳务合作管理事务，进而有效地维护我国海外劳工的合法权益。

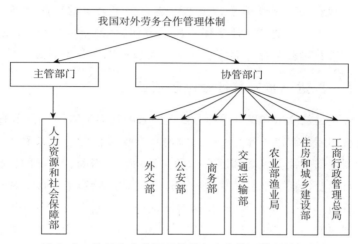

图8-2　关于未来我国对外劳务合作管理体制的设想

二　完善社会保障制度

在国家之间开展社会保障国际合作的过程中，相对完善的社会保障制度是合作的主要载体和重要依托。只有海外劳工的东道国和原籍国都具备相对完善的社会保障制度，或者至少拥有一至两项相对完善的社会保险制度，才能有效地开展社会保障国际合作。否则，社会保障国际合作将无从谈起。显然，欧盟国家的社会保障国际合作发展较快，早在几十年前就已经走向成熟，正在逐步走向反思与调整阶段，这不仅与社会保障国际合作起源于欧洲国家有关，而且与欧洲国家拥有成熟完善的社会保障制度密切相关。与此相应，从我国的情况来看，尽管经过三十多年大刀阔斧式的深刻改革，我国社会保障制度发生了根本性的变化，已经从补缺阶段走向适度普惠阶段，正在以跑步前进的速度走向成熟与完善。然而，当前我国社会保障制度仍然处于不完善阶段，存在城乡分割、区域分割和人群分割等诸多问题，而且仍然处于试验性改革状态，这给我国社会保障国际合作带来了诸多不便。事实上，在经济迅猛发展的当今时代，面对波诡云谲的外部世界，没有独立完善的社会保障制度体系，是不可能有公平公正的国际化竞争环境的。为了有效地开展社会保障国际合作，就必须改变这种现状，大力完善我国社会保障制度。为此，可以从以下两个方面入手。

（一）进一步完善社会保险项目

无论是从欧盟和美国等西方发达国家的社会保障国际合作来看，还是从印度和菲律宾等发展中国家的社会保障国际合作来看，社会保险制度都是社会保障国际合作的主要项目。当前，我国的社会保险项目主要包括养老保险、医疗保险、失业保险、工伤保险和生育保险五项。自 20 世纪 80 年代初启动社会保障制度改革以来，社会保险制度就是改革的主战场。经过 30 多年的改革，我国的社会保险制度取得了巨大的发展，正在逐步走向成熟与完善。然而，不可否认的是，我国的社会保险制度仍然存在诸多困境，突出表现在城乡分割、区域分割和人群分割三个方面。在这里，对我国社会保障国际合作影响最大的是人群分割。因为当前我国与其他国家开展社会保障国际合作的主要方式是社会保险费用互免，这就要求我国海外劳工必须按照国内社会保障法律规定参加相应的社会保险项目，并按时足额缴纳相应的社会保险费用，才能办理社会保险"参保证明"。譬如，《关于实施中德社会保险协定的通知》明确规定，只有"已在国内按规定参加基本养老保险和失业保险，并按时足额缴纳保险费的人员"①，才能办理养老保险和失业保险的"参保证明"。然

---

① 劳动和社会保障部办公厅：《关于实施中德社会保险协定的通知》（劳社厅发〔2002〕2 号），http://www.mohrss.gov.cn/gkml/xxgk/201407/t20140717_136073.htm。

而，当前我国有一些群体的社会保险参保率不高甚至可以说严重偏低，尤其是数以亿计的农民工群体。截至 2015 年底，在我国的 27747 万农民工中，只有 20.1%、18.6%、15.2%、27.0% 和 7.8% 的农民工享有养老保险、医疗保险、失业保险和工伤保险①。换言之，当前我国大多数农民工缺乏基本的社会保障②。这就必然会给我国社会保障国际合作带来不便与障碍，而且会影响我国社会保障协定的执行效果，因此必须进一步完善社会保险项目，以改变社会保险制度的人群分割为重点，尤其要提高农民工的社会保险参保率，使我国的大部分劳动者都可以按照社会保障法律法规的规定参加社会保险制度，并且按时足额地缴纳社会保险费用。唯有如此，才能有效地减少我国社会保障国际合作所面临的障碍与不便，并且提高我国社会保障双边协定的执行效果。

（二）促使社会保障制度走向成熟定型

成熟定型是社会保障制度完善的重要标志之一。只有成熟定型的社会保障制度才能给民众以稳定的安全预期，并以此获得民众的制度信任。与此相反，长期处于改革试验状态的社会保障制度是无法给民众以稳定的安全预期的，它带给民众的是焦虑与不信任感。由于我国的社会保障制度长期处于试验性改革状态，与西方发达国家社会保障制度走向成熟后的改革是对原有制度框架的修修补补，如提高缴费率、降低待遇水平以及提高待遇领取资格等不同，我国的社会保障制度还处于相对剧烈的变革之中，甚至还会发生一些根本制度的变动。譬如，2016 年 4 月 20 日，人力资源和社会保障部与财政部联合下发《关于阶段性降低社会保险费率的通知》，明确提出将生育保险和基本医疗保险进行合并，待国务院出台相关规定后统一实施。2017 年 1 月 19 日，国务院办公

---

① 国家统计局：《2015 年农民工监测调查报告》，国家统计局网站，2016 年 4 月 28 日；人力资源和社会保障部：《2015 年人力资源和社会保障事业发展统计公报》，人力资源和社会保障部网站，2016 年 5 月 30 日。

② 谢勇才：《从"金字塔型"到"倒丁字型"：社会阶层结构变迁对中国社会保障制度的影响探赜》，《社会保障研究》（北京）2016 年第 1 期。

厅发布《关于印发生育保险和职工基本医疗保险合并实施试点方案的通知》（国办发〔2017〕6号），决定在邯郸、晋中、沈阳、泰州、合肥、威海、郑州、岳阳、珠海、重庆、内江以及昆明12个市进行生育保险与职工基本医疗保险合并试点，类似的改革措施让人眼花缭乱、应接不暇，这就必然会给我国民众以不确定与不安全之感，严重损害他们对社会保障制度的信任度。类似地，在我国与其他国家进行社会保障国际合作时，其他国家政府也会对我国社会保障制度产生不确定与不信任之感，而且处于不断变革之中的社会保障制度还会增加社会保障双边谈判的时间成本与技术成本，给对方带来一定的困扰与不便，阻碍社会保障国际合作的顺利开展。故而，我国政府应当采取有效措施，尽快结束社会保障制度的试验性改革状态，促使社会保障制度早日走向成熟定型，由不确定性逐步走向确定性，提高其他国家政府对于我国社会保障制度的认可度与信任度，尽可能地减少我国社会保障国际合作所面临的障碍与矛盾，以推动社会保障国际合作顺利开展。

三　充分利用利益杠杆

早在2200多年前，西汉史学大家司马迁就在《货殖列传序》中睿智地指出：天下熙熙，皆为利来；天下攘攘，皆为利往。无论是复杂到一个国家或者民族，还是简单到一个家庭或者个人，他们进行对外交往或者社会交往的主要目的都在于获得利益，既可能是经济利益，也有可能是政治利益抑或是其他利益。不过，对于一个国家而言，其进行对外交流与合作的最高目标是利用更多的国际资源来满足本国的各种需求，这就必然会在国家之间产生激烈的利益博弈。当然，国家之间开展社会保障国际合作也是一个激烈的利益博弈过程。社会保障国际合作是要实现海外劳工的社会保障利益与责任在东道国和原籍国之间重新分配，让东道国与原籍国公平合理地分享和承担海外劳工社会保障的利益与责任。由于国家之间尤其是发展中国家与发达国家之间的往来劳工数量存在一定的甚至是较大的差距，发达国家获得了海外劳工贡献的巨额社会保障资金而无须承担相应的责任与风险，反之，发展中国家损失了大量的社会保障资金却要承担许多归国海外劳工的社会保障责任。于是，在面对发展中国家寻求社会保障双边或者多边谈判时，发达国家往往是不情愿的，至少是不积极的。毫无疑问，我国在寻求与发达国家开展社会保障双边谈判时也大抵如此，这是我国社会保障国际合作进程缓慢且面临诸多困境的重要原因之一。为此，要想推进社会保障国际合作进程，我国就必须别出心裁、另辟蹊径，充分利用利益杠杆，使社会保障国际合作带来的利益格局改变不至于对对方国家的整体利益带来过大的影响，或者说让对方国家遭受的利益损失能够从与我国的其他合作领域中得到平衡与弥补，抑或是即使对方国家在短期内利益有所受损，但是长期的获益可能会更多。譬如，印度在与法国等发达国家进行社会保障双边谈判时就充分利用了庞大的国内消费市场和巨大的投资空间作为利益杠杆，有效地促进了社会保障双边协定的顺利签署。对此，我国主要可以从以下两个方面入手。

（一）　有效利用我国庞大的消费市场和投资空间

我国拥有全球最多的人口，《中国统计年鉴 2016》的数据显示，截至 2015 年底，我国的人口总量约为 13.75 亿人，占世界人口总量的 20% 左右[①]。人口总量长期高居全球首位使得我国拥有非常广阔的国内消费市场和异常巨大的投资空间，尤其是在我国经济持续快速增长 30 多年，人们生活水平日益提高，已经逐步成为中等偏高收入国家的情况下[②]，我国不仅成为全球规模最大且发展

[①]　国家统计局：《中国统计年鉴 2016》，北京：中国统计出版社，2016。

[②]　2016 年 10 月 21 日，由中国社会科学院经济研究所、国家金融与发展实验室和社会科学文献出版社共同发布《经济蓝皮书夏季号：中国经济增长报告（2015－2016）》，报告提出，整体而言，中国正处于工业化后期增长阶段，成功跨过了中等偏高收入门槛，正式进入中等偏高收入国家行列。中国社会科学院等得出上述结论，主要是参照了世界银行的分类标准。按人均 GDP，世界银行对各国经济发展水平进行了分组：人均 GDP 低于 1045 美元为低收入国家；1045～4125 美元为中等偏下收入国家；4126～12735 美元为中等偏上收入国家；高于12736 美元为高收入国家。2015 年中国人均 GDP 为 5.2 万元（按 13 亿人口计），约合 8016 美元，正好位于中等偏上收入国家范围。

潜力最大的消费市场之一（见表 8-2），而且成为全球规模最大且
最具前途的投资市场之一，这是全世界任何一个发达国家或者发
展中国家都无法比拟的，也是全球任何一个发达国家或者发展中
国家都无法拒绝或者忽视的庞大市场。显然，这是我国与其他国
家进行社会保障双边谈判的重要筹码。于是，为了促成社会保障
双边协定的顺利签署，推动社会保障国际合作进程，在与其他国
家尤其是发达国家进行社会保障双边谈判时，我国应当充分利用
庞大的国内消费市场和巨大的投资空间，作为与其他国家磋商签
署社会保障双边协定的重要利益杠杆，使得对方国家通过与我国
开展投资和贸易合作获得的收益，能够尽可能地平衡和弥补社会
保障双边协定的签署所带来的利益损失，减少缔结社会保障双边
协定的利益障碍。唯有如此，才有可能真正扭转我国在与发达国
家进行社会保障双边谈判过程中的消极被动地位，进而有效推动
我国的社会保障国际合作进程。

表 8-2   2000—2015 年中国的居民消费市场情况

年份	全体居民消费水平（元）	总人口数（万人）	全体居民消费总额（万亿）	增长率（%）
2000	3721	126743	4.72	19.19
2001	3987	127627	5.09	7.84
2002	4301	128453	5.52	8.45
2003	4606	129227	5.95	7.79
2004	5138	129988	6.68	12.27
2005	5771	130756	7.55	13.02
2006	6416	131448	8.43	11.66
2007	7572	132129	10.00	18.62
2008	8707	132802	11.56	15.60
2009	9514	133450	12.70	9.86
2010	10919	134091	14.64	15.28
2011	13134	134735	17.70	20.90
2012	14699	135404	19.90	12.43

续表

年份	全体居民消费水平（元）	总人口数（万人）	全体居民消费总额（万亿）	增长率（%）
2013	16190	136072	22.03	10.70
2014	17778	136782	24.32	10.39
2015	19038	137462	26.17	7.61

资料来源：国家统计局：《中国统计年鉴2016》，北京：中国统计出版社，2016。

（二）充分利用发达国家开拓我国市场的迫切愿望

如前所述，我国不仅是全球规模最大且增长最快的消费市场之一，而且是全球规模最大且发展潜力最大的投资市场之一，这是全球任何一个国家或者地区都难以比拟的，也是任何一个国家或者地区都无法忽视或者拒绝的庞大市场。事实上，自第一次工业革命开展以来，我国就是资本主义国家梦寐以求的资本市场和商品市场，英国在1840年悍然发动"鸦片战争"在较大程度上也是为了向我国进行商品输出和资本输出[①]。自1978年我国实行改革开放以来，经济持续快速增长，人们的收入水平日益提高，国内消费市场和投资空间急剧扩大，西方发达国家开拓我国市场的愿望也日益迫切。自20世纪90年代末以来，我国就被誉为"世界工厂"，是许多发达国家首选的投资热土。如表8-3所示，自2001至2015年，我国的外商直接投资（FDI）流入量由468亿美元快速增加至1360亿美元，在短短的15年间急剧增长了190.6%，我国外商直接投资（FDI）流入量在全球200多个国家和地区中名列前茅，甚至在2014年高居全球首位，成为全球最大的外商直接投资（FDI）接收国，外商直接投资（FDI）流入量占全球外商直接投资（FDI）流入总量的比例高达10.1%。毫无疑问，这可以而且应当成为我国与其他国家进行社会保障双边谈判的重要筹码。于是，为了促成社会保障双边协定的顺利缔结，推

[①] 毫无疑问，英国悍然发动"鸦片战争"是赤裸裸的侵略行为，给我国带来了巨大的灾难，无论它是出于什么样的目的，都无法改变这一性质。

动我国社会保障国际合作进程，在与其他国家尤其是发达国家开展社会保障双边谈判时，我国应当充分利用发达国家开拓我国市场的迫切愿望，将其作为重要的利益杠杆，"迫使"发达国家心甘情愿地与我国签署社会保障双边协定，以有效地维护我国海外劳工的社会保障权益。

表 8 – 3 　2001—2015 年我国外商直接投资（FDI）流入量情况

单位：10 亿美元，%

	我国 FDI 流入量	全球 FDI 流入总量	我国 FDI 流入量全球排名	我国 FDI 流入量占全球 FDI 流入总量的比例
2001	46.8	823.8	4	5.7
2002	52.7	651.2	2	8.1
2003	53.5	633	4	8.5
2004	60.6	648	3	9.4
2005	60.3	916	3	6.6
2006	63.0	1411	4	4.5
2007	74.8	1833	3	4.1
2008	108	1697	3	6.4
2009	95	1185	2	8.0
2010	106	1409	2	7.5
2011	116	1652	2	7.0
2012	121	1351	2	9.0
2013	124	1452	2	8.5
2014	129	1277	1	10.1
2015	136	1762	3	7.7

资料来源：United Nations Conference on Trade and Development. World Investment Report (2002 – 2016) [EB/OL]. http://unctad.org/en/Pages/DIAE/World% 20Investment% 20Report/World_Investment_Report. aspx。

综上所述，在与其他国家尤其是发达国家开展社会保障双边或者多边谈判时，我国政府应当运用"捆绑"战术，充分利用我国庞大的消费市场和巨大的投资空间以及发达国家开拓我国市场的迫切愿望，充分利用对方国家在我国的利益作为博弈点，促进社会保障双边或者多边协定的顺利签署，进而有效维护我国数以百万计海外劳工的社会保障权益。

四　积极借鉴国际经验

历史是不能割断的，也是无法割断的，一部人类社会的发展史不仅有时间的连贯性，而且是文明成果的持续积累①。换言之，一项社会政策或者制度的有效运行与可持续发展既要根植于本国的基本国情，也要学习与借鉴前人的经验和教训。站在前人的肩膀上，以史为鉴，不仅能够知既往之兴替，少走弯路和错路，而且能够窥久远之未来，提前预知风险，未雨绸缪，有备无患。尤其是对于作为舶来品的社会保障国际合作而言更是如此。我国社会保障国际合作的有效运行与可持续发展，不仅需要根植于我国的经济、政治、文化、社会以及历史等基本国情，而且应当积极学习与借鉴发达国家和发展中国家在社会保障国际合作领域的经验教训，在避免重蹈覆辙的基础上，实现跨越式发展。

（一）　加快学习发达国家的先进经验

社会保障国际合作滥觞于 20 世纪初的西欧国家，早在两次世界大战期间，社会保障双边协定在欧洲国家之间就比较普遍，经过一个多世纪的发展与完善，西方发达国家的社会保障国际合作已经相当成熟，在这一领域积累了许多成功经验。在联合国、国际劳工组织和全球有识之士的不懈努力下，不受歧视地享有社会保障待遇是每一位海外劳工的基本权利这一观点已经得到了越来越多国家的认可与接受②。欧盟和美国作为发达国家（地区）的典型代表，是社会保障国际合作发展最成熟的国家（地区），欧盟的

---

① 郑功成：《中国社会保障演进的历史逻辑》，《中国人民大学学报》2014 年第 1 期。

② Netter F. Social Security for Migrant Workers［J］. *International Labour Review*，1963，（3）：31 – 50.

社会保障国际合作甚至开始进入反思与调整的阶段，它们不仅在社会保障国际合作领域硕果累累，而且积累了许多实践经验。譬如，《欧共体 1408/71 号条例》和《欧盟 883/2004 号条例》等欧盟社会保障协调法令在覆盖项目、覆盖人群、适用范围、协调方式以及待遇领取资格等关键问题上做出了详细而又合理的规定，有效地维护了欧盟大多数海外劳工的社会保障权益。美国自 1973 年与意大利缔结第一份社会保障双边协定开始，它所签署的社会保障双边协定都涵盖了老年保险、遗属保险、残疾保险以及退休或者残疾人家属的家庭津贴等保险项目，而且都引入了社会保险费用互免、参保时间累计计算、福利可输出以及社会保险费用返还等多样化的合作方式，最大限度地维护了美国大多数海外劳工的社会保障利益。欧盟和美国的社会保障国际合作实践为我国开展社会保障国际合作指明了方向，我国应当积极学习与借鉴它们的成功经验，尽可能减少社会保障国际合作所面临的障碍与不便，进而建立合理且有效的社会保障国际合作机制。

（二）认真借鉴发展中国家的有益经验

尽管与西方发达国家相比，由于先天不足和后天乏力，发展中国家在社会保障国际合作领域的发展明显滞后，然而，这并不影响一些发展中国家能够异军突起、脱颖而出，成为后起之秀，并且积累一些有益的经验。由前述分析可知，印度和菲律宾就是典型代表。同为海外劳工输出大国的发展中国家，印度和菲律宾通过十几年或者几十年的不懈努力，不仅在社会保障国际合作领域取得了可圈可点的成就，而且积累了许多宝贵的实践经验。事实上，我国作为输出大量海外劳工的发展中国家，印度和菲律宾在社会保障国际合作过程中遭遇的困境很可能是我国将要或者正在遭遇的问题，它们在走出这些困境中所取得的实践经验弥足珍贵。换言之，印度和菲律宾在社会保障国际合作过程中积累的实践经验，如提高政府重视程度、充分利用利益杠杆、完善社会保障法律、重视国际劳工公约以及坚持"两条腿"走路等，非常值得我国学习与借鉴。故而，为了减少与其他国家开展社会保障双边谈判的障碍与矛盾，推动我国社会保障国际合作进程，应当仔细学习和认真借鉴印度与菲律宾等发展中国家在社会保障国际合作领域的主要实践和有益经验。

　　不过，需要指出的是，在社会保障国际合作领域，无论是欧盟和美国等发达国家（地区）的先进经验，还是印度和菲律宾等发展中国家的成功经验，我国都不能生搬硬套，更不能不加选择地照抄照搬，而应当根据我国的经济、政治、社会、文化以及历史等基本国情，有选择性地吸取有益的经验（见图 8 - 3），并有效协调国内各相关部门的职能与关系，提高社会保障国际合作政策的决策水平和实施效果，以有效地推动我国社会保障国际合作进程。

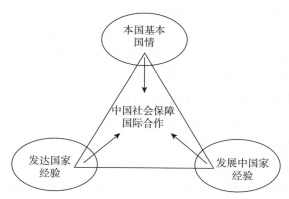

图 8 - 3　中国社会保障国际合作的发展路径

五　增强海外劳工社会保障权益保护意识

　　古今中外的公共政策发展历程表明，任何一项公共政策或者社会制度的有效运行与健康发展，都离不开重要主体和主要受益者发挥主观能动性。与此相反，倘若政策或者制度的重要主体和主要受益者处于消极的被动地位，那么这项政策或者制度很有可能会弊病丛生、问题不断、步履维艰。令人遗憾的是，我国海外劳工的社会保障权益保护意识淡薄，给我国社会保障国际合作带来了诸多不利影响。于是，为了有效解决我国社会保障国际合作面临的一些问题，推动社会保障国际合作进程，必须增强我国海外劳工的社会保障权益保护意识。为此，可以从以下两个方面入手。

（一） 增强海外劳工的社会保障法律知识

在很大程度上，法律既是保障公民合法权益和维护社会公平正义的最后一道屏障①，更是弱势群体维护合法权益的有效武器。不过，法律要真正发挥维护弱势群体合法权益的效用必须满足一系列的条件，其中一个重要条件就是弱势群体具有一定的法律知识，知悉法律是维护自身合法权益的有效武器。当前，我国大多数海外劳工属于非熟练或者半熟练的低技能技工，他们的受教育程度往往不高甚至严重偏低，极度缺乏各方面的文化知识，囿于自身的文化程度、知识结构和认知范围，许多海外劳工连本国的社会保障法律法规都不甚了解，就更不用说是海外就业国的社会保障法律法规了。为了改变这种现状，有效维护我国海外劳工的社会保障权益，必须增强我国海外劳工的社会保障法律知识，不仅要让他们掌握本国一些最基本的社会保障法律法规，而且要让他们对东道国的社会保障法律法规有所了解，最起码要了解自己在东道国享有哪些社会保障权益，有哪些主要情况会损害自身的社会保障权益，当自身社会保障合法权益受到损害时可以采取哪些措施来维护自身的合法权益，等等。唯有如此，社会保障法律法规才有可能成为海外劳工维护自身合法权益的有力武器。

（二） 提高海外劳工在社会保障权益受损时的求助意识

如上所述，无论是原籍国的社会保障法律法规，还是东道国的社会保障法律法规，都是海外劳工维护自身社会保障合法权益的有效武器。不过，社会保障法律法规要真正发挥维护海外劳工社会保障合法权益的效用还必须满足另一个重要条件，那就是海外劳工在社会保障权益受到损害时具有求助意识和求助行动，否则任何一方都无能为力。然而，我国海外劳工在异国他乡就业和

① 谢勇才、王茂福：《〈社会救助暂行办法〉实施的局限性及其完善》，《中州学刊》2016 第 3 期。

谋生，处于人生地不熟的境地，再加上语言不通，风俗习惯、文化构成以及生活环境存在一定的甚至是巨大的差异，使得他们往往只能生活在比较狭小的圈子里①，主要接触亲属和同乡，不仅对东道国的当地政府、司法和执法机构、工会组织以及法律法规知之甚少，而且对我国的驻外使领馆和相关部门也不甚了解，他们在社会保障合法权益受到损害时往往忍气吞声，持多一事不如少一事的态度，缺乏基本的求助意识和求助行动，这就必然无法维护自身的社会保障合法权益。故而，为了维护我国海外劳工的社会保障合法权益，必须提高海外劳工在社会保障权益受损时的求助意识，使他们在社会保障合法权益受到损害时，能够勇敢地向东道国的当地政府或者司法机关抑或是工会组织求救，或者是向我国的驻外使领馆和相关部门求助，借助合法渠道和拿起法律武器，有效地维护自身的合法权益。

特别需要指出的是，要想增强我国海外劳工的社会保障法律知识和提高我国海外劳工在社会保障权益受损时的求助意识，就必须注重海外劳工输出前的岗前教育与技能培训，让劳务输出企业承担起应有的责任，加强对劳务人员的法律知识、求助意识以及保护意识的培训与教育，让他们了解和掌握一些最基本的法律知识和自我保护意识，使其在合法权益受损时能够应付裕如，而不是楚囚对泣。我国政府、劳务输出企业和海外劳工都应当充分认识到劳务输出前的岗前教育与技能培训的重要性和必要性，这绝对不是一个可有可无或者无关紧要的过程，而是一个不可或缺的未雨绸缪过程。

六 加快批准国际劳工公约

国际劳工组织作为联合国最早的专门机构，是全球认可度最高和影响力最大的劳工权益保护机构，其制定和颁布的许多国际

---

① 王辉：《国际劳务合作中的劳工权利保障研究》，杭州：浙江大学出版社，2013：272。

劳工公约和建议书，涉及劳动和社会保障问题的许多方面，已经逐步形成了相对完整的国际劳动与社会保障法体系[①]，具有很高的认可度和权威性，得到了世界各国的普遍认可，并且成为许多成员制定和颁布本国劳动与社会保障法律法规的重要参照，推动了这些成员劳动与社会保障法律法规的发展和完善。自 1919 年成立伊始，国际劳工组织就高度关注社会保障国际合作问题，通过制定和颁布相关国际劳工公约以及向发展中国家提供技术援助等措施，国际劳工组织在社会保障国际合作领域发挥着重要作用。倘若一个国家加强与国际劳工组织合作，尽可能批准与劳工权益保护相关的国际劳工公约，那么其在开展社会保障国际合作时面临的障碍就会大大减少。自 20 世纪 90 年代开始，为了尽可能地减少社会保障国际合作面临的障碍与不便，菲律宾开始加强与国际劳工组织的合作，批准了许多国际劳工公约，并取得了不错的效果。故而，为了尽可能地减少我国社会保障国际合作可能面临的障碍，推动社会保障国际合作进程，应当加强与国际劳工组织的合作，尤其是加快批准相关的国际劳工公约。实际上，我国积极主动地加入相关国际劳工公约，不仅有助于完善我国的社会保障制度，逐步实现与国际接轨，在一定程度上弱化我国与其他国家的社会保障水平和标准差异，促进社会保障国际合作的顺利开展，而且当我国海外劳工的合法权益受损时，也可以获得国际劳工公约的保护和国际劳工组织的救助。为此，至少可以从以下两个方面进行努力。

（一）尽快加入剩余的核心劳工公约

在国际劳工组织已经制定的 195 项国际劳工公约中，有 8 项公约涉及劳工的基本人权，对于保护劳工的合法权益至关重要，为了突出这 8 项国际劳工公约，增强世界各国对这些公约的关注与重视，国际劳工组织于 1998 年将其确定为核心劳工公约。当前，这8 项核心劳工公约获得了全球大多数国家或者地区的批准。这 8 项

---

① 王益英：《外国劳动法和社会保障法》，北京：中国人民大学出版社，2001：6。

核心劳工公约分别为：《禁止和立即消除最恶劣形式的童工公约》（C182）、《强迫劳动公约》（C29）、《废止强迫劳动公约》（C105）、《消除就业和职业歧视公约》（C111）、《男女工人同工同酬公约》（C100）、《最低就业年龄公约》（C138）、《组织权和集体谈判权公约》（C98）和《结社自由及保护组织权公约》（C87），它们的批准国家数量占国际劳工组织成员数量的比例分别为：82%、96%、90%、92%、94%、88%、93%和94%（见表8-4）。于是，这8项核心劳工公约规定的劳工保护标准就顺理成章地成了国际核心劳工标准。显然，只有批准和加入了这8项核心劳工公约，一个国家的劳工权益保护才能真正实现与国际接轨，它在社会保障国际合作领域面临的障碍才会大为减少。这也是菲律宾社会保障国际合作的重要经验之一。然而，到目前为止，我国政府只批准了其中的四项，《强迫劳动公约》、《废止强迫劳动公约》、《结社自由及保护组织权公约》以及《组织权和集体谈判权公约》四项核心劳工公约尚未被我国政府批准，这会给其他国家留下我国不愿意承担劳工保护责任的不良印象，导致我国劳工权益保护标准无法实现与国际接轨，并使得我国在开展社会保障国际合作过程中底气不足。故而，我国政府应当在统筹考量经济、政治、社会、文化以及政策偏好等基本国情的基础上，尽快批准这四项核心劳工公约，在核心劳工标准上实现与国际接轨，使其他国家尤其是发达国家无法再用劳工保护标准问题对我国设置社会保障国际合作壁垒，尽可能地减少社会保障双边或者多边谈判面临的障碍，增强我国在社会保障国际合作过程中的底气，促进社会保障双边或者多边协定的顺利签署，以有效地维护我国大多数海外劳工的社会保障权益。

表8-4　八大核心劳工公约的全球批准情况
（截至2017年2月7日）

标准分类	禁止强迫和强制劳动		结社自由和集体谈判权利		消除就业和职业歧视		有效废除童工	
公约序号	C29	C105	C87	C98	C100	C111	C138	C182

标准分类	禁止强迫和强制劳动		结社自由和集体谈判权利		消除就业和职业歧视		有效废除童工	
批准国家数量	180	178	175	173	172	168	164	153
百分比	96%	95%	94%	93%	92%	90%	88%	82%

资料来源：笔者根据国际劳工组织官网（www.ilo.org）的相关资料统计所得。

（二）加快批准与社会保障相关的国际劳工公约

在国际劳工组织制定和颁布的195项国际劳工公约中，除8项核心国际劳工公约会影响国家之间顺利开展社会保障国际合作外，与社会保障相关的国际劳工公约也会对国家之间社会保障国际合作的有效进行造成影响。由前述分析可知，当前国际劳工组织已经制定和出台大约31项与社会保障相关的国际劳工公约，尽管其中某些公约的批准国家数量相对有限，但是这一数量在与日俱增，这些公约的国际影响力也在不断增强。然而，从当前我国的情况来看，在这31项与社会保障相关的国际劳工公约中，多达28项尚未得到我国政府的批准与认可，这是全球主要海外劳工输入国在社会保障国际合作领域对我国设置了许多障碍的重要原因之一。因此，为了尽量减少我国与其他国家尤其是发达国家开展社会保障双边或者多边谈判面临的障碍和壁垒，促进社会保障双边或者多边协定的顺利缔结，我国政府应当在充分考虑政治、经济、社会、文化以及政策偏好等基本国情的基础上，根据社会保障国际合作的实际需要，加快批准与社会保障相关的其余28项国际劳工公约的部分或者大部分，在海外劳工社会保障权益保护标准方面尽可能地实现与国际接轨，以有效地推动我国的社会保障国际合作进程。

七　加强社会保障国际合作的立法工作

尽管法律不是无所不能的，但是没有法律是万万不能的，优良的法律是解决诸多棘手问题的关键。正如《中共中央关于全面推进依法治国若干重大问题的决定》中所指出的,法律是治国之重器,良法是善治之前提①。在现代文明社会中,任何一项社会政策或者制度,唯有经过法律法规的规范与调整,才有可能最大限度地避免政策或者制度实施过程中的随意性、任意性以及偶然性。社会保障国际合作亦是如此,它不仅关系到数以千万计的海外劳工及其家属的生老病死问题,而且关系到原籍国、东道国和海外劳工之间社会保障利益与责任的共享和分担,还关系到原籍国和东道国之间利益分配格局的调整,倘若没有相对完善的法律法规进行强制约束与有力规范,它必然无法有效运行与可持续发展,甚至会弊病丛生、矛盾不断、寸步难行。事实上,社会保障立法是国家之间开展社会保障国际合作的通用方式,也是维护海外劳工社会保障权益的根本保障,许多劳务输出大国都建立了一套相对完善的海外劳工权益保护法制规范②,譬如菲律宾很早就出台了《菲律宾劳动法典》和《海外劳工和海外菲人法案》。当前,我国社会保障国际合作存在诸多困境,与我国海外劳工社会保障权益保护法律法规不健全有着千丝万缕的联系。故而,为了推动我国社会保障国际合作的有效进行与可持续发展,就必须加强海外劳工社会保障权益保护方面的法制建设。为此,可以考虑从以下三个方面进行完善。

(一) 提升海外劳工社会保障权益保护法律的位阶

法律位阶的高低在很大程度上决定着法律效力层次的高低③。在一个国家统一的法律秩序内,法律的位阶愈高,它的效力层次

---

① 《中共中央关于全面推进依法治国若干重大问题的决定》,《人民日报》2014 年 10 月 29 日。

② 王蓉:《我国海外劳工权益保护的法律问题研究》,重庆大学硕士学位论文,2013;韦娌:《菲律宾海外劳务法律制度评析与借鉴》,《学术论坛》2015 年第 5 期。

③ 张根大:《法律效力论》,北京:法律出版社,1999:180—181;胡玉鸿:《试论法律位阶制度的前提预设》,《浙江学刊》2006 年第 2 期;顾建亚:《法律位阶划分标准探新》,《浙江大学学报》(人文社会科学版)2006 年第 6 期。

就愈高，其权威性、强制性和约束力就愈强，反之，则愈低。按照《宪法》和《立法法》关于法律体制的规定，我国法律的位阶主要分为六个层次，最高层次是宪法、第二层次是基本法律、第三层次是普通法律、第四层次是行政法规、第五层次是地方性法规（含自治条例和单行条例）、第六层次是行政规章（部门规章和地方规章）。于是，从法律的位阶来看，当前我国已有的海外劳工社会保障权益保护法律法规，如国务院颁布的《对外劳务合作管理条例》和商务部以及相关部委发布的规章制度，不是处于第四位阶就是第六位阶，法律位阶偏低，决定了它们的法律效力层次不高，使得其权威性、强制性和约束力大打折扣，难以有效地保护我国海外劳工的社会保障权益。因此，为了增强我国海外劳工社会保障权益保护法律的权威性、强制性与约束力，并尽量避免法律执行过程中可能出现的随意性、任意性与偶然性，必须提升它们的法律位阶，可以由全国人民代表大会常务委员会制定"对外劳务合作法"，等时机成熟时再创制"海外劳工权益保护法"，用"真正"的法律来规范对外劳务合作和保护海外劳工的合法权益，进而为我国社会保障国际合作提供强有力的法律保障。

（二）增加海外劳工社会保障权益保护方面的内容

当前，就我国海外劳工社会保障权益保护法律而言，不仅国务院出台的《对外劳务合作管理条例》和商务部制定的《对外劳务合作管理暂行办法》等行政法规和规章制度缺少海外劳工社会保障权益保护方面的章节条款，而且作为保护我国劳动者合法权益的专门法律——《中华人民共和国劳动法》和《中华人民共和国劳动合同法》也缺少海外劳工社会保障权益保护方面的章节条款，这就必然会导致我国社会保障国际合作处于无法可依、无章可循和无据可查的尴尬境地。为了克服这种困境，就必须在相应的法律法规中增加海外劳工社会保障权益保护方面的内容，一方面可以由国务院和商务部等相关部委对《对外劳务合作管理条例》和《对外劳务合作管理暂行办法》等行政法规和规章制度进行修订与完善，增加海外劳工社会保障权益保护方面的章节条款；另一方面，当时机成熟时，建议由全国人民代表大会及其常委会对《中华人民共和国劳动法》和《中华人民共和国劳动合同法》进行修订与完善，增加海外劳工社会保障权益保护方面的章节条款，让我国社会保障国际合作有法可依、有章可循、有据可查，进而有效地维护我国数以百万计海外劳工的社会保障权益。

（三）　完善外籍劳工参加我国社会保险制度的法律

由前述分析可知，社会保障国际合作是原籍国和东道国之间的一个利益博弈过程，印度的成功经验告诉我们，通过立法将在本国就业和谋生的外籍劳工强制纳入社会保险制度，让他们按时足额缴纳社会保险费用，是发展中国家在与发达国家进行社会保障双边谈判过程中争取主动权，促成社会保障双边协定顺利缔结的有效措施。当前，尽管《中华人民共和国社会保险法》第 12 章第 97 条明确规定在中国境内就业的外国人必须依法参加社会保险，而且人力资源和社会保障部也出台了《在中国境内就业的外国人参加社会保险暂行办法》，但是这些法律和规章制度不是原则性规定就是暂行规定，权威性、强制性和约束力有限，且可操作性不强，执行效果不佳。为了改变这种现状，必须完善外籍劳工参加我国社会保险制度的法律法规，具体说来，可以考虑由国务院制定和出台具体的实施细则，将在华就业和谋生的外籍劳工无条件地纳入我国社会保障制度，强制规定他们必须按时足额地向我国政府缴纳养老、医疗、工伤和失业等社会保险费用，增加其他国家在我国的用工成本，削减其他国家尤其是发达国家在现有利益格局中的收益，减少我国社会保障国际合作过程中的利益障碍，以有效地推动社会保障国际合作进程。

八　完善社会保障国际合作的配套设施

常言道，红花虽好，仍需绿叶衬托。任意一项社会制度或者社会政策的有效运行与健康发展，都离不开相对完善且匹配的配套措施，否则它的实施效果将大打折扣，甚至是弊病不断、矛盾丛生、举步维艰。毋庸置疑，社会保障国际合作机制的有效运行与可持续发展，也离不开相对完善且匹配的配套措施。然而，从当前的实际情况而言，我国社会保障国际合作的配套设施存在诸多不足，这是除上述七方面因素外，导致我国社会保障国际合作存在诸多问题的又一重要原因。为了有效解决我国社会保障国际合作存在的诸多困境，推动社会保障国际合作进程，必须完善社会保障国际合作的配套措施。为此，主要可以从以下五个方面进行努力。

（一）构筑有效的宣传机制

在第三次科技革命的强力推动下，科学技术的发展日新月异，网络和通信技术的革新如火如荼，人类社会开始进入"信息时代"，各种信息、数据和知识呈现爆炸性增长，现代社会早已不是那个"酒香不怕巷子深"的年代了，而是进入了"酒香也怕巷子深"的时代，无论是对于一项制度或者政策而言，还是对于一份具体的国际协定来讲，抑或是对于某种商品或者服务来说，有力的宣传与广泛的传播都是至关重要的。当前，由于缺乏强有力的宣传机制，许多企业和海外劳工对于我国的社会保障国际合作政策并不知情，甚至许多跨国企业和员工对我国已签署的社会保障双边协定也不甚了解，这就必然会严重影响社会保障双边协定的实施效果。为了改变这种窘境，必须构筑强有力的宣传机制，我国人力资源和社会保障部等相关部委以及宣传部门，应当充分利用各种宣传方式，譬如互联网、报纸、电视和广播等主流媒体以及微博、QQ、微信和论坛等自媒体，大力宣传我国的社会保障国际合作政策，尤其是重点宣传我国和其他国家已经签署的社会保障双边协定以及相关政策规定，增强我国跨国企业和海外劳工的社会保障权益意识，了解和熟知社会保险"参保证明"的内容和办理程序以及相关问题，使得符合条件的海外劳工能够积极主动地办理社会保险"参保证明"，有效缓解他们在海外就业期间可能遭遇的社会保障双重覆盖与双重缴费或者社会保障待遇支付障碍问题，最大限度地维护其社会保障权益。

（二）　创建海外劳工数据库

完备的海外劳工数据库，不仅是及时掌握海外劳工动向的有效工具，而且是有效维护海外劳工合法权益的重要辅助工具。然而，令人遗憾的是，当前我国尚未建立海外劳工数据库，我国各级人力资源和社会保障部门尚未掌握本国跨国企业和海外劳工的动向及其在海外参加社会保险的情况，而且不清楚在社会保障双边协定缔约国家就业的海外劳工办理社会保险"参保证明"的比例及其相关情况，这就难以有效地维护我国海外劳工的社会保障权益。要想改变这种现状，必须创建完备的海外劳工数据库，准确记录我国跨国企业和海外劳工的数量、海外分布情况、性别与年龄构成情况、教育文化程度、婚姻家庭情况、就业行业分布、参加社会保险情况以及办理社会保险"参保证明"的比例等相关信息，及时有效地掌握他们的状态和动向，并且建立科学有效的海外劳工风险预警系统，对他们有可能遭遇的就业和社会保障等主要风险进行提前预判，并及时告知当事人和我国相关的驻外使领馆，以实现在维护海外劳工（社会保障）合法权益时做到精确瞄准、有的放矢，进而促进我国社会保障国际合作的有效开展。

（三）　培养社会保障国际化人才

无论是在战争年代还是和平年代，人才都是第一资源，都是一个国家或者地区谋求生存与发展最重要的战略资源。毋庸置疑，对于社会保障国际合作而言，拥有一定数量的专业技术人才也是至关重要的。无论是社会保障双边谈判的发起与筹备，还是社会保障双边谈判的启动与进行，或者是社会保障双边协定的敲定与签署，抑或是社会保障双边协定的实施与修订，都必须依靠熟悉这一领域的专业技术人才——社会保障国际化人才。不过，社会保障国际化人才的严重缺乏是当前我国社会保障国际合作面临的一大窘境，严重影响了社会保障国际合作的顺利开展。为了促进社会保障双边谈判的顺利开展和推动我国的社会保障国际合作进程，必须建立一支专业素养过硬和政治立场坚定的社会保障国际化人才队伍。具体而言,可以考虑在高等院校和人力资源社会保障系统逐步建立社会保障国际化人才培养体系,大力培养高素质的社会保障国际化人才,为我国社会保障国际合作的有效开展提供强有力的人才储备和智力支撑。

(四) 简化 "参保证明" 办理程序

一项政策的手续或者证明办理流程复杂烦琐,不仅会给办理者尤其是受教育程度不高的办理者带来诸多不便,严重影响办理者的积极性,而且还会增加政策的运行成本,削弱政策的实施效果。当前,我国社会保险 "参保证明" 的办理流程就是如此,一个已经在国内参加社会保险且按时足额缴纳费用的我国海外劳工要想办理社会保险 "参保证明",必须经过 7 道程序,流程非常复杂,真可谓是要经过层层关卡。由前述分析可知,当前我国的海外劳工主要是非熟练或者半熟练的低技能工人,教育程度相对有限。社会保险 "参保证明" 的办理流程复杂,不仅会给他们带来诸多障碍与不便,而且会大大增加社会保障双边协定的运行成本,严重影响其执行效果。为了改变这种现状,必须简化社会保险 "参保证明" 的办理程序,譬如可以在海外劳工知情同意的情况下,由劳务输出企业统一办理,也可以尝试将出具社会保险 "参保证明" 的权限适度下放到海外劳工输出大省的人力资源社会保障部门,减少中间办理环节,以有效地缩减办理时间和降低流程复杂度,让更多的海外劳工能够从中受益,进而提高社会保障双边协定的执行效果。

(五) 搭建及时有效的反馈机制

建立及时有效的反馈机制,不仅有助于政策执行者及时掌握和处理政策实施过程中可能出现的各种矛盾与问题,而且有助于降低和减少政策的实施成本与负面效应。换言之,及时有效的反馈机制是促进一项社会政策有效运行与可持续发展的重要工具。毫无疑问,在我国社会保障国际合作领域,社会保障双边协定的有效运行与健康发展也离不开及时有效的反馈机制。然而,当前我国人力资源和社会保障部门尚未建立相应的反馈机制，这是我国社会保障双边协定执行效果不佳的重要原因之一。故而，要想改变这种窘境，就必须搭建及时有效的反馈机制。具体说来，可以从以下两个方面进行努力：一是在海外劳工与人力资源和社会保障部门之间建立沟通机制，让我国海外劳工及时反馈在办理社会保险"参保证明"后可能面临的问题与障碍，让人力资源和社会保障部门能够及时有效地处理；二是在我国与社会保障双边协定缔约国之间建立定期沟通机制，双方定期互相通报社会保障双边协定的实施情况，就社会保障双边协定实施过程中出现的问题及其处理方式进行反馈与沟通，并及时通告对方本国社会保障法律法规的修订或者增补情况（见图 8-4），以有效地提高社会保障双边协定的执行效果，进而推动双方社会保障国际合作的顺利进行与可持续发展。

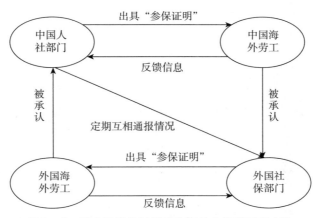

图 8-4 搭建反馈机制后的中国社会保障国际合作

综上所述，强有力的宣传机制、完备的海外劳工数据库、一定数量的社会保障国际化人才、简化"参保证明"的办理程序以及及时有效的反馈机制构成了我国社会保障国际合作的配套设施体系（见图 8-5）。毋庸置疑，相对完善且比较匹配的配套设施体系，不仅是提高社会保障双边或者多边协定实施效果的有效工具，而且是推动我国社会保障国际合作顺利开展和健康发展的重要保证。

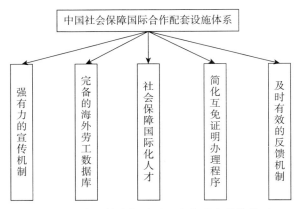

图 8 - 5　中国社会保障国际合作配套设施体系

第九章　研究结论与展望

一　主要研究结论

早在 1942 年，英国知名福利学者威廉·贝弗里奇就在《社会保险和相关服务的报告》（亦称《贝弗里奇报告》）中睿智地指出："社会保险将成为影响劳动力流动的一个重要因素。倘若人们为找到用武之地从一个国家迁移到另一个国家再次成为可能，那么人们就会渴望各国之间在社会保险方面制定互惠的安排，以使他们在流动过程中可以避免社会保障方面的损失，并准许他们将在先前国家获得的社会保障权益部分地带至另一个国家，这个问题在不久的将来就会显现出来。"[①] 第二次世界大战结束以后，随着第三次科技革命的强势兴起，科学技术的发展日新月异，交通和通信技术的革新与进步如火如荼，有效地"缩短"和改变了全球各地之间的时空距离与人类的地域观念，大大地促进了全球化进程。伴随着全球化进程的不断加快，各国劳动者走出国门，去异国他乡就业和谋生的现象日益普遍，海外劳工的规模逐年扩大。由于海外劳工的社会保障逾越了民族国家的界限，加之世界各国的社会保障制度自成一体，在社会保障属地原则或者贡献原则抑或是国籍原则等种种因素的作用下，海外劳工的社会保障制度面临诸多困境，主要表现在社会保障的双重覆盖与双重缴费、社会保障的双重缺失以及社会保障待遇支付存在障碍三个方面，不仅

---

① 威廉·贝弗里奇：《贝弗里奇报告：社会保险和相关服务》，华迎放等译，北京：中国劳动社会保障出版社，2015：16。

给海外劳工及其雇主带来了巨大的损失，大大降低了海外劳工自由流动的积极性与主动性，而且会显著增加跨国企业的海外社会保障成本，严重削弱其国际竞争力。

为了寻求海外劳工社会保障问题的妥善解决方案，自 20 世纪初开始，国际上盛行的做法是国家之间开展社会保障国际合作，主要方式是签署社会保障国际协定，即国家之间在平等互惠的基础上，就海外劳工社会保障问题进行协商与谈判，签署社会保障双边或者多边协定，公平合理地承担和分享海外劳工社会保障的责任与利益，以有效地维护海外劳工的社会保障权益。经过一个多世纪的发展与完善，社会保障国际合作已经形成比较完善的体系，由探索阶段跨越发展阶段后步入了成熟时期，并由欧洲逐步延伸至大洋洲、北美洲、拉丁美洲以及亚洲，业已成为全球各国维护海外劳工社会保障权益的有效途径，获得了越来越多国家的认可与接纳。

改革开放以来，尤其是我国加入世界贸易组织（WTO）和"走出去"战略以及"一带一路"倡议深入实施以来，我国的劳务输出数量逐年增加，不仅海外劳工的数量已经颇具规模，而且就业领域和就业区域不断拓展，与此相伴随，海外劳工遭遇的社会保障权益损害事件亦逐年增加，给我国海外劳工及其雇主带来了巨大的损失，迫切需要引起重视。于是，本书在简要介绍社会保障国际合作基本内容和典型国家主要实践经验的基础上，着重从发展现状、主要困境、主要成因以及完善路径等方面，对我国社会保障国际合作问题进行了比较全面的研究。概括而言，通过系统研究，本书主要获得了以下研究结论。

（一）社会保障国际合作可以实现三方共赢

社会保障国际合作肇始于 20 世纪的欧洲国家，经过一个多世纪的发展与完善，社会保障国际合作已经由探索时期跨越发展时期进入成熟时期，不仅在覆盖区域上实现了由欧美发达国家延伸至部分发展中国家的发展，而且在惠及人群上实现了由极少数海外劳工扩展到部分海外劳工的跨越，也在主要内容上实现了由少数社会保障项目延伸至大多数社会保障项目的发展，还在合作方式上实现了由社会保障双边协定为主到社会保障双边和多边协定并举的跨越，在海外劳工社会保障权益保护领域发挥着关键作用，业已成为全球各国维护海外劳工社会保障权益的有效途径。

显然，无论是对于海外劳工来说，还是对于原籍国来讲，抑或是对于东道国而言，开展社会保障国际合作皆具有重要意义。具体说来，对于海外劳工而言，社会保障国际合作可以有效维护其社会保障权益，不仅有助于解决社会保障双重覆盖与双重缴费问题，而且有利于解决社会保障双重缺失问题，也有助于解决社会保障待遇支付障碍问题，还有利于提高他们在东道国的法律和社会地位；对于原籍国而言，社会保障国际合作可以有效维护其国家利益，不仅有利于提高跨国企业的国际竞争力，而且有助于减少社会保险基金的隐性流失和维持社会保障基金的财务平衡，还有利于提高海外劳工的回流率，减少中高端人才的流失；对于东道国而言，尽管与海外劳工的原籍国开展社会保障国际合作会减少部分社会保险缴费，但是仍然可以获得诸多利益，譬如促进海外劳工正规就业、打击非法劳工以及防止低收入国家的"社会倾销"等。一言以蔽之，国家之间开展社会保障国际合作是一个互利共赢的过程，通过合理的制度安排和国家之间的友好合作，社会保障国际合作可以在海外劳工、原籍国和东道国之间实现三方共赢，使得它们能够各展其长、各尽其能、各得其所。

（二）开展社会保障国际合作必须具备一些基本条件

尽管世界各国在政治、经济、文化、历史以及政策偏好等基本国情方面存在不同程度的差异，使得它们在开展社会保障国际合作时考虑的主要因素也存在不同程度的差异。不过，社会保障国际合作作为全球公认的维护海外劳工社会保障权益的最佳途径之一，全球各国在采取这一途径维护本国海外劳工社会保障权益时仍然存在诸多共同关注的要素。换言之，各国在开展社会保障国际合作方面存在一些共同的实现条件。具体而言，主要有以下四个方面：一是双方互有适量的劳工往来；二是双方的社会保障制度相对完善；三是双方应当具备相应的财力和社会保障行政管理能力；四是双方具有相互合作的意愿与动力。不过，特别需要指出的是，这四个条件只是促成国家之间开展社会保障国际合作的一般条件，并不意味着国家之间只要具备了这四个条件就一定能够实现社会保障国际合作，因为世界各国之间的情况不尽相同，甚至可以说是有云泥之别，故而必须特殊情况特殊对待、具体问题具体分析。

（三）典型国家在社会保障国际合作领域经验丰富

如前所述，社会保障国际合作发端于 20 世纪初的欧洲国家，经过一个多世纪的发展与完善，不仅在覆盖区域上实现了由欧美发达国家逐步扩展至部分发展中国家的发展，而且已经由探索时期成功跨越发展时期步入成熟时期。具体说来，对于大多数发达国家来讲，社会保障国际合作已经步入成熟时期，欧盟甚至已经进入反思与调整时期①，作为社会保障国际合作的开创者与主要探索者，它们不仅为社会保障国际合作的发展与完善做出了不可磨灭的巨大贡献，而且在这一领域积累了许多成功经验；对于许多发展中国家而言，它们对社会保障国际合作不是不甚了解，就是有心无力，抑或是持怀疑和观望态度，不过也有一些发展中国家尤其是海外劳工输出大国，如印度和菲律宾等国在社会保障国际合作领域异军突起、脱颖而出，不仅取得了可圈可点的成就，而且积累了诸多有益经验。进而言之，无论是大多数发达国家，还是一些发展中国家，都在社会保障国际合作领域积累了许多有益经验，譬如加强政府的重视程度、加强社会保障国际合作的立法工作、合作方式应当多样化、善于利用利益杠杆以及重视国际劳工公约等，非常值得我国认真学习和仔细借鉴。

---

① Cornelissen R. 50 Years of European Social Security Coordination [J]. *European Journal Social Security*, 2009, (11): 9 - 45; Jorens Y. Fifty Years of Social Security Coordination: Past-Present-Future [R]. Report of the Conference Celebrating the 50th Anniversary of the European Coordination of Social Security. Prague, 2009.

（四）中国社会保障国际合作尚处于初步发展阶段

尽管改革开放之后，无论是跨出国门去异国他乡就业和谋生的我国劳动者，还是来我国就业和谋生的外籍劳动者，都在显著增加。而且，在20世纪90年代中期，我国的海外劳工已经初具规模，海外劳工遭遇的社会保障权益损害事件逐年递增，海外劳工社会保障权益保护问题开始凸显，但是由于当时我国政府在聚精会神地进行经济体制改革和应对由此带来的负面效应，海外劳工社会保障权益保护问题并未引起足够的关注与重视。直到20世纪90年代末，我国政府才真正开始关注与重视海外劳工社会保障权益保护问题，才开始寻求与经济贸易往来密切的国家开展社会保障双边谈判，并最终在21世纪初的2001年和2003年分别与德国和韩国签署了社会保险双边协定和养老保险互免协定，拉开了我国社会保障国际合作的发展序幕。不过，令人遗憾的是，尽管我国政府开始寻求与更多的国家开展社会保障双边谈判，但是直到2011年依然进展甚微。唯有2012年以来，我国社会保障国际合作的步伐才有所加快，我国政府在与韩国政府签署社会保险双边协定后，分别与丹麦、芬兰、瑞士、加拿大、荷兰、法国、西班牙以及卢森堡签署了社会保障双边协定，并正在马不停蹄地与经济贸易往来密切的日本和美国等十余个国家开展社会保障双边谈判，这使得我国社会保障国际合作开始由探索阶段逐步步入初步发展阶段。需要指出的是，在此阶段，我国社会保障国际合作不仅面临难得一见的发展机遇，而且会遭遇史无前例的严峻挑战，迫切需要政府和社会各界做好充分的心理准备。

（五）中国社会保障国际合作面临多重发展困境

毋庸置疑，在过去的20年间，我国政府对社会保障国际合作的关注与重视程度逐步提高，取得了一些可喜的成绩，有效维护了一些海外劳工的社会保障权益。然而，通过仔细分析我国已经签署的社会保障双边协定以及对比发达国家和部分发展中国家在这一领域的具体实践和经验教训可以发现，我国社会保障国际合作仍然面临诸多困境，难以有效地维护我国大部分海外劳工的社会保障权益。具体说来，主要表现在以下五个方面：一是社会保障国际合作的发展进程缓慢，只与极少数国家签署了社会保障双边协定，无法维护我国大多数海外劳工的社会保障权益；二是社会保障国际合作的内容狭窄，仅仅覆盖了养老保险和失业保险中的一种或者两种，难以有效满足数以百万计海外劳工日益增长的社会保障权益保护需求；三是社会保障国际合作的方式单一，我国现有的社会保障双边协定只引入了单一的社会保险费用互免方式，在面对海外劳工群体纷繁芜杂的实际情况时捉襟见肘、顾此失彼；四是社会保障国际合作的覆盖面偏低，由于我国现有社会保障双边协定的缔约国尚未覆盖重点区域和重点国家，现有的社会保障双边协定只覆盖了一小部分海外劳工，难以有效维护大多数海外劳工的社会保障权益；五是已生效的社会保障双边协定的执行效果不佳，仅有极少数在协定缔约国就业的海外劳工办理了社会保险"互免证明"，严重影响其实施效果。

（六）中国社会保障国际合作问题的成因错综复杂

风起于青萍之末，浪成于微澜之间。任何事物的产生与发展都不是无缘无故的，而往往是各种因素共同起作用的结果。显然，我国社会保障国际合作问题的产生亦是如此，这一问题凸显的背后隐藏着盘根错节的因果链条。具体说来，不仅有政府重视程度不足和社会保障制度不够完善方面的因素，而且有往来劳工数量不对称和没有充分利用利益杠杆方面的因素，也有海外劳工的社会保障权益保护意识淡薄和对国际劳工标准的重视程度不高方面的因素，还有社会保障国际合作的相关立法滞后和配套设施不健全方面的因素。仔细分析可以发现，在这些因素中，不仅包括政治方面的因素——政府重视程度不够和对国际劳工标准的重视程度不高，而且包括经济方面的因素——往来劳工数量不对称和没有充分利用利益杠杆，也有制度与法律方面的因素——社会保障制度不够完善和社会保障国际合作的相关立法滞后，还有其他方面的因素——海外劳工的社会保障权益保护意识淡薄和社会保障国际合作的配套设施不健全，几乎涉及了国家和社会的各个面向，迫切需要引起高度重视并妥善解决。

（七）完善中国社会保障国际合作必须"内外兼修"

如前所述，我国社会保障国际合作面临政府重视程度有限、往来劳工数量不对称以及法制规范不健全等诸多困境，在这一问题出现的背后隐藏着纷繁芜杂的因果链条。于是，我国政府不仅要学习与借鉴发达国家和发展中国家在社会保障国际合作领域积累的有益经验，而且更应当在立足于我国的政治、经济、社会、历史和文化等基本国情的基础上，采取一系列行之有效的措施，完善我国社会保障国际合作，以有效地维护我国海外劳工的社会保障权益。具体说来，主要包括以下几个方面：一是发挥政府的主导作用；二是进一步完善我国的社会保障制度；三是充分利用利益杠杆；四是增强海外劳工的社会保障权益保护意识；五是重视国际劳工标准；六是加强社会保障国际合作的法制规范；七是完善社会保障国际合作的配套设施体系。

二 未来研究展望

海外劳工是全球劳动者中比较特殊的一个群体，也是长期以来被众多国家有意或者无意地忽略的弱势群体之一。本书的研究，主要是初步探讨了我国海外劳工社会保障权益保护问题，即我国社会保障国际合作的一些基本问题。倘若要想更加全面地剖析我国海外劳工的社会保障及相关问题，那么需要进一步的研究。本书认为，未来对我国海外劳工社会保障及相关问题的研究，有以下几个方面值得继续关注与探讨。

（一）大陆和港澳台之间的社会保障合作问题

随着我国大陆和港澳台之间各项合作与经济一体化进程的不断加快和日益深入，来往于海峡两岸暨香港、澳门等地之间的劳动者数量日渐增多，他们的社会保障权益问题将逐步凸显。譬如，有研究显示台湾地区有 60 万至 110 万左右的劳动者在大陆就业和谋生①，"西漂一族"的社会保障问题如何解决值得关注。于是，我国大陆和港澳台之间的劳工社会保障权益保护问题开始浮出水面，并随着劳动者往来数量的不断增多而日益凸显。不过，在历史和政治等种种因素的作用下，海峡两岸暨香港、澳门等地虽然同属一个中国，但是它们之间的社会保障模式差异，并不小于我国和其他国家之间的社会保障模式差异。因此，可以学习与借鉴社会保障国际合作的国际经验，建立大陆和港澳台之间的劳工社会保障权益协调机制，这无论是对于维护大陆和港澳台劳动者的社会保障权益，还是对于促进大陆和港澳台之间的交流与合作，抑或是对于加快海峡两岸暨香港、澳门等地经济一体化进程和促进祖国统一大业，都具有重要意义。

（二）我国社会保障制度如何应对全球化挑战

第二次世界大战结束以后，在全球化的强力推动下，与资本和商品的跨国流动相伴随，海外劳工的数量与日俱增，已经逐步成为全球化的一个重要元素，对东道国与原籍国的经济、政治、社会以及法律等方面产生了重要影响。换言之，从本质上而言，海外劳工是全球化的产物，海外劳工社会保障问题是全球化给各国社会保障制度所带来的机遇与挑战。毫无疑问，我国海外劳工社会保障问题在本质上也是全球化所带来的机遇与挑战。因此，我国社会保障制度如何应对全球化问题值得重点关注。尽管世纪之交，尤其是我国加入世界贸易组织（WTO）以来，我国有一部分学者关注并探讨了社会保障如何应对全球化问题②，但是遗憾的

---

① Lan K. J., Wu C. H., Ma T. C.. Feasibility of Negotiating Social Security Agreement with Other Countries: Example of the Labor Insurance in Taiwan [J]. *Modern Economy*, 2014, (5): 128 – 138.

② 关信平：《经济全球化、社会不平等与中国社会政策转型——兼论加入 WTO 后的新挑战》，《东南学术》2002 年第 6 期；丁康：《加入 WTO 后的中国社会保障制度：挑战与对策》，《武汉大学学报》（哲学社会科学版）2004 年第 2 期；曹永森：《全球化视野下的中国社会保障制度的改革与选择》，《行政论坛》2005 年第 2 期；林菁：《全球化与国家社会保障职能的变动——中国加入 WTO 对社会保障政策的双重影响》，《教学与研究》2011 年第 11 期。

是他们并未进行全面探讨且缺乏后续研究。因此，面对势不可挡的全球化浪潮，我国社会保障制度如何成为时代的弄潮儿，即如何抓住难得一见的重要机遇和应对史无前例的巨大挑战，都是迫切需要进行深入研究与仔细考量的重要问题。

（三）海外劳工不同社会保障项目的国际协调问题

在社会保障国际合作领域，各国所签署的社会保障国际协定在主要覆盖项目方面存在一定的甚至是较大的差异，概而言之，发达国家所缔结的社会保障国际协定往往涵盖了大多数社会保障项目，譬如欧盟社会保障协调法令几乎覆盖了《社会保障最低标准公约》规定的九项社会保障项目，而发展中国家所签署的社会保障国际协定通常只涵盖了部分社会保障项目，譬如印度所签署的社会保障双边协定主要覆盖了老年、残障以及遗属等项目。毋庸置疑，由于养老保险、医疗保险、工伤保险、失业保险、生育保险、遗属津贴以及家庭津贴等社会保障项目存在不同程度的差异，不同社会保障项目的国际协调机制也存在一定的甚至是较大的差异。换言之，针对不同的社会保障项目，国家之间的社会保障国际协调机制和规则会存在不同程度的差异，有必要具体项目具体分析。因为只有对社会保障国际合作的不同项目进行分门别类研究，才能准确理解和科学借鉴各国社会保障国际合作的主要实践与具体经验。故而，未来有必要分项目对社会保障国际合作问题进行深入剖析。

（四）社会保障国际合作的内在机理

如前所述，自 20 世纪初发端于欧洲国家以来，经过一个多世纪的发展与完善，社会保障国际合作获得了巨大的发展，不仅在覆盖区域、惠及人群以及主要内容方面实现了由小到大、由少到多和由点到面的发展，而且在合作方式上实现了由双边协定到双边与多边协定并举的发展，发展阶段上也在由探索阶段跨越发展阶段进入了成熟阶段，在维护全球海外劳工的社会保障权益方面发挥着越来越重要的作用。那么，社会保障国际合作的内在机理是什么？换言之，欧盟、美国、印度以及菲律宾等国家（地区）推动社会保障国际合作的原动力是什么？只有准确抓住各国推动社会保障国际合作背后的根本动力，才能够深入理解各国在社会保障国际合作领域的具体实践和经验教训，才有可能发现社会保障国际合作所面临的深层次风险与严峻挑战，从而在一定程度上实现未雨绸缪、防微杜渐，而非亡羊补牢、收之桑榆。因此，社会保障国际合作的内在机理问题，是未来值得深入探讨的一个重要问题。

当然，除上述四个方面外，关于社会保障国际合作问题，还有许多方面值得研究与探讨，譬如在华外籍劳工的社会保障问题、华人华侨的社会保障问题以及我国政府与国际劳工组织的合作问题，等等。笔者在此仅仅是抛砖引玉，希望未来会有更多的研究者关注和重视海外劳工社会保障问题，并加入到对这一问题的研究之中，为有效解决我国海外劳工的社会保障问题建言献策，推动我国社会保障国际合作的健康发展，从而有效维护我国大多数海外劳工的社会保障权益，增强跨国企业的国际竞争力，促进社会的和谐与发展。

后　记

　　曾记得，2012 年 10 月份左右我在图书馆查阅文献的过程中，第一次接触到"社会保障国际合作"这一问题，顿时眼前一亮、颇感新颖，当时曾一度有意将其作为硕士学位论文选题，但是由于数据资料难找、外文阅读吃力以及时间比较紧迫等困难，最终只能选择暂时放弃。2014 年 9 月我有幸进入中国人民大学劳动人事学院，师从知名学者潘锦棠教授攻读社会保障专业博士研究生，在先生的悉心关怀与耐心指导下，继续从事社会保障理论与政策研究。入学后的一年多里，我继续研究失独群体社会保障问题，并在核心期刊上发表了十余篇小文章。

　　按照当初的设想，我准备博士学位论文写作继续沿着失独群体社会保障问题进行，对这一问题进行全面探讨，但是遭到了导师的坚决反对，其间，我们争论了多次，我始终无法说服他，而且他一针见血地指出，失独问题研究的前景有限，这条路会越走越窄，博士论文选题应该选择一个延展性较好的主题，可以在工作后继续研究。恩师的这些话如醍醐灌顶，令我茅塞顿开。在后面确定选题的过程中，"社会保障国际合作"这一主题再次映入我的脑海，经过多次请教与争论后，恩师终于同意我将"社会保障国际合作"作为博士学位论文选题。于是，我从 2016 年 4 月初着手搜集英文文献，5 月中旬开始阅读英文文献，10 月 17 日开始动笔，2017 年 3 月底完成博士学位论文初稿。

　　论文完成后，承蒙中国人民大学劳动人事学院仇雨临教授、潘锦棠教授、李莹副教授和乔庆梅副教授在 2017 年 3 月底组成答辩委员会进行了预答辩，2017 年 4 月初送给五位社会保障领域的专家盲审，2017 年 5 月初盲审顺利通过，并在 2017 年 5 月 20 日由人力资源和社会保障部中国劳动和社会保障科学研究院院长金维刚研究员、中国人民大学劳动人事学院仇雨临教授、中国社会科学院经济研究所王震研究员、中央财经大学保险学院褚福灵教授和中国人民大学劳动人事学院郭瑜副教授组成博士学位论文答辩委员会进行了最终答辩。参加预答辩、盲审和最终答辩的各位老师对这篇博士论文表示肯定和赞赏,并给予了较高的评价,当然也提出了一些宝贵的修改意见。这本专著就是在博士学位论文的基础上根据各位专家的意见修改而成。

社会保障国际合作是当前我国学术界较少涉足但又日渐重要的一个课题,也是一个对推动我国经济发展与社会和谐、全面建成覆盖全民的社会保障体系具有重要作用的研究议题。对于这一问题,尽管有极少数视角敏锐的学者自 20 世纪 90 年代末就开始关注,但是现有的为数不多的研究成果大多囿于对社会保障国际合作的基本问题和国际经验进行简要介绍,即使偶有文献涉及社会保障国际合作的中国化命题,也只是蜻蜓点水般地一带而过或者关注中国社会保障国际合作的某一方面内容,尚未有专门的全景式研究中国社会保障国际合作问题的著作面世,本书选择中国社会保障国际合作这一议题做专题研究,可以算作这方面的一次尝试。拙著可能会对推动社会保障国际合作这一重要课题引起学界的关注与重视起到些许作用,但是由于我是初出茅庐的学术小辈,理论功底薄弱且学术水平尚浅,加之对社会保障国际合作问题的研习时间比较有限,本书必然会存在诸多不足,这不仅有待于我在未来的研究过程中进一步思考和完善,而且需要仰仗专家学者们的批评与指正!

在本书付梓之际,我首先要感谢恩师潘锦棠教授,恩师不仅思想深邃、才贯二西、治学严谨,而且虚怀若谷、志趣高雅、品德高尚,他不仅悉心指导我在 3 年内顺利完成博士学业,而且在百忙之中拔冗为本书作序。我也要感谢参加预答辩和最终答辩的仇雨临教授、金维刚研究员、王震研究员、褚福灵教授、郭瑜副教授、李莹副教授和乔庆梅副教授,感谢对论文进行盲审的五位专家,诸位老师提出的建设性意见,其在本书修改与完善的过程中发挥了关键作用。我还要感谢华中科技大学社会学院的丁建定院长、刘成斌副院长和杨植强老师等诸位领导、同事，他们为本书的出版给予了许多帮助与支持。同时，我要感谢社会科学文献出版社的任晓霞女士，她为本书的出版付出了许多心血，并且提出了许多宝贵建议。我还要感谢华中科技大学人文社会科学处对本书的出版所给予的经费支持。最后，我还要特别感谢一直以来所有鼓励、关心和支持我的各位老师、朋友、领导、同事以及家人。

谢勇才

2018 年 10 月 2 日下午于武昌喻家山麓

图书在版编目（CIP）数据

中国社会保障国际合作研究 / 谢勇才著. -- 北京：
社会科学文献出版社，2018.11
（华中科技大学社会学文库. 青年学者系列）
ISBN 978 - 7 - 5201 - 2872 - 8

Ⅰ.①中… Ⅱ.①谢… Ⅲ.①社会保障 - 国际合作 -
研究 - 中国 Ⅳ.①D632.1

中国版本图书馆 CIP 数据核字（2018）第 119179 号

华中科技大学文科学术著作出版基金资助

华中科技大学社会学文库·青年学者系列
中国社会保障国际合作研究

著　　者／谢勇才

出 版 人／谢寿光
项目统筹／谢蕊芬　任晓霞
责任编辑／任晓霞

出　　版／社会科学文献出版社·社会学出版中心（010）59367159
　　　　　　地址：北京市北三环中路甲 29 号院华龙大厦　邮编：100029
　　　　　　网址：www. ssap. com. cn
发　　行／市场营销中心（010）59367081　59367083
印　　装／三河市尚艺印装有限公司

规　　格／开本：787mm × 1092mm　1/16
　　　　　　印张：20　字数：285 千字
版　　次／2018 年 11 月第 1 版　2018 年 11 月第 1 次印刷
书　　号／ISBN 978 - 7 - 5201 - 2872 - 8
定　　价／89.00 元

本书如有印装质量问题，请与读者服务中心（010 - 59367028）联系

△ 版权所有 翻印必究